ELEIÇÕES GERAIS 2010

MARINO PAZZAGLINI FILHO

ELEIÇÕES GERAIS 2010

Elegibilidade e Inelegibilidades. Registro de Candidatos. Propaganda Eleitoral. Pesquisas. Direito de Resposta. Arrecadação e Aplicação de Recursos. Arrecadação por Cartões de Crédito. Prestação de Contas. Representações, Ações e Recursos Eleitorais. Crimes Eleitorais. Calendário Eleitoral. Resoluções do TSE. Jurisprudência Atualizada

Data de fechamento desta edição: Março/2010

SÃO PAULO
EDITORA ATLAS S.A. – 2010

© 2010 by Editora Atlas S.A.

Capa: Leonardo Hermano
Composição: Lino-Jato Editoração Gráfica

Dados Internacionais de Catalogação na Publicação (CIP)
(Câmara Brasileira do Livro, SP, Brasil)

Pazzaglini Filho, Marino
  Eleições gerais 2010 : elegibilidade e inelegibilidades, registro de candidatos... / Marino Pazzaglini Filho. -- São Paulo : Atlas, 2010.

  ISBN 978-85-224-5964-3

  1. Direito eleitoral – Brasil 2. Eleições – Leis e legislação – Brasil I. Título.

10-03972   CDU-342.82 (81) (094.56)

Índices para catálogo sistemático:

1. Brasil : Leis comentadas : Eleições : Direito eleitoral 342.82 (81) (094.56)
2. Leis : Eleições : Comentários : Brasil : Direito eleitoral 342.82 (81) (094.56)

TODOS OS DIREITOS RESERVADOS – É proibida a reprodução total ou parcial, de qualquer forma ou por qualquer meio. A violação dos direitos de autor (Lei nº 9.610/98) é crime estabelecido pelo artigo 184 do Código Penal.

Depósito legal na Biblioteca Nacional conforme Decreto nº 1.825, de 20 de dezembro de 1907.

Impresso no Brasil/*Printed in Brazil*

Editora Atlas S.A.
Rua Conselheiro Nébias, 1384 (Campos Elísios)
01203-904 São Paulo (SP)
Tel.: (0_ _11) 3357-9144 (PABX)
www.EditoraAtlas.com.br

Agradeço à minha esposa Maria de Lourdes Marques Paes, advogada, especialista em interesses difusos e coletivos, em Administração e Comércio Exterior e diretora da *Paes e Pazzaglini Advogados Associados*.

Agradeço, também, a colaboração das advogadas Danielle e Tatiana e da funcionária Tatiane, da *Paes e Pazzaglini Advogados Associados*.

Sumário

Prefácio, xiii

1 Legislação eleitoral, 1
   1.1 Princípios básicos, 4
   1.2 Fidelidade partidária, 13

2 As eleições gerais de 2010, 17
   2.1 Calendário eleitoral, 19

3 O direito de concorrer às eleições presidencial, federais e estaduais, 22
   3.1 Elegibilidade, 23
   3.2 Requisitos de elegibilidade, 23
      3.2.1 Alistamento eleitoral, 24
   3.3 Inelegibilidade, 25
      3.3.1 Inelegibilidade absoluta, 27
          3.3.1.1 Inalistáveis, 27
          3.3.1.2 Analfabetos, 28
      3.3.2 Inelegibilidade relativa – causas originárias de sanções, 28
      3.3.3 Inelegibilidade relativa – causas originárias de casamento ou parentesco, 35
      3.3.4 Inelegibilidade relativa – causas originárias do exercício de mandato, cargo ou função pública. Desincompatibilização, 37
          3.3.4.1 Presidente da República e Governador de Estado ou Distrito Federal, 38
          3.3.4.2 Vice-presidente e Vice-governador, 38

3.3.4.3 Senador, Deputado Federal, Deputado Estadual ou Distrital, 39
3.3.4.4 Demais agentes públicos, 39
3.4 Exame das condições de elegibilidade, 40

4 **Escolha e registro de candidatos às eleições presidencial, federais e estaduais, 41**
4.1 Convenções partidárias, 41
4.2 Registro de candidatos, 43
4.3 Pedido de registro. Documentos necessários, 44
4.3.1 Declaração de bens atualizada, 45
4.3.2 Certidões criminais, 46
4.3.3 Fotografia recente do candidato, 46
4.3.4 Relação de propostas de governo, 47
4.3.5 Comprovante de escolaridade, 47
4.3.6 Prova de desincompatibilização, 47
4.4 Filiação partidária, 47
4.5 Domicílio eleitoral, 48
4.6 Quitação eleitoral, 49
4.7 Nome eleitoral do candidato, 50
4.8 Ação de impugnação ao pedido de registro de candidatura, 51
4.8.1 Procedimento e efeitos, 52
4.8.2 Recurso para o TSE, 55
4.9 Substituição de candidatos, 55

5 **Propaganda eleitoral, 57**
5.1 Propaganda eleitoral antecipada, 58
5.1.1 Propaganda partidária gratuita, 60
5.2 Propaganda eleitoral permitida, 61
5.3 Propaganda eleitoral proibida, 64

6 **Propaganda eleitoral no rádio, na televisão e na imprensa escrita, 69**

7 **Propaganda eleitoral na internet, 72**

8 **Propaganda eleitoral gratuita no rádio e na televisão, 75**

9 **Debates no rádio e na televisão, 80**

10 **Propaganda eleitoral e dia das eleições, 82**

11 **Pesquisas eleitorais, 85**
11.1 Divulgação dos resultados, 87
11.2 Impugnações, 87
11.3 Disposições penais, 88

12 Arrecadação e aplicação de recursos nas campanhas eleitorais, 89
- 12.1 Comitês financeiros, 89
- 12.2 Contas bancárias, 90
- 12.3 Arrecadação, 91
    - 12.3.1 Doações permitidas, 92
    - 12.3.2 Doações por meio de cartões de crédito, 92
    - 12.3.3 Limites das doações, 94
    - 12.3.4 Recibos eleitorais, 95
    - 12.3.5 Doações proibidas, 96
    - 12.3.6 Comercialização de bens e realização de eventos, 97
- 12.4 Gastos eleitorais, 97
- 12.5 Data-limite para arrecadação e gastos eleitorais, 98

13 Prestação de contas, 99
- 13.1 Prazo para prestação de contas, 100
- 13.2 Processamento de prestação de contas, 101
- 13.3 Julgamento das contas, 103
- 13.4 Investigação judicial eleitoral, 105

14 Condutas vedadas a agentes públicos em campanha eleitoral, 106
- 14.1 Uso indevido de bens móveis e imóveis públicos, 108
- 14.2 Uso excessivo de materiais e serviços públicos, 108
- 14.3 Utilização de servidores públicos em campanha eleitoral, 108
- 14.4 Uso promocional, com fim eleitoreiro, de distribuição gratuita de bens e serviços de caráter social, 109
- 14.5 Nomeação, demissão e movimentação de servidores públicos, 109
- 14.6 Transferências voluntárias, 110
- 14.7 Publicidade institucional, 111
- 14.8 Pronunciamento em cadeia de rádio e televisão, 112
- 14.9 Despesas excessivas com publicidade institucional, 112
- 14.10 Revisão geral da remuneração dos servidores públicos, 112
- 14.11 Inauguração de obra pública, 113

15 Representações e reclamações, 114
- 15.1 Procedimento das representações, 115
- 15.2 Representação, 118

16 Direito de resposta, 119
- 16.1 Ofensa veiculada em órgão da imprensa escrita, 121
- 16.2 Ofensa veiculada em programação normal das emissoras de rádio e televisão, 122
- 16.3 Ofensa veiculada no horário eleitoral gratuito, 122
- 16.4 Ofensa veiculada na Internet, 123
- 16.5 Recursos e penalidades, 124

17 Ação de investigação judicial eleitoral (AIJE), 125
    17.1 Procedimento e efeitos, 128
    17.2 Ação de investigação judicial eleitoral (AIJE), 131

18 Captação ilícita de sufrágio, 132
    18.1 Procedimento e efeitos, 134
    18.2 Captação ilícita de sufrágio, 137

19 Recurso contra a expedição de diploma (RCED), 138
    19.1 Admissibilidade, 140
    19.2 Procedimento e efeitos, 141
    19.3 Recurso contra a expedição do diploma (RDC), 143

20 Ação de impugnação de mandato eletivo (AIME), 144
    20.1 Procedimento e efeitos, 145
    20.2 Ação de impugnação de mandato eletivo (AIME), 149

21 Recursos eleitorais, 150
    21.1 Finalidade e conceito, 150
    21.2 Pressupostos de admissibilidade, 150
    21.3 Efeitos devolutivo e suspensivo, 152
    21.4 Recursos no Direito Eleitoral, 152
        21.4.1 Recurso inominado, 152
        21.4.2 Recurso contra a expedição de diploma (RCD), 153
        21.4.3 Recurso ordinário, 153
        21.4.4 Embargos de declaração, 154
        21.4.5 Recurso especial eleitoral, 156
        21.4.6 Recurso extraordinário, 158
        21.4.7 Reclamação e ação rescisória, 159

22 Crimes eleitorais, 160
    22.1 Crimes eleitorais em espécie, 164
        22.1.1 Crimes eleitorais tipificados no Código Eleitoral – Lei nº 4.737/65, 164
        22.1.2 Crimes eleitorais tipificados na Lei das Eleições – Lei nº 9.504/97, 168
        22.1.3 Crime eleitoral tipificado na Lei de Inelegibilidades – LC nº 64/90, 169

Anexo A – Calendário Eleitoral 2010, 171

Anexo B – Resoluções do TSE, 195
    Resolução TSE nº 23.221/10 – Escolha e registro de candidatos, 197
    Resolução TSE nº 23.191/09 – Propaganda eleitoral e condutas vedadas em campanha eleitoral, 217
    Resolução TSE nº 23.190/09 – Pesquisas eleitorais, 245

Resolução TSE nº 23.193/09 – Representações, reclamações e pedidos de resposta, 251

Resolução TSE nº 23.216/10 – Arrecadação de recursos financeiros de campanha eleitoral por cartões de crédito, 263

Resolução TSE nº 23.217/10 – Arrecadação, gastos de recursos por partidos políticos, candidatos e comitês financeiros e prestação de contas, 267

Bibliografia, 291

Índice remissivo, 293

Prefácio

O Direito Eleitoral, ramo do Direito Público, tem por objeto o complexo de princípios e normas jurídicas que tratam do exercício dos direitos políticos ativos (poder de votar) e passivos (poder de ser votado), do sistema eleitoral brasileiro, do processo das eleições (desde o alistamento eleitoral, filiação partidária, escolha e registro de candidatos a cargos eletivos, propaganda eleitoral até a diplomação dos candidatos eleitos), da organização das eleições nos entes da Federação (União, Distrito Federal, Estados e Municípios), da Justiça Eleitoral (segmento especializado do Poder Judiciário), das representações, ações, recursos eleitorais e procedimentos correspondentes, inclusive dos crimes eleitorais.

As matérias que compõem o Direito Eleitoral têm assento na Constituição do Brasil, medula e vetor de todo o ordenamento jurídico eleitoral. E os principais diplomas legais que versam sobre a temática eleitoral, à luz dos preceitos constitucionais, são o Código Eleitoral (Lei nº 4.737, de 15.7.1965), a Lei de Inelegibilidades (Lei Complementar nº 64, de 18.5.1990), a Lei dos Partidos Políticos (Lei nº 9.096, de 19.9.1995) e a Lei das Eleições (Lei nº 9.504, de 30.9.1997), com as alterações efetuadas pela Lei nº 11.300, de 10.5.2006, e pela Lei nº 12.034, de 29.9.2009, que, dentre outras matérias, disciplinou a propaganda eleitoral na Internet e as doações por meio de cartões de crédito, que somente poderão ser realizadas por pessoas físicas. E, no âmbito regulamentar e supletivo, as resoluções do Tribunal Superior Eleitoral, de cunho normativo, editadas para os pleitos de cada ano eleitoral.

À vista da realização das eleições gerais de 2010, no dia 3 de outubro, que compreendem as eleições para Presidente e Vice-presidente da República, Governador e Vice-governador de Estado e do Distrito Federal, Senador (duas vagas) e respectivos suplentes, Deputado Federal, Deputado Estadual e Deputado Distrital, motivado pelo êxito do livro *Eleições municipais 2008*, também lançado pela Atlas, resolvi agora comentar as normas e os institutos eleitorais assinalados sob o prisma das eleições presidencial, federais e estaduais.

Essa opção de estudo do Direito Eleitoral, de forma mais específica e prática, adotada por ocasião dos comentários às eleições municipais, atendeu plenamente aos diversos interesses dos eleitores e, por isso mesmo, é mantida nesta obra jurídica.

Para facilitar a compreensão e consulta do leitor, o livro traz, em anexo, o Calendário Eleitoral de 2010 e as resoluções do TSE, contendo as instruções da Corte Eleitoral para as eleições de 2010 relativas a escolha e registro de candidato; propaganda eleitoral e condutas vedadas em campanha eleitoral; pesquisas eleitorais; representações, reclamações e pedidos de resposta; arrecadação e gastos de recursos por partidos políticos, candidatos e comitês financeiros e prestação de contas; e arrecadação de recursos financeiros de campanha eleitoral por meio de cartões de crédito.

O Autor

1

Legislação Eleitoral

O **Direito Eleitoral** é o conjunto de princípios e normas sobre o exercício dos direitos políticos ativos (poder de votar) e passivos (poder de ser votado), o sistema eleitoral brasileiro, o processo das eleições (desde a filiação partidária à diplomação dos eleitos), a organização dos pleitos nos entes da Federação (União, Distrito Federal, Estados e Municípios), a Justiça Eleitoral (organização, competência, composição, processos civil, penal e administrativo) e os crimes de natureza eleitoral.

Em síntese, como anota Joel J. Cândido, *"o Direito Eleitoral é o ramo do Direito Público que trata de institutos relacionados com os direitos políticos e das eleições, em todas as suas fases, como forma de escolha dos titulares dos mandatos eletivos e das instituições do Estado"*.[1]

A **Justiça Eleitoral**, segmento especializado do Poder Judiciário, tem por missão fundamental, no exercício de suas competências jurisdicional e administrativa (administração e controle de todo o sistema eleitoral), *"assegurar a organização e o exercício de direitos políticos precipuamente os de votar e ser votado"* (art. 1º da Lei nº 4.737/65, Código Eleitoral).

A Justiça Eleitoral é composta dos seguintes órgãos: Tribunal Superior Eleitoral (TSE), os Tribunais Regionais Eleitorais, os Juízes Eleitorais e as Juntas Eleitorais (art. 118 da CF).

Imperam nos Tribunais Eleitorais as regras da diversidade e da periodicidade na sua composição.

---

[1] CÂNDIDO, Joel J. *Direito eleitoral brasileiro*. 12. ed. Bauru: Edipro, 2006. p. 27.

Com efeito, a Justiça Eleitoral não dispõe de quadro próprio de juízes. Ela é constituída por juízes recrutados dentre magistrados de outros órgãos do Poder Judiciário e advogados e tem mandato periódico.

Os juízes dos Tribunais Eleitorais são investidos nas funções eleitorais, temporariamente, ou seja, por dois anos, podendo haver recondução somente por mais um biênio consecutivo.

O TSE, órgão de cúpula da Justiça Eleitoral, é composto, no mínimo, de sete juízes, sendo 3 (três) escolhidos dentre os Ministros do Supremo Tribunal Federal (STF) e 2 (dois) dentre os Ministros do Superior Tribunal de Justiça (STJ), mediante eleição, por voto secreto, e 2 (dois) juízes dentre 6 (seis) advogados de notável saber jurídico e idoneidade moral, indicados pelo STF e nomeados pelo Presidente da República (art. 119 da CF).

Os Tribunais Regionais, também, são constituídos de 7 (sete) juízes, sendo 2 (dois) dentre os desembargadores e 2 (dois) dentre os juízes de direito, escolhidos, mediante eleição, por voto secreto pelo Tribunal de Justiça; 1 (um) juiz do Tribunal Regional Federal com sede na capital do Estado ou no Distrito Federal (ou juiz federal na hipótese de não haver este, escolhido pelo TRF respectivo); e 2 (dois) juízes escolhidos dentre 6 (seis) advogados de notável saber jurídico e idoneidade moral, indicados pelo Tribunal de Justiça, por nomeação, pelo Presidente da República (art. 120 da CF). Há um tribunal regional eleitoral na capital de cada Estado com as atribuições de coordenar as eleições no âmbito estadual e exercer as funções de segunda instância da Justiça Eleitoral.

Em primeira instância, juízes eleitorais são os próprios juízes da Justiça Estadual e, nas comarcas onde houver mais de uma vara judiciária, o juiz eleitoral será escolhido pelo TRE. Nas capitais, são juízes eleitorais os magistrados designados pelo TRE para presidir as zonas eleitorais.

Nas eleições, em cada zona eleitoral haverá pelo menos uma junta eleitoral.

As juntas eleitorais, compostas por um juiz de direito, que será o seu presidente, e por 2 ou 4 cidadãos que atuarão como membros titulares, de notória idoneidade, escolhidos e convocados pelo Tribunal Regional Eleitoral, têm por principais funções:

- apurar a votação realizada nas seções eleitorais sob a sua jurisdição;
- resolver as impugnações, dúvidas e demais incidentes verificados durante os trabalhos da apuração.

Convém registrar que a Justiça Eleitoral está estruturada em circunscrições eleitorais, as quais se segmentam em zonas eleitorais, que, por seu turno, se fracionam em seções eleitorais. A circunscrição eleitoral, nas eleições para Presidente e Vice-presidente da República, é o país, enquanto nas federais e estaduais, é o Estado, ao passo que nas municipais, é o Município.

A seção eleitoral é o menor núcleo da estrutura da Justiça Eleitoral, correspondendo a um número predeterminado de eleitores agregados a uma mesa receptora de votos. Esta, por sua vez, é constituída por um presidente, dois mesários, dois secretários e um suplente, nomeados pelo juiz eleitoral, devendo preferencialmente recair a escolha em eleitores da própria seção.

A **competência da Justiça Eleitoral**, no âmbito das eleições, vai até o ato de diplomação dos candidatos eleitos, com o trânsito em julgado dos recursos e das ações de impugnação de mandato eletivo, que podem ser propostas perante a Justiça Eleitoral no prazo de 15 (quinze) dias contados da diplomação (art. 14, § 10, da CF).

A jurisdição desempenhada pelos órgãos da Justiça Eleitoral é civil e penal, compreendendo, no segundo segmento, os crimes eleitorais e os comuns conexos àqueles.

Segundo preceito constitucional, compete privativamente à União legislar sobre direito eleitoral (art. 22, I).

A Lei Maior, porém, veda a edição de medidas provisórias sobre matéria relativa a *"nacionalidade, cidadania, direitos políticos, partidos políticos e direito eleitoral"* (art. 62, § 1º, I, *a*).

Os princípios e normas fundamentais relativos às matérias que compõem o Direito Eleitoral têm assento constitucional: direitos políticos (arts. 14 a 16); partidos políticos (art. 17); eleições (arts. 27 a 29 e 32); sistema proporcional (art. 45); sistema majoritário (arts. 46 e 77); Justiça Eleitoral (arts. 118 a 121).

Em complemento a esses preceitos constitucionais, adveio a legislação infraconstitucional em vigor.

Passo a elencar os **diplomas legais que versam sobre temas eleitorais** de maior relevância:

    I – Código Eleitoral: Lei nº 4.737, de 15.7.1965;

    II – Lei de Inelegibilidades: Lei Complementar nº 64, de 18.5.1990;

    III – Lei dos Partidos Políticos: Lei nº 9.096, de 19.9.1995;

    IV – Lei das Eleições: Lei nº 9.504, de 30.9.1997;

    V – Minirreformas Eleitorais: Lei nº 11.300, de 10.5.2006, e Lei nº 12.034, de 29.9.2009.

Registre-se, nesse ponto, que o Código Eleitoral atribuiu ao TSE o poder de regulamentar o sistema eleitoral, à luz das leis eleitorais em vigor, expedindo instruções **para sua fiel execução** (art. 1º, parágrafo único). Essas instruções são formalizadas em **resoluções de caráter normativo** e, geralmente, editadas para cada época eleitoral, visando atualizar e aperfeiçoar os procedimentos eleitorais.

Nesse passo, a Lei das Eleições determina que:

> "Até o dia 5 de março do ano da eleição, o Tribunal Superior Eleitoral, atendendo ao caráter regulamentar e sem restringir direitos ou estabelecer sanções distintas das previstas nesta Lei, poderá expedir todas as instruções necessárias para sua fiel execução, ouvidos previamente, em audiência pública, os delegados ou representantes dos partidos políticos." (art. 105)

De se ver que o Tribunal Superior Eleitoral detém competência para *"tomar quaisquer outras providências que julgar convenientes à execução da legislação eleitoral"* (inciso XVIII do art. 23 do Código Eleitoral).

Aliás, ao Tribunal Superior Eleitoral cabe não só exercitar o seu poder normativo através de resoluções como também **responder consultas**, com o objetivo de esclarecer **em tese** matéria eleitoral, que lhe forem elaboradas por senador, deputado federal ou representante de órgão de direção nacional de partido político.

A jurisprudência do TSE acentuou que não podem ser apreciadas as consultas formuladas após o início do período eleitoral, com a realização das convenções partidárias, sob o argumento de que o seu conhecimento implicará em pronunciamento sobre caso concreto.

Anote-se que a decisão do TSE, ao responder consulta, não tem caráter vinculante, mas pode servir de suporte para as razões do julgador.

1.1 Princípios básicos

Das normas componentes do ordenamento jurídico eleitoral, acima catalogado, podem-se inferir os princípios básicos do sistema eleitoral brasileiro e do processo das eleições, vetores que orientam e direcionam a concretização e a exegese das normas eleitorais.

I – Sufrágio universal

No ensinamento primoroso do constitucionalista português José J. Gomes Canotilho:

> "O sufrágio é um instrumento fundamental de realização do princípio democrático: através dele, legitima-se democraticamente a conversão da vontade política em posição de poder e domínio, estabelece-se a organização legitimante de distribuição dos poderes, procede-se à criação do pessoal político e marca-se o ritmo da vida política de um país. Daí a importância do direito de voto como direito estruturante do próprio princípio democrático e a rele-

vância do procedimento eleitoral justo para a garantia da autenticidade do sufrágio."[2]

O direito de votar é assegurado a todos os nacionais do país, maiores de 16 anos, inclusive analfabetos, alistados como eleitores, sem restrições ou condições discriminatórias.

O sufrágio universal, na síntese precisa de Sampaio Dória, é a *"universalidade do voto a todos os cidadãos capazes de votar"*.[3]

Através do voto o eleitor expressa sua vontade soberana, escolhendo seus candidatos para exercerem a representação popular.

II – Voto direto, secreto e periódico

A soberania popular, segundo preceito constitucional fundamental, *"será exercida pelo sufrágio universal e pelo voto direto e secreto, com valor igual para todos"* (art. 14, *caput*, da CF).

E a cláusula constitucional sobre emenda à Constituição acentua que:

> *"Não será objeto de deliberação a proposta de emenda tendente a abolir:*
>
> *I – a forma federativa de Estado;*
>
> ***II – o voto direto, secreto, universal e periódico*** [grifo do autor]*;*
>
> *III – a separação dos Poderes;*
>
> *IV – os direitos e garantias individuais."* (art. 60, § 4º, da CF)

Como se vê, trata-se de **cláusula pétrea**, pois não pode ser objeto de deliberação a proposta de emenda constitucional que suprima ou afete essas características fundamentais do voto.

O **voto é direto**. Significa que o voto é dado pelo eleitor, sem intermediação, a determinado candidato ou partido político.

O voto direto, segundo José J. Gomes Canotilho, *"significa que o voto tem de resultar imediatamente da manifestação da vontade do eleitor, sem intervenção de grandes eleitores ou de qualquer vontade alheia. Por outras palavras: a imediaticidade do sufrágio garante ao cidadão ativo a primeira e a última palavra, pois os eleitores dão diretamente o seu voto aos cidadãos (incluídos ou não em listas) cuja eleição constitui o escopo último de todo procedimento eleitoral"*.[4]

O **voto é secreto**. Assegura-se ao eleitor o direito de mantê-lo em sigilo, ou seja, de não divulgar em quem votou ou pretende votar. Garante a liberdade e a integridade do voto.

---

[2] CANOTILHO, José J. Gomes. *Direito constitucional*. 6. ed. Coimbra: Almedina, 1995. p. 432.
[3] DÓRIA, Sampaio. *Direito constitucional*. 5. ed. São Paulo: Max Limonad, p. 335, v. 1.
[4] CANOTILHO, José J. Gomes. *Direito constitucional*. 6. ed. Coimbra: Almedina, 1995. p. 433.

Na precisa lição de Pinto Ferreira:

> "*O sigilo do voto é o instrumento válido para garantir a lisura do processo eleitoral, evitando a intimidade e o suborno, a corrupção, e contribuindo para a realização de eleições honestas e limpas.*"[5]

O **voto é universal**. Vale dizer, é igual, garantido, sem exceção, aos eleitores de 18 a 70 anos, em caráter obrigatório, e aos eleitores entre 16 a 18 anos, maiores de 70 anos e analfabetos, em caráter facultativo, sem qualquer distinção entre tipos de eleitores.

O **voto é periódico**. Expressa as regras de transitoriedade dos mandatos e da renovação periódica dos ocupantes de cargos eletivos, a cada período fixado na Carta Magna, mediante eleições.

Em suma, conforme o magistério de Thales Tácito Pontes Luiz de Pádua Cerqueira, o voto:

> "*É a manifestação do sufrágio no plano prático. É o ato político que materializa, na prática, o direito de votar. Características do voto: é secreto, igual (mesmo peso político para todos os eleitores), livre (votar em quem quiser e se quiser, pois pode-se votar em branco ou anular o voto), pessoal (não se admite voto por correspondência ou por procuração) e direto (eleitores escolhem por si e sem intermediários os governantes e representantes). Na nossa Constituição o voto é também obrigatório.*"[6]

III – Princípio majoritário

A fonte primária do poder é o povo.

A Constituição Federal, desde o Título I, dedicado aos princípios fundamentais da República Federativa do Brasil, consagra a **democracia representativa** como regime político, acolhendo o princípio fundamental da soberania popular:

> "*Todo o poder emana do povo, que o exerce por meio de representantes eleitos ou diretamente, nos termos desta Constituição*" (parágrafo único do art. 1º).

Na precisa lição do jurista Celso de Mello, eminente Ministro do Supremo Tribunal Federal:

> "*O sentido da palavra **povo**, na Constituição, exprime noção de conteúdo essencialmente político. **Povo** é o conjunto de eleitores, que se qualificam pela posse da cidadania*"[7] (grifos do autor).

---

[5] FERREIRA, Pinto. *Comentários à Constituição brasileira.* São Paulo: Saraiva, 1989. v. 1, p. 299.

[6] PÁDUA CERQUEIRA, Thales Tácito Pontes Luz de. *Preleções de direito eleitoral.* Rio de Janeiro: Lumen Juris, 2006. t. 1, p. 215.

[7] MELLO FILHO, José Celso de. *Constituição Federal anotada.* 2. ed. São Paulo: Saraiva, 1986. p. 27.

Portanto, o poder político pertence ao povo, que, de forma indireta e periódica, pela via das eleições, escolhe os seus representantes, outorgando aos eleitos mandato político representativo.

Nessa perspectiva, como assinala José Afonso da Silva:

> "A eleição consubstancia o princípio da representação, que se efetiva pelo mandato político representativo, que constitui situação jurídico-política com base na qual alguém, designado por via eleitoral, desempenha uma função político-governamental na democracia representativa."[8]

Pelo princípio do sistema eleitoral majoritário, é reputado eleito o candidato que obtiver o maior número de votos.

No Brasil, o sistema majoritário divide-se em duas espécies: **majoritário simples**, que considera eleito o candidato que houver obtido o maior número de votos, e **majoritário da maioria absoluta ou de dois turnos**, que considera eleito o candidato que obtiver a maioria absoluta dos votos válidos em um ou dois turnos de votação.

O sistema eleitoral majoritário simples é adotado para as eleições do Senado Federal (art. 46 da CF) e de Prefeito em Municípios com menos de 200 mil eleitores (art. 29, II, da CF).

O sistema eleitoral majoritário de dois turnos, ou, mais propriamente, de maioria absoluta, é exigido nas eleições de Presidente da República, Governadores dos Estados e Distrito Federal e Prefeito dos Municípios com mais de 200 mil eleitores (art. 77 da CF).

IV – Princípio da representação proporcional

O sistema eleitoral de representação proporcional é adotado para a eleição das representações populares nas Casas Legislativas (Câmara Federal, Câmara Legislativa do Distrito Federal, Assembleias Legislativas e Câmaras Municipais). O sistema vigente é o de representação proporcional, por lista aberta, uninominal.

Esse sistema eleitoral dá ênfase aos votos obtidos pelos partidos políticos. Vale dizer, o mínimo de cadeiras conquistadas na Casa Legislativa depende do número de total de votos alcançados pelo partido. E serão considerados eleitos os candidatos, registrados pelo partido, que tiverem obtido as maiores votações, em ordem decrescente, até que se complete o número de cadeiras por ele conquistadas.

Assim, tomando-se, por exemplo, a eleição para o Parlamento Estadual, estarão eleitos, pelo sistema proporcional, os candidatos mais votados de cada parti-

---

[8] SILVA, José Afonso da. *Poder constituinte e poder popular*. São Paulo: Malheiros, 2007. p. 48.

do político ou coligação, na ordem de votação nominal, tantos quantos indicarem o quociente partidário e o cálculo da distribuição das sobras.

Em outras palavras, quanto ao pleito para a Assembleia Legislativa, a Justiça Eleitoral cumpre determinar, primeiramente, o **quociente eleitoral**, que se traduz no número de votos a ser considerado para a distribuição das vagas ou cadeiras. E é calculado pela divisão do número de votos válidos apurados pelo número de vagas a preencher, desprezando-se a fração, se igual ou inferior a meio, ou arredondando-se para um, se superior (art. 106 do Código Eleitoral).

Saliento que somente poderão concorrer à distribuição dos lugares na Assembleia Legislativa as agremiações partidárias (ou coligações) que tiverem obtido quociente eleitoral.

Na hipótese de nenhum partido político (ou coligação) alcançar o quociente eleitoral, são considerados eleitos, até serem preenchidos todos os lugares, os candidatos mais votados.

Os suplentes dos candidatos eleitos serão todos os demais candidatos da mesma legenda (ou coligação de legendas) que não foram eleitos, na ordem decrescente de votação.

Cumpre ressaltar que, na eleição proporcional, apenas contar-se-ão como válidos os votos dados a candidato regularmente inscrito e às legendas partidárias que participarem da eleição, sendo que os votos atribuídos a candidato com registro indeferido após o pleito serão computados para a legenda do partido pelo qual tiver sido registrado.

No entanto, se a decisão de cancelamento do registro, bem assim de inelegibilidade, for proferida antes da realização do pleito, os votos serão considerados nulos.

A seguir, determina-se o **quociente partidário**, ou seja, o número de cadeiras conquistadas pelo partido (ou coligação), dividindo-se pelo quociente eleitoral o número de votos válidos atribuídos a cada partido ou coligação (votos nominalmente dados aos candidatos + os votos de legenda), desprezada a fração.

Estarão eleitos tantos candidatos registrados por partido quanto o respectivo quociente partidário indicar, na ordem da votação nominal que cada um tenha recebido (art. 108 do Código Eleitoral).

Assim, definido o número de lugares obtidos por partido político ou coligação, serão preenchidos segundo a ordem de votação nominal de seus candidatos, independentemente do número de votos que cada um tenha recebido.

Remanescendo cadeiras a preencher, passa-se à **distribuição de sobras**. O Código Eleitoral, para a distribuição destas, adotou a técnica da **maior média**, vale dizer, adiciona-se mais um lugar aos que já foram obtidos pelos partidos, cabendo ao partido que tiver a maior média, calculada pelo número de votos válidos pelo quociente partidário + 1, a primeira cadeira remanescente.

Para a distribuição da segunda vaga remanescente, repete-se a operação, mas com a adição ao quociente partidário do partido, contemplado com o primeiro assento que sobrou, a nova vaga obtida. A segunda cadeira caberá ao partido que, depois desse novo cálculo, obtiver a maior média. Renova-se essa operação, enquanto existirem vagas remanescentes. No caso de empate de médias entre 2 ou mais partidos, considerar-se-á aquele com maior votação (art. 109 do Código Eleitoral).

Serão suplentes dos candidatos eleitos todos os demais candidatos da mesma legenda ou coligação de legendas que não foram eleitos, na ordem decrescente de votação.

Denomina-se **representação proporcional** porque a proposta desse sistema é estabelecer uma correspondência, mais aproximada possível, entre a proporção de votos obtidos por um partido na eleição para Casa Legislativa e a proporção das cadeiras a ele atribuídas (total de votos obtidos pela legenda dividido pelo quociente eleitoral).

Portanto, em razão do sistema de representação proporcional, é direito do partido político manter o número de cadeiras alcançadas nas eleições. É ilícita a desfiliação partidária sem justo motivo.

V – Autonomia dos partidos políticos

A Lei Maior, além de garantir o pluralismo partidário e a liberdade de criação, fusão, incorporação e extinção dos partidos políticos, assegura-lhes autonomia para definir a organização, estruturação e funcionamento, devendo os estatutos partidários estabelecer normas de fidelidade e disciplina partidárias (art. 17, § 1º).

Os partidos políticos, identificados por Jorge Miranda como "*sujeitos coletivos da democracia*",[9] têm por objetivo fundamental serem o meio ou o instrumento político, próprio, estruturado e básico, de livre participação política e de manifestações pluralistas da vontade dos eleitores.

Por isso, os partidos políticos, na expressão precisa de Pinto Ferreira, "*não são criados por lei, mas **conforme** a lei*" (grifo do autor).[10]

Os partidos políticos, pessoas jurídicas de direito privado, dotados de autonomia para livre formação, inscrição de seus membros (os filiados) e organização, na democracia representativa, têm na participação política, em especial na escolha, registro e promoção de seus candidatos nas eleições majoritárias e proporcionais, a razão medular de sua existência.

---

[9] MIRANDA, Jorge. *Manual de direito constitucional*: estrutura constitucional da democracia. Coimbra: Coimbra Editora, 2007. t. 7, p. 160.

[10] FERREIRA, Pinto. *Comentários à Constituição brasileira*. São Paulo: Saraiva, 1989. v. I, p. 324.

Nesse ângulo, os partidos políticos desempenham funções relevantes e essenciais para o desenvolvimento da democracia, tais como de promoção da filiação partidária dos eleitores, escolha de seus candidatos em convenções públicas, registro das candidaturas perante a Justiça Eleitoral e condução da campanha eleitoral.

A autonomia partidária subordina-se aos princípios e normas constitucionais, em especial no que respeita a soberania nacional, regime democrático, pluripartidarismo e direitos fundamentais da pessoa humana (art. 17, *caput*, da CF).

De se acrescentar que é proibido aos partidos políticos o recebimento de recursos financeiros de entidade ou governo estrangeiro ou de subordinação a estes (art. 17, II).

Além disso, a Lei dos Partidos Políticos, Lei nº 9.096/95, veda aos partidos políticos receber contribuições pecuniárias ou estimáveis em dinheiro tanto de autoridades, órgãos ou entidades públicas, quanto de entidades de classe ou sindicais (art. 31).

É claro, por derradeiro, que a autonomia partidária há de conformar-se ao ordenamento jurídico eleitoral, em especial às normas que tratam das eleições e do processo eleitoral.

Registro que os partidos políticos "*com representação no Congresso Nacional*", *ex vi* do art. 103, VIII, da CF, têm **legitimidade ativa universal**, ou seja, sem restrição temática, para propor ação direta de inconstitucionalidade e ação declaratória de constitucionalidade de qualquer lei ou ato normativo federal, estadual ou distrital, sendo que a capacidade postulatória perante o STF é do Diretório Nacional do Partido, representado pelo seu presidente, independentemente de prévia audiência de qualquer outra instância partidária.

VI – Anualidade eleitoral

O princípio da anualidade eleitoral, ou seja, da anterioridade da lei Eleitoral, está inscrito em preceito constitucional:

> "*A lei que alterar o processo eleitoral entrará em vigor na data de sua publicação, não se aplicando à eleição que ocorra até 1 (um) ano da data de sua vigência*" (art. 16).

A regra de proibição do art. 16 da CF "*representa garantia individual do cidadão-eleitor, detentor originário do poder exercido pelos representantes eleitos e a quem assiste o direito de receber, do Estado, o necessário grau de segurança e de certeza jurídicas contra alterações abruptas das regras inerentes à disputa eleitoral*".[11]

---

[11] ADI nº 3685/DF, rel. Min. Ellen Gracie, *DJ* de 10.8.2006.

Em outras palavras, o preceito constitucional em exame tem por objetivo cristalino coibir o "casuísmo eleitoral", através de **alterações introduzidas pelo Poder Legislativo no processo eleitoral, capazes de causar a ruptura da igualdade de participação e de competitividade** dos partidos e candidatos respectivos na disputa eleitoral, que acontecerem no período de um ano contado da data da vigência da lei eleitoral inovadora.

Ressalto, porém, que a esse princípio não se sujeita a lei eleitoral de estrita natureza procedimental, que não promove alterações no processo eleitoral e, consequentemente, não compromete a normalidade e a lisura do pleito, como, por exemplo, ao tratar de propaganda permitida ou proibida, bem assim de doações de recursos financeiros, gastos e prestação de contas de campanhas eleitorais.[12]

Esse tipo de norma eleitoral poderá ter aplicação imediata e para a sua possível incidência nas eleições de 2010, a teor do entendimento do TSE, *"deve preceder o início do processo eleitoral, ou seja, o prazo final de realização das convenções partidárias"*.[13]

VII – Lisura eleitoral

O Juiz ou Tribunal Eleitoral, como expressamente preceitua a Lei de Inelegibilidades, LC nº 64/90, *"formará sua convicção pela livre apreciação dos fatos públicos e notórios, dos indícios e presunções e prova produzida, atentando para circunstâncias ou fatos, ainda que não indicados ou alegados pelas partes, mas que **preservem o interesse público de lisura eleitoral**"* (art. 23) (grifo do autor).

A lisura eleitoral é sinônimo de disputa eleitoral livre e democrática, isenta de distorções. E de participação dos candidatos e partidos, no processo eleitoral, de forma equilibrada e justa.

O ordenamento jurídico eleitoral, para alcançar esse desiderato, instituiu diversas medidas jurídicas, representações e ações judiciais eleitorais, conferindo legitimidade ativa para propô-las aos candidatos, partidos políticos, coligações, Ministério Público Eleitoral e eleitores (representação), tais como: **ações** de impugnação ao pedido de registro de candidato, de investigação judicial eleitoral, de captação ilícita de sufrágio, de impugnação de mandato eletivo; **representações** relativas à propaganda política irregular e condutas vedadas a agentes públicos em campanha eleitoral; e **recurso** contra expedição de diploma. Ademais, a legislação eleitoral tipificou inúmeros crimes eleitorais, que são processados e julgados pela própria Justiça Eleitoral.

---

[12] ADI nº 3345, rel. Min. Celso de Mello.
[13] Consulta nº 1421/DF, rel. Min. José Delgado, em 19.6.2007.

VIII – Igualdade de oportunidades entre os candidatos na disputa eleitoral

Aristóteles já alertava: "*toda a democracia se funda no direito de igualdade, e tanto mais pronunciada será a democracia quanto mais se avança na igualdade*".[14]

A Justiça Eleitoral, no desempenho de suas funções administrativas e judiciais, deve assegurar **tratamento isonômico entre os candidatos na disputa eleitoral**, buscando impedir discriminações e privilégios, em razão de condições particulares dos candidatos, tais como: poder político, situação econômica, *status* de agente público etc. Assim, por exemplo, tem que coibir a adoção de ações governamentais motivadas pelo partidarismo, visando favorecer os candidatos filiados ao partido do governante em época eleitoral.

Na lição de Cármem Lúcia Antunes Rocha, eminente Ministra do STF:

> "*Pela igualdade – havida como um dos princípios magnos primários da Constituição Brasileira e de todos os Estados Democráticos desde a Antiguidade – pretende-se enfatizar a ausência de discriminação que desiguala o que é igual, criando-se, pela desequiparação fundada em razões pessoais, situações de prejuízos de uns e privilégios de outros.*"[15]

IX – Liberdade de propaganda eleitoral

A liberdade de propaganda eleitoral, como bem anota Jorge Miranda:

> "*Para lá da dimensão negativa (direito a não interferência no desenvolvimento da campanha levada a cabo por qualquer candidatura), adquire uma dimensão positiva (envolve o direito a prestações positivas com vista à efetivação dos atos de campanha e à igualdade das candidaturas).*"[16]

A propaganda eleitoral, exercida nos termos da legislação eleitoral, não pode ser impedida pelas autoridades públicas.

Nesses termos, não poderá ser objeto de multa nem cerceada sob alegação do exercício do poder de polícia ou de violação de postura municipal (art. 41 da Lei das Eleições).

Além disso, quem impedir (agente público ou particular) o exercício regular de propaganda eleitoral está sujeito a ser processado criminalmente pela Justiça Eleitoral (art. 332 do Código Eleitoral).

---

[14] Aristóteles. *Política*, VI, 1, p. 1318a.

[15] ROCHA, Cármem Lúcia Antunes. *Princípios constitucionais da administração pública*. Belo Horizonte: Del Rey, 1994. p. 152.

[16] MIRANDA, Jorge. *Manual de direito constitucional:* estrutura constitucional da democracia. Coimbra: Coimbra Editora, 2007. t. 7, p. 277.

X – Celeridade dos processos e procedimentos eleitorais

Como bem afirmam Stoco e Stoco:

> "Os princípios que regem o processo eleitoral exigem celeridade. O resultado das eleições não pode ficar na dependência de processo judicial que se arraste por vários anos. A sociedade tem o direito de saber, com segurança, quem são seus administradores e representantes, bem como estes têm o direito de exercer, também com segurança, o mandato que receberam das urnas."[17]

XI – Liberdade de voto

A Justiça Eleitoral tem por incumbência fundamental garantir a prevalência da autonomia de vontade do eleitor, coibindo os abusos e a propaganda eleitoral ilícita durante a campanha eleitoral, a captação ilícita de sufrágio e a propaganda no dia das eleições, de um lado, e, de outro, **assegurando o caráter secreto do voto.**

Destaco, neste ponto, o ensinamento de Gilmar Ferreira Mendes, eminente Ministro do STF:

> "O voto secreto é inseparável da ideia do voto livre.
>
> A ninguém é dado o direito de interferir na liberdade de escolha do eleitor. A liberdade do voto envolve não só o próprio processo de votação, mas também as fases que a precedem, inclusive relativas à escolha de candidatos e partidos em número suficiente para oferecer alternativas aos eleitores.
>
> Tendo em vista reforçar essa liberdade, enfatiza-se o caráter secreto do voto. Ninguém poderá saber, contra a vontade do eleitor, em quem ele votou, vota ou pretende votar."[18]

1.2 Fidelidade partidária

Na lapidar expressão de Pinto Ferreira: *"os partidos políticos têm o monopólio das candidaturas"*.[19]

Com efeito, a candidatura de cidadão-eleitor a qualquer cargo eletivo, executivo ou parlamentar, depende de sua prévia filiação a partido político, a qual constitui condição de elegibilidade expressa na Carta Magna (art. 14, § 3º, V),

---

[17] STOCO, Rui; STOCO, Leandro de Oliveira. *Legislação eleitoral interpretada*. 2. ed. São Paulo: Revista dos Tribunais, 2006. p. 902.

[18] MENDES, Gilmar Ferreira; MÁRTIRES COELHO, Inocêncio; BRANCO, Paulo Gustavo Gonet. *Curso de direito constitucional*. São Paulo: Saraiva, 2007. p. 697.

[19] FERREIRA, Pinto. *Comentários à Constituição brasileira*. São Paulo: Saraiva, 1989. v. 1, p. 325.

e de sua escolha em convenção partidária ou, excepcionalmente, pelo órgão de direção do partido (art. 87 da Lei nº 4.737/65, Código Eleitoral).

Por outras palavras, não há, no sistema eleitoral brasileiro, a possibilidade de **candidaturas avulsas** para disputar eleições. É *conditio sine qua non* para os eleitores concorrerem a pleitos federais, distritais, estaduais e municipais, **a escolha ou indicação pelo partido aonde se encontra filiado.**

Em suma, o cidadão-eleitor, **sem vínculo e intermediação partidária, não tem condição constitucional de postular mandato eletivo.**

Assim, a representação do povo – fonte primária do poder na democracia representativa – se torna realidade através da eleição periódica, majoritária e proporcional de seus representantes, que, filiados a partido político, são por ele selecionados para disputá-la sob a chancela ou patrocínio da agremiação partidária.

Evidentes, pois, **a natureza popular do mandato eletivo e o seu caráter partidário. Os eleitos são os representantes do povo e dos partidos que indicaram suas candidaturas.**

Nessa conformação de democracia representativa, é intuitivo que o vínculo originário entre o candidato eleito e o partido, que o conduziu à disputa eleitoral, não pode ser efêmero e se esvair, com a conquista do mandato, em especial nas eleições de deputados e vereadores pelo sistema de representação proporcional.

Este liame político, ao contrário, deve se perpetuar, ressalvadas as desfiliações por justa causa, durante todo o exercício do mandato eletivo. Vale dizer, **a fidelidade partidária entranha-se no próprio mandato e deve subsistir até o final do seu exercício.**

Nesse ponto, o STF, por ocasião do julgamento de mandado de segurança sobre infidelidade partidária e vacância de mandato, através do brilhante voto condutor do Min. Celso de Mello, assentou que:

> *"O mandato representativo não constitui projeção de um direito pessoal titularizado pelo parlamentar eleito, mas representa, ao contrário, expressão que deriva da indispensável vinculação do candidato ao partido político, cuja titularidade sobre as vagas conquistadas no processo eleitoral resulta de 'fundamento constitucional autônomo', identificável tanto no art. 14, § 3º, inciso V (que define a filiação partidária como condição de elegibilidade) quanto no art. 45, 'caput' (que consagra o 'sistema proporcional'), da Constituição da República.*
>
> *[...]*
>
> *A repulsa jurisdicional à infidelidade partidária, além de prestigiar um valor eminentemente constitucional (CF, art. 17, § 1º, 'in fine'), (a) preserva a legitimidade do processo eleitoral, (b) faz respeitar a vontade soberana do cidadão, (c) impede a deformação do modelo de representação popular, (d) assegura a finalidade do sistema eleitoral proporcional, (e) valoriza e fortalece as organizações partidárias e (f) confere primazia à fidelidade que o De-*

putado eleito deve observar em relação ao corpo eleitoral e ao próprio partido sob cuja legenda disputou as eleições" (MS nº 26603/DF, rel. Min. Celso de Mello, *DJ* de 19.12.2008).

Diante dessas considerações, é inconcebível, sob os aspectos jurídico e ético, que, por mero interesse pessoal ou conveniência política, o parlamentar eleito, depois do pleito, renegue e abandone o partido que lhe deu legenda e concorreu potencialmente para a sua eleição, agregando o mandato eletivo que ostenta a outra agremiação partidária, que não recebeu sufrágios vinculados à sua candidatura.

Isso porque a injustificável transferência do candidato eleito para o Parlamento por um partido para outra agremiação afronta os próprios postulados do sistema eleitoral proporcional, assentados no número de votos obtidos nas urnas pelos partidos (quocientes eleitoral e partidário), segundo o qual a quantidade de votos obtida por cada um dos partidos define o número de cadeiras por este a serem preenchidas, na ordem da votação recebida pelos candidatos da legenda, sendo eleitos os mais votados, independentemente do número de votos que cada um tenha alcançado, inclusive sendo comum a eleição, sob os auspícios do partido, de candidatos que receberam votação popular ínfima.

Assinalo, além dessas considerações, que a natureza partidária das cadeiras do Parlamento provém de preceito constitucional:

> *"A Câmara dos Deputados compõe-se de representantes do povo, eleitos, pelo sistema proporcional, em cada Estado, em cada Território e no Distrito Federal"* (art. 45, *caput*, da CF).

Esse entendimento foi adotado pelo TSE, ao responder positivamente a consulta eleitoral, na forma do voto condutor do relator Min. Cesar Asfor Rocha: *"os partidos têm o direito de preservar as vagas obtidas no Parlamento pelo sistema eleitoral proporcional, quando sem justificativa legítima (mudança significativa de orientação programática do partido, comprovada alteração superveniente da linha político ideológica do partido ou prática de perseguição política no seu recôndito), ocorra o cancelamento da filiação partidária ou a transferência do parlamentar eleito por um partido para outra legenda".*[20]

E o mesmo raciocínio foi assentado quanto a desfiliação partidária, sem justa causa, do eleito através do sistema majoritário.[21]

Diante desses pronunciamentos conclusivos do STF e do TSE, a Corte Superior Eleitoral, no uso das atribuições que lhe são conferidas no art. 23, IX, do Código Eleitoral, resolveu disciplinar o processo de perda de cargos eletivos, bem como de justificação de desfiliação partidária.[22]

---

[20] CTA nº 1.398/DF, rel. Min. Cesar Asfor Rocha, decisão plenária em 27.3.2007.
[21] CTA nº 1.407/DF, rel. Min. Carlos Ayres Britto, decisão plenária em 16.10.2007.
[22] Resolução TSE nº 22.610/07, rel. Min. Cezar Peluso, publicado no *DJ* de 30.10.2007.

A teor dessa disciplina normativa, o partido político interessado pode pedir, perante a Justiça Eleitoral, a decretação de perda do cargo eletivo em decorrência de desfiliação partidária sem justa causa (art. 1º).

O TSE considerou justa causa para desfiliação partidária:

I – incorporação ou fusão do partido;
II – criação de novo partido;
III – mudança substancial ou desvio reiterado do programa partidário;
IV – grave discriminação pessoal (art. 1º, § 1º).

A justa causa de desfiliação partidária, com suporte no inciso III, se dá quando houver essencial desrespeito ou reiterado desvio do conteúdo programático constante do estatuto e demais normas partidárias.

Por outro lado, a justa causa enunciada no item IV se configura quando a discriminação pessoal, suscitada como causa de desfiliação, for grave, ou seja, injustificada, odiosa, intolerável, fruto de perseguição política.

Nesse passo, a mera resistência interna à futura pretensão de concorrer as eleições majoritárias ou proporcionais, ou mesmo a intenção de quem se desliga do partido que o elegeu para tornar viável a sua candidatura por outra sigla, não constituem motivos justificadores de desfiliação partidária, eis que a disputa e divergência internas fazem parte do cotidiano das agremiações partidárias.

O partido político tem o prazo de 30 (trinta) dias, contado da desfiliação, para formular o pedido, em nome próprio. E, caso não o formule, poderá pleiteá-lo, nos 30 (trinta) dias subsequentes, quem tenha interesse jurídico, como o suplente que tenha condições de ocupar a vaga ou o Ministério Público eleitoral (art. 1º, § 2º).

O TSE é o foro competente para processar e julgar pedido relativo a mandato federal. Nos demais casos, é competente o tribunal eleitoral do respectivo Estado (art. 2º).

O procedimento vem regulado na resolução em apreço (arts. 3º a 11).

O Tribunal, julgando procedente o pedido, decretará a perda do cargo, comunicando a decisão ao presidente do órgão legislativo competente para que emposse, conforme o caso, o suplente ou o vice, no prazo de 10 (dez) dias (art. 10).

A resolução entrou em vigor na data de sua publicação, ou seja, em 25.10.2007, aplicando-se a partir das filiações consumadas após 27 de março de 2007, quanto aos mandatários eleitos pelo sistema proporcional, e, após 16 de outubro do mesmo ano, quanto aos mandatários eleitos pelo sistema majoritário (art. 13).

2

As Eleições Gerais de 2010

As eleições gerais para Presidente e Vice-presidente da República, Governador e Vice-governador de Estado e do Distrito Federal, para Senador da República e respectivos suplentes, para Deputado Federal, Estadual e Distrital serão realizadas simultaneamente em todo o país em 3 de outubro de 2010, domingo, por sufrágio universal e voto direto e secreto.

As eleições para Presidente e Vice-presidente da República, Governador e Vice-governador de Estado e do Distrito Federal e para Senador da República obedecerão ao princípio majoritário, enquanto as para Deputado Federal, Estadual e Distrital, ao princípio da representação proporcional.

Na eleição presidencial, a circunscrição eleitoral será o País, nas eleições federais, estaduais e distritais, o respectivo Estado ou o Distrito Federal.

Poderão votar os eleitores regularmente inscritos na Justiça Eleitoral até o dia 5 de maio de 2010.

A eleição do Presidente da República importará a do Vice-presidente com ele registrado.

Será considerado eleito Presidente o candidato que obtiver a maioria absoluta de votos, não computados os votos em branco e os votos nulos.

Se nenhum candidato alcançar maioria absoluta na primeira eleição, far-se-á nova, ou seja, um **segundo turno** de votação, no último domingo do mês de outubro, **31 de outubro**, concorrendo os dois candidatos mais votados e elegendo-se o que obtiver a maioria dos votos (art. 77 da CF).

Como bem anota José Afonso da Silva:

"'Votos válidos' são todos os votos, expurgados os em branco e os nulos. Logo, no segundo turno também se requer a maioria absoluta de votos válidos, tanto quanto na primeira votação. 'Maioria de votos válidos' entre dois candidatos (art. 77, § 2º) e 'maioria absoluta de votos, não computados os em branco e os nulos', são expressões equivalentes (art. 77, § 3º)."[1]

O mandato do Presidente da República é de quatro anos, com a possibilidade de reeleição para mais um único período (arts. 14, § 5º, e 82, da CF).

A eleição do Governador e do Vice-governador de Estado está disciplinada em simetria com a do Presidente da República sob a égide do princípio da maioria absoluta (art. 28 da CF).

O Senado Federal é a câmara representativa dos Estados e do Distrito Federal, elegendo cada um três Senadores, com dois suplentes cada, pelo princípio da maioria simples ou relativa, com mandato de oito anos, renovando-se a representação de quatro em quatro anos, alternadamente, por um e dois terços (art. 46 da CF).

Na eleição de 2010, a representação de cada Estado e do Distrito Federal será renovada por dois terços, sendo eleitos os dois Senadores e os suplentes com eles registrados que obtiverem a maioria dos votos. Na hipótese de empate, será qualificado o mais idoso.

A Câmara dos Deputados compõe-se de representantes do povo eleitos, pelo sistema proporcional, em cada Estado e no Distrito Federal.

Na eleição para a Câmara dos Deputados serão disputadas, nos Estados e no Distrito Federal, 513 (quinhentas e treze) vagas, cuja repartição entre eles é proporcional à população respectiva, sendo que o Estado mais populoso será representado por 70 Deputados Federais e nenhum dos Estados terá menos de oito Deputados Federais (art. 45, § 1º, CF).

Os cálculos da representação dos Estados e do Distrito Federal são feitos pelo TSE, com suporte em censo demográfico feito pelo IBGE, sendo que o TSE os fornecerá aos tribunais regionais e aos partidos políticos.

O número de Deputados à Assembleia Legislativa corresponderá ao triplo da representação do Estado na Câmara dos Deputados. Mas, em alcançando o número de trinta e seis Deputados Estaduais, serão acrescidos de tantos Deputados quantos forem os Deputados Federais acima de 12 (art. 27 da CF).

Desse modo, *v.g.*, o Estado de São Paulo, que tem 70 Deputados Federais, aplicando-se a regra acima, conta com 94 Deputados Estaduais (36 Deputados Estaduais + 70 Deputados Federais – 12 = 94 Deputados Estaduais).

Serão eleitos pelo sistema proporcional, para a Câmara dos Deputados e Assembleias Legislativas, como mencionado no capítulo anterior, os candidatos

---

[1] SILVA, José Afonso da. *Comentário contextual à Constituição*. 3. ed. São Paulo: Malheiros, 2007. p. 475-476.

mais votados de cada partido político ou coligação, na ordem da votação nominal, tantos quantos indicarem os quocientes partidários e o cálculo da distribuição das sobras.

A votação será feita no número do candidato ou da legenda partidária, devendo o nome e a fotografia do candidato, assim como a sigla do partido político, aparecer no painel (tela de votação) da urna eletrônica, com o respectivo cargo disputado.

A urna exibirá ao eleitor, primeiramente, os painéis referentes às eleições proporcionais. Em seguida, os atinentes às eleições majoritárias, na seguinte ordem:

    I – Deputado Estadual ou Distrital;

    II – Deputado Federal;

    III – Senador primeira vaga;

    IV – Senador segunda vaga;

    V – Governador de Estado ou do Distrito Federal;

    VI – Presidente da República.

Os painéis referentes aos candidatos a Presidente da República e Governador de Estado ou do Distrito Federal exibirão, também, as fotos e os nomes dos respectivos candidatos a vice.

Da mesma forma, os painéis referentes à eleição para o cargo de Senador exibirão, também, as fotos e os nomes dos respectivos suplentes.[2]

2.1 Calendário eleitoral

As eleições serão realizadas **no primeiro domingo de outubro (3.10.2010)** e o segundo turno, onde for necessário, se dará no **último domingo de outubro (31.10.2010)**.

O último dia para a diplomação dos eleitos é **17 de dezembro de 2010** e a posse acontecerá em **1º de janeiro de 2011**.

O TSE, com supedâneo no Código Eleitoral e na Lei das Eleições, editou o Calendário eleitoral para as eleições de 2010, por via da Resolução TSE nº 23.089/09, detalhando as providências e obrigações legais referentes às eleições presidenciais, federais e estaduais de 2010 que se sucedem no tempo, assinaladas a partir de um ano antes da data dos pleitos, agrupadas por mês e especificadas por dia, dando ênfase aos termos inicial e final dos prazos eleitorais.

Diante desse quadro cronológico pormenorizado das eleições de 2010, podem-se identificar *a priori* as fases do processo eleitoral que se avizinha.

---

[2] A Resolução TSE nº 23.218/10, na sua íntegra, está transcrita no Anexo B.

I – Fase pré-eleitoral de escolha de candidatos a Presidente, Vice-presidente da República, Governador e Vice-governador, Senador e respectivos suplentes, Deputado Federal, Estadual ou Distrital, bem como de deliberação sobre coligações partidárias, com a realização das convenções dos partidos que pretendam participar da disputa eleitoral.

II – Fase de registro de candidaturas, que se inicia a partir da escolha dos candidatos.

Os partidos e coligações, encerradas as convenções, podem ato contínuo requerer à Justiça Eleitoral o registro dos candidatos por eles escolhidos. E o último dia para apresentarem no TSE o requerimento de registro de candidatos a Presidente e Vice-presidente da República, bem como nos tribunais regionais eleitorais o requerimento de registro de candidatos a Governador e Vice-governador, Senador e respectivos suplentes, Deputado Federal, Deputado Estadual ou Distrital, é **5 de julho**, até as 19 horas.

A partir desta data, as secretarias dos tribunais eleitorais permanecerão abertas, aos sábados, domingos e feriados, em regime de plantão.

III – Fase de campanha eleitoral, com o início da propaganda eleitoral em **6 de julho de 2010**.

O término do período de propaganda eleitoral dar-se-á nas vésperas do dia das eleições, nas seguintes datas, conforme o tipo de propaganda, a saber:

- **30 de setembro**, último dia para a divulgação de propaganda eleitoral gratuita no rádio e na televisão; para propaganda política mediante reuniões públicas ou promoção de comícios e utilização de aparelhagem de sonorização fixa, entre as 8 horas e as 24 horas; e para a realização de debates;

- **1º de outubro**, último dia para a divulgação paga, na imprensa escrita, de até 10 anúncios de propaganda eleitoral, por veículo, em datas diversas, para cada candidato, partido político ou coligação, no espaço máximo por edição, de 1/8 de página de jornal padrão e de 1/4 de página de revista ou tabloide;

- **2 de outubro**, último dia para a propaganda eleitoral mediante distribuição de material gráfico, caminhada, carreata, passeata ou carro de som, até as 22 horas, que transite pela cidade divulgando *jingles* ou mensagens de candidatos.

O período de propaganda eleitoral gratuita no rádio e televisão tem início em **17 de agosto** e termina sua veiculação em **30 de setembro**. No caso de segundo turno, recomeça no dia **5 de outubro** e finda em **29 de outubro**.

IV – Fase de votação, apuração e proclamação dos resultados

No primeiro turno, o dia das eleições é **3 de outubro** (domingo), ocorrendo a instalação das seções eleitorais às 7 horas, o início da votação às 8 horas e o encerramento às 17 horas.

Depois desse horário, procede-se à emissão dos boletins de urna e início da apuração e da totalização dos resultados.

Será considerado eleito o candidato a Presidente ou a Governador que obtiver a maioria absoluta de votos, não computados os em branco e os nulos.

Se nenhum dos candidatos alcançar a maioria absoluta na primeira votação, far-se-á o segundo turno, no último domingo de outubro, concorrendo os dois candidatos mais votados, e considerando-se eleito o que obtiver a maioria dos votos válidos.

O último dia para o TSE divulgar o resultado da eleição para Presidente e Vice-presidente da República e para os tribunais regionais divulgarem o resultado da eleição para Governador e Vice-governador é **14 de outubro**.

O segundo turno será realizado no dia **31 de outubro** (último domingo).

Na hipótese de segundo turno, o último dia para a divulgação do resultado da eleição presidencial e para governador é **11 de novembro**, que também é o último prazo para divulgação dos resultados das eleições parlamentares.

V – Fase de diplomação dos eleitos, que poderá se dar até o dia **18 de dezembro**.

Assinalo que da data da sessão de diplomação dos eleitos começa a transcorrer o prazo de **três dias** para a interposição de **recurso contra a expedição de diploma** e de **15 dias** para a propositura de **ação de impugnação de mandato eletivo**.

3

O Direito de Concorrer às Eleições Presidencial, Federais e Estaduais

Através do exercício do sufrágio, o povo, juridicamente intitulado eleitorado, escolhe os governantes, dentro do universo dos eleitores, atribuindo-lhes **mandato político representativo**.

Eleitores são todos os brasileiros (natos e naturalizados), que, à data da eleição, tenham 16 anos de idade e estejam devidamente alistados. A partir daí passam a ostentar, nos termos dos preceitos constitucionais, os atributos da Cidadania. E, com a fruição da Cidadania, o eleitor está habilitado a usufruir e a exercer direitos políticos.

Na lição do jurista Celso de Mello, eminente Ministro do Supremo Tribunal Federal:

> "Os direitos políticos conferem à pessoa os atributos da **cidadania**. Esta, enquanto capacidade eleitoral, projeta-se em duas dimensões: a) capacidade eleitoral **ativa** (aptidão de votar); e b) capacidade eleitoral **passiva** (aptidão de ser votado). A capacidade eleitoral ativa resume-se ao **direito de sufrágio** e a capacidade eleitoral passiva caracteriza-se pela **elegibilidade**" (grifos do Autor).[1]

Assim, a qualidade de eleitor decorre do alistamento eleitoral.

Em suma, somente o eleitor, titular da cidadania e, por conseguinte, titular do direito de sufrágio, é elegível, ou seja, está apto para postular, desde que

---

[1] MELLO FILHO, José Celso de. *Constituição Federal anotada*. 2. ed. São Paulo: Saraiva, 1986. p. 149.

indicado por partido político, mandato político no Executivo ou Legislativo das entidades da Federação.

3.1 Elegibilidade

Elegibilidade é a capacidade jurídica do eleitor para concorrer a um mandato eletivo.

Constitui direito público político subjetivo de qualquer cidadão (eleitor), que ostenta, de um lado, todas as condições legais de elegibilidade. E, de outro, que não incorra em causa de inelegibilidade estabelecida na Carta Magna ou em Lei Complementar Federal.

Na lição de Pinto Ferreira, *"é a capacidade eleitoral passiva, o poder de ser votado"*.[2]

3.2 Requisitos de elegibilidade

Segundo o renomado constitucionalista português Jorge Miranda:

> *"A averiguação da existência dos requisitos de elegibilidade precede logicamente a averiguação da existência de inelegibilidades, sendo uma de resultado contrário à outra. As inelegibilidades só constituem problema relevante e autônomo, como circunstâncias inibitórias da eleição, depois de admitida uma capacidade de base.*
>
> *Os requisitos de elegibilidade são sempre absolutos e de natureza institucional, porque têm de estar presentes em quaisquer eleições (ou em quaisquer eleições compreendidas no tipo). Diversamente, as inelegibilidades* stricto sensu *podem ser também relativas e individuais, visto que podem afetar apenas certa ou certas eleições e derivar de causas de ordem pessoal."*[3]

O eleitor, para poder pleitear mandato eletivo, tem que preencher, preliminarmente, as condições ou requisitos constitucionais de elegibilidade, a saber:

- nacionalidade brasileira;
- pleno exercício dos direitos políticos;
- alistamento eleitoral;
- domicílio eleitoral na circunscrição eleitoral respectiva em que pretende disputar as eleições pelo prazo de pelo menos um ano antes do pleito (3.10.2009);

---

[2] FERREIRA, Pinto. *Comentários à Constituição brasileira*. São Paulo: Saraiva, 1989. v. 1, p. 306.
[3] MIRANDA, Jorge. *Manual de direito constitucional*: estrutura constitucional da democracia. Coimbra: Coimbra Editora, 2007. t. 7, p. 136.

- filiação ao partido político, pelo qual quer concorrer às eleições, há mais de um ano anterior ao pleito, salvo se o Estatuto Partidário respectivo estabeleça prazo superior de filiação partidária;
- idade mínima de: 35 anos para Presidente e Vice-presidente da República e Senador; 30 anos para governador e Vice-governador de Estado e do Distrito Federal; e 21 anos para Deputado Federal, Deputado Estadual ou Distrital.

De se ver que a idade mínima constitucionalmente exigida como condição de elegibilidade é verificada tendo por referência a data da posse (1º.1.2011).

Os cargos eletivos em disputa em 2010 são acessíveis a **brasileiros natos e naturalizados**, com exceção dos cargos de Presidente e Vice-presidente da República, que são privativos de brasileiro nato (art. 14, § 3º, da CF).

Nesse ponto, cumpre anotar que também são privativos de brasileiro nato os cargos de Presidente da Câmara dos Deputados, do Senado Federal e do Supremo Tribunal Federal, inclusive de todos os ministros que o compõem (art. 12, § 3º, II e IV, da CF), uma vez que, em caso de impedimento do Presidente e do Vice-presidente da República, serão sucessivamente chamados ao exercício da Presidência (art. 80 da CF).

Os brasileiros naturalizados são os que, na forma da lei, adquiriram a nacionalidade brasileira, exigindo-se dos originários de países de língua portuguesa, para sua naturalização, apenas residência por um ano ininterrupto e idoneidade moral.

Ao passo que os demais estrangeiros podem requerer a nacionalidade brasileira depois de completarem 15 anos ininterruptos de residência no Brasil e desde que não ostentem condenação penal (art. 12, II, da CF).

Positivadas as condições de elegibilidade, tem o eleitor o direito de postular o mandato. E esse direito somente deixará de existir perante a incidência de causa de inelegibilidade.

3.2.1 Alistamento eleitoral

Por meio do alistamento eleitoral, as pessoas adquirem a capacidade de ser eleitor e, a partir da aquisição dessa capacidade eleitoral ativa, passam a reunir condições de elegibilidade, capacidade de ser eleito.

Segundo o magistério de José Afonso da Silva:

> "Os direitos da cidadania política adquirem-se mediante alistamento eleitoral na forma da lei. O alistamento se faz mediante qualificação e inscrição da pessoa como eleitor perante a Justiça Eleitoral."[4]

---

[4] SILVA, José Afonso da. *Comentário contextual à Constituição*. 3. ed. São Paulo: Malheiros, 2007. p. 224.

O alistamento é obrigatório para os brasileiros de ambos os sexos maiores de 18 anos de idade e facultativo para os analfabetos, os maiores de 70 anos e os maiores de 16 e menores de 18 anos (art. 14, § 1º, I e II, da CF).

A norma constitucional dispõe que são inalistáveis os estrangeiros e os conscritos durante o serviço militar obrigatório (art. 14, § 2º), deixando estes de sê-lo caso venham a se engajar no serviço militar permanente, quando deverão fazer o seu alistamento eleitoral.

Assinalo as causas de cancelamento do alistamento eleitoral:

- analfabetismo;
- perda ou suspensão dos direitos políticos;
- pluralidade de inscrição partidária;
- falecimento do eleitor;
- deixar de votar em três eleições consecutivas, sem apresentação de justificativa ou pagamento da multa respectiva (art. 71 do Código Eleitoral).

3.3 Inelegibilidade

Elegibilidade é a regra, inelegibilidade é a exceção.

Inelegibilidade é o impedimento ou restrição legal, que obsta o eleitor, temporária ou definitivamente, de concorrer a qualquer ou a determinados cargos eletivos. Não impede o direito de votar, mas de se candidatar a mandato eletivo.

No dizer de Alexandre de Moraes:

> "A inelegibilidade consiste na ausência de capacidade eleitoral passiva, ou seja, da condição de ser candidato e, consequentemente, poder ser votado, constituindo-se, portanto, em condição obstativa ao exercício passivo da cidadania. Sua finalidade é proteger a normalidade e legitimidade das eleições contra a influência do poder econômico ou do abuso do exercício de função, cargo ou emprego na administração direta ou indireta, conforme expressa previsão constitucional (art. 14, § 9º)."[5]

Os casos de inelegibilidade são taxativos, ou seja, somente podem ser reconhecidos aqueles que tenham previsão expressa no texto constitucional, arts. 14 e 15, ou em Lei nele autorizada (LC 64, de 18.5.1990).

Segundo seus efeitos, classificam-se em absolutas e relativas.

---

[5] MORAES, Alexandre de. *Direito constitucional*. 22. ed. São Paulo: Atlas, 2007. p. 225.

A inelegibilidade absoluta constitui impedimento para o eleitor concorrer a qualquer mandato eletivo, ao passo que a inelegibilidade relativa obstaculiza a sua candidatura a certos pleitos ou cargos eletivos.

Os casos de inelegibilidade expressos nas normas constitucionais são autoaplicáveis porque ostentam conceito determinado, significação precisa, dispensando regulamentação, e, por isso, tais inelegibilidades são denominadas constitucionais.

As remetidas à legislação complementar por norma constitucional, com a finalidade unívoca ou específica nesta expressa, ou seja, *"a fim de proteger a probidade administrativa, a moralidade para exercício do mandato, considerada a vida pregressa do candidato, e a normalidade e legitimidade das eleições contra a influência do poder econômico ou o abuso do exercício de função, cargo ou emprego na administração direta ou indireta"* (art. 14, § 9º, da CF), são apelidadas de inelegibilidades infraconstitucionais, as quais, atualmente, estão apenas contempladas na Lei Complementar nº 64/90.

Constituem inelegibilidades constitucionais: inalistáveis, analfabetos, reeleição a cargo do Poder Executivo, a reflexa do cônjuge (ou companheira) e de parentes do Presidente da República, Governadores de Estado ou Distrito Federal, Prefeitos e de seus sucessores ou substitutos, inabilitação para o exercício da função pública executiva.

No rol das inelegibilidades infraconstitucionais se inserem as causas originárias de sanções (absolutas) e do exercício do mandato, cargo ou função pública (relativas).

Em que se diferenciam depois de normatizadas umas das outras?

Como bem respondem Carlos Mário da Silva Velloso e Walber de Moura Agra:

> *"Uma diferença processual entre as inelegibilidades constitucionais e as infraconstitucionais é que nas segundas opera-se a preclusão, ou seja, se não forem arguidas no prazo devido, serão convalidadas e reputar-se-ão válidas. As constitucionais não acarretam a preclusão, podendo ser arguidas a qualquer momento, devido ao art. 259 do Código Eleitoral, que expõe que são preclusivos os prazos para interposição de recurso, à exceção quando se discutir matéria constitucional."*[6]

Em outras palavras, as inelegibilidades de ordem infraconstitucional (Lei Complementar nº 64, de 18.5.1990) devem ser arguidas na fase de impugnação do registro, sob pena de preclusão, exceção feita às supervenientes ao deferimento do registro. Mas as de ordem constitucional podem ser perquiridas a qualquer momento, inclusive na esfera do recurso contra a diplomação e da ação de impugnação ao mandato eletivo.

---

[6] VELLOSO, Carlos Mário da Silva; AGRA, Walber de Moura. *Elementos de direito eleitoral*. São Paulo: Saraiva, 2009. p. 58.

3.3.1 Inelegibilidade absoluta

A inelegibilidade absoluta, impeditivo eleitoral para postular qualquer mandato eletivo, é restrição excepcional à cidadania política da pessoa e, por isso mesmo, para sua ocorrência, deve estar expressa em norma constitucional.

A Carta Política enuncia duas causas de inelegibilidade absoluta: *"são inelegíveis os inalistáveis e os analfabetos"* (art. 14, § 4º).

3.3.1.1 Inalistáveis

Não podem alistar-se como eleitores:

I – os menores de 16 (dezesseis) anos;

II – os estrangeiros; e

III – os convocados para prestação do serviço militar obrigatório, durante o período da convocação, intitulados conscritos (art. 14, §§ 1º, II, c, e 2º, da CF).

Além disso, as pessoas privadas dos direitos políticos, seja de modo definitivo (perda dos direitos políticos), seja de modo temporário (suspensão dos direitos políticos), tornam-se inalistáveis. E, caso já sejam eleitores quando decretada a privação dos direitos políticos, deixam, ato contínuo, de ostentar a qualidade de eleitor, mediante cancelamento de sua inscrição eleitoral, nos casos assinalados no art. 15 da CF, a saber:

I – cancelamento da naturalização por sentença transitada em julgado;

II – incapacidade civil absoluta;

III – condenação criminal transitada em julgado, enquanto durarem seus efeitos;

IV – recusa de cumprir obrigação a todos imposta ou prestação alternativa, nos termos do art. 5º, VIII;[7]

V – improbidade administrativa, nos termos do art. 37, § 4º.[8]

A teor do ordenamento constitucional, a perda dos direitos políticos só ocorre no primeiro caso elencado (inciso I). Nos demais, se dá a suspensão dos direitos políticos.

---

[7] O inciso VIII do art. 5º da CF estabelece que: *"ninguém será privado de direitos por motivo de crença religiosa ou de convicção filosófica ou política, salvo se as invocar para eximir-se de obrigação legal a todos imposta e recusar-se a cumprir prestação alternativa, fixada em lei"*.

[8] O § 4º do art. 37 da CF dispõe que: *"Os atos de improbidade administrativa importarão a suspensão dos direitos políticos, a perda da função pública, a indisponibilidade dos bens e o ressarcimento ao erário, na forma e gradação previstas em lei, sem prejuízo da ação penal cabível."*

Como bem ressalta o TSE:

> "A suspensão dos direitos políticos por condenação criminal (CF, art. 15, III) pressupõe o trânsito em julgado da sentença penal condenatória, e a decorrente de improbidade administrativa (CF, art. 15, V) requer decisão expressa e motivada do juízo competente."[9]

3.3.1.2 Analfabetos

O analfabeto é inelegível para qualquer cargo. Tem o direito de sufrágio, mas não tem o de ser votado.

Assim, a alfabetização é requisito constitucional absoluto de elegibilidade, sendo suficiente o comprovante de escolaridade para sua demonstração.

Na ausência desse documento, o Juiz Eleitoral, quando do exame do registro da candidatura, mesmo em se tratando de reeleição, perante dúvida fundada, poderá proceder à aferição da alfabetização do candidato.

Essa aferição deve ser feita na presença do Magistrado, individualmente, sem causar constrangimento ao candidato.

3.3.2 *Inelegibilidade relativa – causas originárias de sanções*

A penalidade capaz de ensejar inelegibilidade relativa pode ter natureza penal, civil, política ou administrativa e deve ter previsão expressa na Lei Maior ou na Lei Complementar n° 64/90.

I – Condenação criminal transitada em julgado, enquanto durarem seus efeitos

A teor da norma inscrita no art. 15, III, da CF, as pessoas que sofrerem "condenação criminal" irrecorrível terão seus direitos políticos suspensos enquanto durarem as penas que lhes forem impostas. E, consequentemente, são inelegíveis durante esse período de suspensão.

A Constituição ao usar a expressão *condenação criminal*, estendeu a suspensão dos direitos políticos a todos os decretos condenatórios criminais e, desde que irrecorríveis, a qualquer que seja o crime praticado e a pena aplicada (reclusão, detenção, pecuniária ou restritiva de direito), persistindo a inelegibilidade enquanto durar o cumprimento da pena. A pena restritiva de direitos substitutiva de privativa de liberdade não afasta a inelegibilidade, mantendo-se o candidato, durante o período de duração, sob os efeitos da condenação, portanto, inelegível.

---

[9] Agravo Regimental no Recurso contra Expedição de Diploma n° 667/CE, rel. Min. Gerardo Grossi, *DJ* de 18.3.2008.

Anote-se que, durante o período do *sursis*, suspensão condicional da pena (art. 77 do Código Penal), persiste a suspensão dos direitos políticos e a inelegibilidade daí decorrente. Porém, no curso da suspensão condicional do processo-crime, prevista no art. 89 da Lei nº 9.099/95, que dispõe sobre os Juizados Especiais, não há falar em causa de inelegibilidade, pois, nesse caso, suspende-se o processo, enquanto naquele a pena imposta na sentença condenatória.

A condenação criminal, transitada em julgado, implica em suspensão dos direitos políticos do condenado, enquanto durarem seus efeitos (art. 15, III, da CF). Impõe-se, por isso, o cancelamento de sua filiação partidária, inclusive do seu alistamento, e a perda do mandato eletivo.

Entretanto, na hipótese do condenado ser parlamentar federal (Senador ou Deputado Federal), no exercício do mandato, a sua condenação criminal transitada em julgado não implica na automática perda do mandato e, consequentemente, na suspensão dos direitos políticos, posto que a perda do mandato somente ocorre se vier a ser decretada, por voto secreto e maioria absoluta, pela Câmara dos Deputados ou pelo Senado Federal (art. 55, § 2º, da CF).[10]

E esta regra excepcional de juízo político sobre a perda do mandato aplica-se, também, por determinação constitucional, aos Deputados Estaduais e Distritais (arts. 27, § 1º, e 32, § 3º, da CF).[11]

Assim, a perda do mandato, por condenação criminal, não é automática quando o condenado é parlamentar federal, distrital ou estadual, posto que depende de um juízo político (de conveniência), do plenário da Casa Parlamentar respectiva.

O juízo político de perda do mandato está sujeito a aprovação, por maioria absoluta, de um projeto de resolução (Regimentos Internos do Senado Federal, arts. 32/35 e da Câmara dos Deputados, art. 109, III, *a*). Se, porventura, tal projeto não for aprovado, o mandato do parlamentar condenado é preservado em sua integralidade.

Nesse particular, suspende-se a execução da sentença criminal até que o condenado deixe de ser titular do mandato e, durante esse período, não correrá prescrição (art. 53, § 5º, da CF).

---

[10] *"Art. 55. [...]*

§ 2º Nos casos dos incisos I, II e VI, a perda do mandato será decidida pela Câmara dos Deputados ou pelo Senado Federal, por voto secreto e maioria absoluta, mediante provocação da respectiva Mesa ou de partido político representado no Congresso Nacional, assegurada ampla defesa."

[11] *"Art. 27. [...]*

§ 1º Será de quatro anos o mandato dos Deputados Estaduais, aplicando-se-lhes as regras desta Constituição sobre sistema eleitoral, inviolabilidade, imunidades, remuneração, perda de mandato, licença, impedimentos e incorporação às Forças Armadas."

II – Condenação criminal transitada em julgado, pela prática de crimes contra a economia popular, a fé pública, a administração pública, o patrimônio público, o mercado financeiro, pelo tráfico de entorpecentes e por crimes eleitorais (art. 1º, I, *e*, da LC nº 64/90).

Nesse caso, **o período de inelegibilidade é maior: mais três anos contados após o cumprimento da pena.**

Considera-se a pena cumprida com a extinção das sanções penais aplicadas ou com o término do período de *sursis* ou livramento condicional.

Vale destacar, nesse momento, que não é possível a declaração de inelegibilidade do eleitor sob o argumento de que sua conduta, refletida em inquéritos policiais e ações penais a que responda, é incompatível para o exercício do mandato eletivo.

Com efeito, a existência de ações penais em andamento e, até mesmo, de ações civis de improbidade administrativa, sem sentença penal condenatória ou decisão de procedência transitada em julgado contra o candidato às eleições de 2010, tidas como configuradoras de "vida pregressa" não recomendável, não tipificam causa de inelegibilidade, perante o princípio constitucional da "presunção de inocência" (art. 5º, LVII, da CF).[12]

O art. 14, § 9º, da CF não é autoaplicável, pois está expresso na própria norma constitucional a necessidade de lei complementar, estabelecendo os casos de vida pregressa do candidato que implicará em inelegibilidade, a fim de proteger a probidade administrativa e a moralidade para o exercício do mandato.

Daí, enquanto não editada tal lei complementar, é vedado ao julgador, que, no exercício de suas funções, deve respeitar plenamente as leis em vigor, reconhecer inelegibilidade com fundamento nos maus antecedentes do candidato, substituindo indevidamente o legislador na definição do conteúdo dessa causa de inelegibilidade.

Portanto, a mera existência de inquéritos policiais em curso ou de processos judiciais em andamento ou de sentença penal condenatória ainda não transitada em julgado não configura, só por si, hipótese de inelegibilidade e, de consequência, não impede o registro de candidatura de qualquer cidadão a cargo eletivo.

III – Condenação em ação civil de improbidade administrativa, com sentença irrecorrível, à sanção de suspensão dos direitos políticos pelo prazo nela fixado (arts. 15, V, e 37, § 4º, da CF e Lei nº 8.429, de 2.6.1992).

A Lei nº 8.429, de 2.6.1992, denominada Lei de Improbidade Administrativa (LIA), disciplinou os atos de improbidade administrativa em três categorias: atos

---

[12] Art. 5º, LVII, da CF: *"ninguém será considerado culpado até o trânsito em julgado de sentença penal condenatória".*

que importam enriquecimento ilícito do agente público (art. 9º), atos que causam prejuízo efetivo ao Erário (art. 10), e atos que atentam contra os princípios da Administração Pública (art. 11). E cominou-lhes as seguintes sanções políticas, civis e administrativas: suspensão dos direitos políticos, perda da função pública, proibição de contratar com o Poder Público e receber benefícios fiscais e creditícios, multa civil, ressarcimento integral do dano e perda dos bens ou valores acrescidos ilicitamente ao patrimônio (art. 12).

A intensidade da sanção de suspensão de direitos políticos, decorrente da prática de improbidade administrativa, é graduada, nos termos do disposto no art. 12 da LIA, de acordo com a tipificação do ato de improbidade objeto da persecução civil. Assim, tratando-se de ato de improbidade que importa em enriquecimento ilícito (art. 9º), a suspensão dos direitos políticos será de 8 a 10 anos; cuidando-se de ato de improbidade lesivo ao Erário (art. 10), a suspensão dos direitos políticos será de 5 a 8 anos; e versando sobre ato de improbidade que atenta contra os princípios da Administração Pública (art. 11), a suspensão dos direitos políticos será de 3 a 5 anos.

Como assinalei no livro *Lei de Improbidade Administrativa comentada*:

> "*A sanção graduada e temporária de suspensão dos direitos políticos, decorrente de condenação por ato de improbidade administrativa, é autônoma e imposta, no juízo cível estadual ou federal, na sentença que julgar procedente ação civil de improbidade administrativa.*
>
> *Essa imposição dá-se, pois, na Justiça Comum, cabendo à Justiça Eleitoral somente o ato administrativo, quando ciente do trânsito em julgado da decisão, de cancelamento da inscrição eleitoral do agente público que teve suspensos seus direitos políticos por ato de improbidade.*"[13]

IV – Condenação pela Justiça Eleitoral em representação julgada procedente, transitada em julgado, em processo de apuração de abuso do poder econômico ou político, para a eleição na qual concorrem ou tenham sido diplomados, bem como para as que se realizarem nos 3 anos seguintes (art. 1º, I, *d*, da LC nº 64/90).

O **abuso do poder econômico**, no âmbito eleitoral, é a utilização excessiva ou indevida (desvio de finalidade) de recursos materiais e humanos com o objetivo de angariar votos a favor de determinado candidato ou agremiação política.

O **abuso do poder político**, em detrimento da liberdade de voto e da lisura das eleições, consiste no uso escuso, por parte do agente público, do cargo, emprego ou função (da máquina administrativa) em prol de Candidato que, participante ou conivente do ato abusivo, por ele também responde.

---

[13] PAZZAGLINI FILHO, Marino. *Lei de Improbidade Administrativa comentada*. 4. ed. São Paulo: Atlas, 2009. p. 137-138.

A ação de investigação judicial eleitoral, que pode ser ajuizada até a data da diplomação dos eleitos, é a sede própria para apuração dos abusos do poder econômico e político em campanha eleitoral.

Após a diplomação, a condenação por abuso do poder econômico poderá ocorrer em recurso contra a expedição de diploma e em ação de impugnação de mandato eletivo, ao passo que por abuso do poder político, só no âmbito daquele.

Na hipótese de abuso de poder econômico ou político, o prazo de inelegibilidade é contado a partir da data da eleição em que se verificou (art. 1º, I, *d*, da LC nº 64/90).

V – Rejeição de contas relativas ao cargo ou funções públicas exercidas pelo agente público, por irregularidade insanável e por decisão irrecorrível do órgão competente, salvo se a matéria estiver sob a apreciação do Poder Judiciário (art. 1º, I, *g*, da LC nº 64/90).

O julgamento das contas do chefe de Executivo compete ao Poder Legislativo correspondente, atuando o Tribunal de Contas como órgão auxiliar na esfera opinativa.

As contas de todos os demais responsáveis por dinheiros públicos e bens públicos são julgadas pelo Tribunal de Contas e suas decisões definitivas a respeito podem gerar inelegibilidade.

Cumpre assinalar que o julgamento das contas relativas a convênios firmados entre entes da Federação, bem como das relativas a recursos repassados seja pela União aos Estados e Municípios, seja pelos Estados a Municípios, compete, respectivamente, aos tribunais de contas da União e dos Estados. E a decisão desfavorável dessas cortes de conta implica na inelegibilidade genérica regulada no dispositivo *in comento*.

Portanto, **o agente público que tiver nessas circunstâncias suas contas rejeitadas se torna inelegível para as eleições que se realizarem nos cinco anos seguintes, contados a partir da data da decisão definitiva.**

A declaração de inelegibilidade inscrita no dispositivo *in comento* depende da presença simultânea de três requisitos:

1. rejeição das contas **por vício insanável**;
2. **natureza irrecorrível da decisão** que as rejeitou proferida pela Corte de Contas; e
3. decisão de rejeição de contas não tenha sido submetida ao Judiciário, e, se estiver *sub judice*, mister que os seus efeitos não tenham sido suspensos mediante concessão de liminar ou tutela antecipada.

Em outras palavras, a mera propositura de ação para desconstituir a decisão que rejeitou as contas, sem a obtenção de provimento liminar ou tutela antecipada, não suspende a inelegibilidade.

Claro que a simples emissão de parecer prévio do Tribunal de Contas, opinando pela rejeição das contas do titular do Poder Executivo, sem a decisão definitiva da Casa Legislativa competente para julgá-las, não constitui causa de inelegibilidade.

Aliás, nesse sentido, já assentou o TSE que:

> *"Não há falar em rejeição de contas de prefeito por mero decurso de prazo para a sua apreciação pela Câmara Municipal, porquanto o Poder Legislativo é o órgão competente para esse julgamento, sendo indispensável o seu efetivo pronunciamento"* (REsp nº 33.845/ES, PSESS de 12.11.2008, Rel. Min. Arnaldo Versiani).

Cumpre observar que a regra constitucional é a elegibilidade do cidadão. De consequente, a ausência de elementos de convicção nos autos que permitam à Justiça Eleitoral auferir a insanabilidade dos vícios das contas rejeitadas, sendo defeso a inversão do ônus da prova a fim de exigir-se do impugnado a demonstração de sua sanabilidade, implica na desconsideração dessa causa de inelegibilidade.

Registro, ainda, que, caso o candidato, no momento do registro de sua candidatura, esteja munido de certidão de quitação eleitoral, que atesta a ausência de qualquer mácula no seu cadastro, o lançamento e cobrança de multa eleitoral, em momento posterior, quitada só após o registro, não configura inelegibilidade.

E mais, a rejeição de contas de candidato, superveniente ao registro de sua candidatura, não causa incidência de cláusula de inelegibilidade, pois o dispositivo aplica-se às eleições que vierem a se realizar, e não às já realizadas.

Evidente, também, que a mera inclusão do nome de agente público em lista de inadimplentes remetida pela Corte de Contas à Justiça Eleitoral não é idônea para gerar inelegibilidade, haja vista se tratar de procedimento meramente informativo. É imprescindível ao pronunciamento da Justiça Eleitoral sobre a incidência, ou não, de cláusula de inelegibilidade o exame da decisão de rejeição de contas irrecorrível, cuja juntada constitui ônus do impugnante da candidatura.

VI – Condenação irrecorrível de agentes públicos que eleitoralmente se beneficiarem ou a terceiros pelo abuso do poder econômico ou político, para as eleições que se realizarem nos 3 anos seguintes ao término do seu mandato ou do período de sua permanência no cargo (art. 1º, I, *h*, da LC nº 64/90).

Contempla-se nesse inciso a condenação do agente público, com sentença transitada em julgado, detentor de cargo ou funções na Administração Pública (direta, indireta ou fundacional), por prática de conduta vedada em campanha eleitoral, configuradora de abuso de poder econômico ou político em seu próprio benefício, quando concorrente a cargo eletivo, ou em favor de candidatos ou partido político, que favorece no exercício de suas funções.

VII – Perda do mandato de Senador, Deputado Federal, Estadual ou Distrital e Vereador por falta de decoro parlamentar ou por infringência a disposições constitucionais (arts. 54 e 55, I e II, da CF) **e normas equivalentes previstas em Constituição Estadual ou Lei Orgânica Municipal** (art. 1º, I, *b*, da LC nº 64/90).

Os Parlamentares estão sujeitos às restrições constitucionais inerentes ao exercício do mandato (art. 54 da CF).[14] E precisam manter procedimento compatível com o decoro parlamentar.

A violação daquelas ou deste pode causar a perda do mandato que, caso concretizada, torna os que hajam perdido o respectivo mandato **inelegíveis para as eleições que se realizarem durante o período remanescente do mandato para o qual foram eleitos e nos oito anos seguintes ao término da legislatura.**

Assinalo que a verificação se o comportamento incompatível imputado ao Parlamentar pode ser qualificado como **falta de decoro parlamentar** e gerar a perda do mandato é matéria de natureza eminentemente política, e não eleitoral, adstrita a decisão soberana do Legislativo respectivo, nos casos definidos no Regimento Interno e observado o procedimento nele previsto.

Anote-se que, segundo preceito constitucional:

> *"É incompatível com o decoro parlamentar, além dos casos definidos no regimento interno, o abuso das prerrogativas asseguradas a membro do Congresso Nacional ou a percepção de vantagens indevidas"* (§ 1º do art. 55 da CF).

VIII – Indignidade ou incompatibilidade com o oficialato pelo prazo de 4 anos contados da data da sua declaração (art. 1º, I, *f*, LC nº 64/90).

De se ver que a indignidade e a incompatibilidade para o oficialato constituem penas acessórias estabelecidas no Código Penal Militar (art. 98, II e III).

---

[14] *"Art. 54. Os Deputados e Senadores não poderão:*

I – desde a expedição do diploma:

a) firmar ou manter contrato com pessoa jurídica de direito público, autarquia, empresa pública, sociedade de economia mista ou empresa concessionária de serviço público, salvo quando o contrato obedecer a cláusulas uniformes;

b) aceitar ou exercer cargo, função ou emprego remunerado, inclusive os de que sejam demissíveis ad nutum, nas entidades constantes da alínea anterior:

II – desde a posse:

a) ser proprietários, controladores ou diretores de empresa que goze de favor decorrente de contrato com pessoa jurídica de direito público, ou nela exercer função remunerada;

b) ocupar cargo ou função de que sejam demissíveis ad nutum, *nas entidades referidas no inciso I, a;*

c) patrocinar causa em que seja interessada qualquer das entidades a que se refere o inciso I, a;

d) ser titulares de mais de um cargo ou mandato público eletivo."

Os militares, inclusive os membros das polícias militares e dos corpos de bombeiros militares dos Estados, são elegíveis, desde que observados os requisitos constitucionais, a saber:

- afastamento da atividade se contar menos de 10 anos de serviço; e
- agregação pela autoridade superior se contar mais de 10 anos de serviço e, se eleito, passagem automática, no ato da diplomação, para a inatividade (art. 14, § 8º, CF).

O militar da reserva remunerada deve ter filiação partidária deferida um ano antes do pleito.

Registro que não é exigível ao militar da ativa, que pretenda concorrer a cargo eletivo, filiação partidária, bastando o pedido de registro de candidatura após prévia escolha em convenção partidária.

> **IX – Exercício de cargo ou função de direção, administração ou representação em estabelecimento de crédito, financiamento ou seguro, que tenha sido ou esteja sendo objeto de processo de liquidação judicial ou extrajudicial, nos 12 meses anteriores à respectiva decretação, enquanto não forem exonerados de qualquer responsabilidade** (art. 1º, I, *i*, LC nº 64/90).

> **X – Perda do cargo de Governador e Vice-governador de Estado e do Distrito Federal, e de Prefeito e de Vice-prefeito durante o período remanescente e nos 3 anos subsequentes ao término do mandato para o qual tenham sido eleitos** (art. 1º, I, *c*, LC nº 64/90).

A perda do mandato prevista neste inciso é a decorrente de infração a dispositivo, respectivamente, da Constituição Estadual, da Lei Orgânica do Distrito Federal ou da Lei Orgânica do Município.

Assim, por exemplo, perderá o mandato o Governador que assumir outro cargo ou função na administração pública direta ou indireta, ressalvada a posse em virtude de concurso público, com o afastamento devido para o exercício do mandato (art. 28, § 1º, da CF).

3.3.3 Inelegibilidade relativa – causas originárias de casamento ou parentesco

O casamento, a união estável[15] e o parentesco com o Presidente da República, Governador de Estado ou do Distrito Federal e Prefeito são causas de inelegibi-

---

[15] *"A jurisprudência do TSE é pacífica no sentido de que a 'união estável' atrai a incidência da inelegibilidade prevista no art. 14, § 7º da CF"* (REsp nº 23.487/R. Ordinário nº 1.101/RO, rel. Min. Carlos Ayres Britto, *DJ* de 2.5.2007).

lidade no território de jurisdição desses agentes políticos, ou seja, no âmbito de suas circunscrições eleitorais, nos termos do disposto no § 7º do art. 14 da Carta Magna, que somente excepciona desse impedimento o cônjuge, companheira ou parente dos mesmos, que já é titular de mandato eletivo e é candidato à reeleição.

Portanto, segundo esse preceito constitucional, são inelegíveis no território de jurisdição (circunscrição territorial) do titular (Presidente da República, Governador de Estado e do Distrito Federal, Prefeitos), ou de quem os haja substituído, o cônjuge (ou companheira) e os parentes consanguíneos (pais, filhos e netos), até segundo grau ou por adoção, para a sua sucessão, salvo se aquele não esteja no exercício de mandato conquistado em reeleição e se desincompatibilize seis meses antes do pleito.

Na eleição presidencial, a circunscrição territorial é o país todo; nas federais e estaduais, o Estado; nas distritais, o Distrito Federal; e nas municipais, cada Município.

Ante o exposto, na hipótese, por exemplo, de renúncia de Governador de Estado ou do Distrito Federal, reeleito, feita seis meses antes do pleito, o cônjuge ou parente dele, outrora inelegível, torna-se elegível para cargo eletivo diverso daquele que era ocupado pelo titular renunciante.

Entretanto, o cônjuge ou parente do Governador de Estado ou do Distrito Federal estará apto a sucedê-lo, para um único período eleitoral subsequente, desde que aquele, no exercício do primeiro mandato, renuncie também até seis meses anteriores às eleições.

Vê-se, pois, que a **incompatibilidade em decorrência do casamento ou parentesco poderá ser superada mediante a desincompatibilização do titular do mandato eletivo no prazo legal.**

Anote-se, ademais, a teor do pronunciamento do TSE, em resposta a consulta sobre inelegibilidade por parentesco com os detentores dos cargos de chefia do Poder Executivo, que:

> *"1. O § 7º do art. 14 da Constituição Federal impede a ocorrência de três mandatos consecutivos, seja por via direta – quando o aspirante é o próprio titular da chefia do Poder Executivo –, seja por via reflexa, quando este é o cônjuge, parente consanguíneo, afim, ou por adoção, até segundo grau.*
>
> *2. É inelegível o candidato à reeleição para cargo de chefia do Poder Executivo, se, no período anterior, o cargo fora ocupado por seu parente, no grau referido no § 7º do art. 14 da Constituição Federal, ainda que este tenha renunciado a qualquer tempo ao mandato, sendo substituído pelo vice, parente ou não, pois a eventual circunstância de vir a ser eleito configurará a terceira eleição consecutiva circunscrita a uma mesma família e num mesmo território."*[16]

---

[16] Consulta nº 1.433/BA, rel. Min. José Delgado, *Informativo TSE*, ano IX, nº 32.

A dissolução da sociedade conjugal (divórcio ou separação judicial), no curso do segundo mandato de Presidente, Governador ou Prefeito, não afasta a inelegibilidade do seu ex-cônjuge, para o cargo que aquele exerça, uma vez que, para fins de inelegibilidade, permanece até o fim do mandato o vínculo de parentesco com o ex-cônjuge. Assim, caso a separação ou o divórcio tenha se concretizado no período do mandato gerador da inelegibilidade, este está impedido de se candidatar à chefia do Executivo Federal, Estadual, Distrital ou Municipal respectiva, nas eleições subsequentes, a não ser que, em se tratando de primeiro mandato, tenha ele se desincompatibilizado seis meses antes do pleito.

Nesse ponto, o STF editou a súmula vinculante nº 36 com o seguinte teor:

> *"A dissolução da sociedade ou do vínculo conjugal, no curso do mandato, não afasta a inelegibilidade prevista no § 7º do art. 14 da CF."*

Se a dissolução da sociedade conjugal ocorrer durante o primeiro mandato do Governador, não haverá impedimento da candidatura da sua ex-esposa a este cargo, caso tenha ele se desincompatibilizado seis meses antes do pleito.

Cumpre, por último, assinalar, que as causas de inelegibilidade decorrentes do parentesco têm por propósito obstaculizar a perenização do poder familiar na chefia do Poder Executivo.

3.3.4 Inelegibilidade relativa – causas originárias do exercício de mandato, cargo ou função pública. Desincompatibilização

Em geral, essas causas podem ser afastadas mediante a desincompatibilização do agente público, ou seja, pelo seu afastamento, definitivo ou temporário, do mandato, cargo ou função pública por ele exercida, dentro do prazo previsto em norma constitucional ou infraconstitucional, calculado da data do pleito.

Nessa perspectiva, como bem retrata Pinto Ferreira:

> *"A desincompatibilização é a faculdade dada ao cidadão para que se desvincule do cargo de que é titular, no prazo previsto em lei, tornando assim possível a sua candidatura."*[17]

Assim, no dizer de Marcos Ramayana:

> *"Tutela-se com a desincompatibilização a isonomia entre os pré-candidatos ao pleito eleitoral específico, bem como a lisura das eleições contra a influência do poder político e/ou econômico e a captação ilícita de sufrágio, porque incide uma presunção* jure et de jure *que o incompatível utilizará em seu benefício a máquina da Administração Pública."*[18]

---

[17] FERREIRA, Pinto. *Comentários à Constituição brasileira*. São Paulo: Saraiva, 1989. p. 313.
[18] RAMAYANA, Marcos. *Direito eleitoral*. 7. ed. Niterói: Impetus, 2007. p. 154.

A **desincompatibilização é definitiva** quando, ao se desvincular o agente público do cargo ou mandato de que é titular para se candidatar, o vínculo preexistente com o ente público desaparece definitivamente, ou seja, não lhe é assegurado caso não seja eleito ou após o exercício do mandato o retorno à função pública que exercia.

Ao reverso, a **desincompatibilização é provisória** se a lei autoriza o retorno ao cargo que exercia antes de seu afastamento para concorrer às eleições quer sendo eleito, ao término do exercício do mandato, quer não sendo eleito, logo após o pleito que disputou.

3.3.4.1 Presidente da República e Governador de Estado ou Distrito Federal

O Presidente da República e os Governadores, bem assim quem os houver sucedido no curso do mandato, poderão ser reeleitos para um único período subsequente e não se exige, caso sejam candidatos à reeleição, a sua desincompatibilização do cargo (art. 14, § 5º, da CF).

Entretanto, o Presidente da República e os Governadores, para concorrerem a outros cargos, devem renunciar aos respectivos mandatos até seis meses antes do pleito (art. 14, § 6º, da CF).

Ao contrário, o Senador, o Deputado Federal e o Deputado Estadual ou Distrital não precisam se desincompatibilizar para se candidatarem à chefia do Executivo.

3.3.4.2 Vice-presidente e Vice-governador

O Vice-presidente ou Vice-governador, mesmo que tenha substituído o titular respectivo, a qualquer tempo do mandato, pode candidatar-se à reeleição. E sem a necessidade de desincompatibilização.

Entretanto, na hipótese do Vice-presidente ou Vice-governador ter sucedido o titular, independentemente da época da sucessão, não poderá candidatar-se, na eleição seguinte, ao mesmo cargo de vice que exercera, posto que, ao ser guindado à chefia do Poder Executivo, cessou a sua condição anterior de vice.

Agora, o Vice-presidente ou Vice-governador eleito por duas vezes consecutivas, que vem a suceder o titular no segundo mandato, poderá reeleger-se neste cargo por ser este o seu primeiro mandato na condição de titular do Executivo Federal ou Estadual.

Saliente-se que Vice-presidente ou Vice-governador que foi eleito por duas vezes seguidas, exercendo integralmente os dois mandatos, não está impedido de concorrer ao cargo do titular, Presidente ou Governador, nas eleições subsequentes. E, inclusive, poderá disputar a reeleição respectiva.

Nesse caso particular, portanto, é possível o cidadão ser eleito para quatro mandatos consecutivos, ou seja, dois mandatos de Vice e subsequentes dois mandatos de Presidente ou Governador.

3.3.4.3 Senador, Deputado Federal, Deputado Estadual ou Distrital

Os parlamentares, candidatos à reeleição, não precisam se desincompatibilizar na hipótese de postularem cargo de chefe do Executivo Federal, Estadual, Distrital ou Municipal.

Essa regra comporta apenas duas exceções: quando nos seis meses anteriores ao pleito tiverem substituído, ou, em qualquer época, tiverem sucedido o respectivo titular do Poder Executivo.

3.3.4.4 Demais agentes públicos

Quanto aos agentes públicos elencados na alínea *a* do inciso II do art. 1º da LC nº 64/90, o prazo de desincompatibilização é de seis meses anteriores do pleito. Trata-se de **desincompatibilização definitiva**. Nessa situação, por exemplo, se enquadram: os ministros de Estado, os chefes dos órgãos de assessoramento direto, civil e militar da Presidência da República; os presidentes, diretores e superintendentes de autarquias, empresas públicas, sociedades de economia mista e fundações públicas, bem assim os ocupantes de cargos equivalentes nos Governos Estaduais e Distrital.

No tocante aos servidores públicos, a norma eleitoral estabelece o seguinte regramento:

a) servidores públicos, estatutários ou não, dos órgãos ou entidades da Administração direta ou indireta da União, do Distrito Federal, dos Estados e dos Municípios – **desincompatibilização temporária**, remunerada (percepção dos vencimentos integrais), três meses antes do pleito, mediante afastamento; e

b) servidores públicos federais, distritais, estaduais ou municipais ocupantes de cargo em comissão em geral – **desincompatibilização definitiva**, sem remuneração, no mesmo prazo de três meses anteriores às eleições, mediante exoneração.

É computado, nesse período, todo o tipo de afastamento do servidor público, tais como os relativos a licença-prêmio, férias, processo disciplinar, licença-saúde, inclusive o de afastamento de fato, sendo irrelevante, para o efeito de desincompatibilização, o comunicado feito ao órgão em que exerce as funções após o prazo legal, desde que o candidato tenha se afastado tempestivamente no plano fático.

3.4 Exame das condições de elegibilidade

As condições de elegibilidade dos candidatos a Presidente e Vice-presidente da República são examinadas pelo Tribunal Superior Eleitoral e as dos candidatos a Governador e Vice-governador, a Senador e respectivos suplentes, e a Deputado Federal, Estadual ou Distrital, pelos tribunais regionais eleitorais.

Assinale-se que as condições de elegibilidade e as causas de inelegibilidade devem ser aferidas pela Justiça Eleitoral no momento da formalização do pedido de registro de candidatura, ressalvadas as alterações fáticas ou jurídicas, supervenientes ao pedido, que afastem a inelegibilidade.

As inelegibilidades de ordem infraconstitucional (Lei Complementar nº 64, de 18.5.1990) devem ser arguidas na fase de impugnação do registro, sob pena de preclusão, exceção feitas às supervenientes ao deferimento do registro. Mas as de ordem constitucional podem ser perquiridas a qualquer momento, inclusive na esfera do recurso contra a diplomação e da ação de impugnação ao mandato eletivo.

4

Escolha e Registro de Candidatos às Eleições Presidencial, Federais e Estaduais

O eleitor, atendidos os pressupostos constitucionais de elegibilidade e ausentes, ou removidas, eventuais causas de inelegibilidade, tem aptidão política para ser candidato e postular sua candidatura junto ao partido político em que está filiado, na circunscrição da realização das eleições federais e estaduais.

A matéria é disciplinada pela Lei nº 9.504, de 30 de setembro de 1997, Lei das Eleições, e regulamentada, para as eleições de 2010, pela Resolução nº 23.221/10 do TSE.[1]

4.1 Convenções partidárias

As convenções dos partidos políticos destinadas à escolha dos candidatos a Presidente e Vice-presidente da República, Governador e Vice-governador de Estado e do Distrito Federal, Senador e respectivos suplentes, Deputado Federal, Deputado Estadual ou Deputado Distrital, e a deliberar sobre a formação de coligações (união de dois ou mais partidos), deverão ser realizadas no período de **10 a 30 de junho de 2010**, obedecidas as disposições do estatuto partidário.

A convenção partidária, pois, é ato formal em que os partidos homologam os candidatos e as coligações que irão disputar as eleições.

---

[1] A Resolução nº 23.221/10 encontra-se transcrita, na íntegra, no Anexo B.

Assinalo que somente as agremiações partidárias que tenham registrado seu estatuto no TSE até 3.10.2009 e tenham, até a data da convenção, órgão de direção constituído na circunscrição do pleito, anotado no tribunal eleitoral competente, poderão participar das eleições.

Os partidos, para a realização das convenções, poderão usar gratuitamente prédios públicos, responsabilizando-se por danos causados com a realização do evento. Para tanto, devem comunicar por escrito ao responsável pelo local com antecedência mínima de 72 horas e, na hipótese de coincidência de datas, será observada a ordem de protocolo das comunicações.

A **coligação** é o procedimento político utilizado no processo eleitoral para a composição de alianças partidárias, objetivando a participação na eleição majoritária em condições de maior competitividade, com a escolha conjunta de uma mesma candidatura a um determinado cargo eletivo. Da mesma forma, em eleição proporcional, com a constituição de lista única de candidatos à Casa Legislativa (federal, estadual ou distrital) das legendas coligadas.

As coligações terão denominação própria, que poderá ser a junção de todas as siglas dos partidos que a integram. Todavia, não poderá coincidir, incluir ou fazer referência a nome ou a número de candidato, nem conter pedido de voto.

Em outras palavras, uma vez formada a coligação, os partidos coligados perdem a legitimidade para agir e recorrer isoladamente, assumindo aquela todos os direitos e obrigações destes no momento de sua constituição. Tais agremiações partidárias somente readquirem a legitimidade para atuar por conta própria após a realização das eleições.

O partido político coligado somente possui legitimidade para atuar de forma isolada no processo eleitoral quando questionar a validade da própria coligação, durante o período compreendido entre a data da convenção e o termo final para a impugnação do registro de candidatos.

A existência das coligações tem caráter temporário e é restrita ao processo eleitoral do pleito para o qual foi constituída.

Nesse período, a coligação será representada, perante a Justiça Eleitoral, por representante designado pelos partidos integrantes da coligação ou por quatro delegados perante o Tribunal Regional Eleitoral e cinco delegados perante o TSE.

Os partidos políticos, dentro da mesma circunscrição, têm a faculdade de celebrar coligações para eleição majoritária, proporcional ou para ambas.

No caso de coligação ampla, podem ser formadas mais de uma coligação para a eleição proporcional dentre os partidos que integram o pleito majoritário.

A Lei Magna assegura aos partidos políticos autonomia para adotar os critérios de escolha e o regime de suas coligações eleitorais, sem a necessidade de vinculação entre candidaturas em âmbito nacional, estadual ou distrital.

Para as eleições de 2010, nos termos do § 1º do art. 17 da CF, **não há obrigatoriedade de verticalização partidária**.[2]

Aos partidos políticos fica assegurado o direito de manter os números atribuídos à sua legenda na eleição anterior, e aos candidatos nessa hipótese, o direito de manter os números que lhes foram atribuídos na eleição anterior para o mesmo cargo.

Os candidatos de coligações, nas eleições majoritárias, serão registrados com o número da legenda do respectivo partido e, nas eleições proporcionais, com o número da legenda do respectivo partido, acrescido do número que lhes couber.

Os candidatos aos cargos de Presidente da República e Governador concorrerão com o número identificador do partido ao qual estiverem filiados.

Os candidatos ao cargo de Senador concorrerão com o número identificador do partido ao qual estiverem filiados, seguido de um algarismo à direita.

Os candidatos aos cargos de Deputado Federal concorrerão com o número identificador do partido a que estiverem filiados, acrescido de dois algarismos à direita.

E os candidatos aos cargos de Deputado Estadual ou Distrital concorrerão com o número identificador do partido ao qual estiverem filiados, acrescido de três algarismos à direita.

4.2 Registro de candidatos

Os partidos políticos e coligações deverão requerer o pedido de registro de seus candidatos até as **19 horas** do dia **5 de julho**.

Não é permitido o registro de um mesmo candidato para mais de um cargo.

Cada partido ou coligação poderá requerer registro de um candidato a Presidente da República, de um candidato a Governador em cada Estado, com seus respectivos vices, e de dois candidatos para o Senado Federal em cada unidade da Federação, estes com dois suplentes.

No tocante à Câmara dos Deputados e à Câmara e Assembleias Legislativas, cada partido poderá requerer o registro de candidatos até 150% do número de lugares a preencher.

No caso de coligação para as eleições proporcionais, independentemente do número de partidos que a integram, poderá ser registrado o dobro do número de lugares a preencher.

---

[2] Consulta nº 1.735/DF, rel. Min. Felix Fischer, em 17.12.2009.

Do número de vagas resultantes da aplicação das regras citadas, cada partido ou coligação deverá reservar o mínimo de 30% e o máximo de 70% para candidaturas de cada sexo.

Na hipótese de o partido ou coligação não requerer o registro de seus candidatos, estes poderão fazê-lo perante a Justiça Eleitoral, observado o prazo máximo de 48 horas seguintes à publicação da lista dos candidatos pelo tribunal eleitoral competente.

Neste ponto, convém assinalar que não existe, no sistema eleitoral brasileiro, a denominada candidatura avulsa, pois somente os candidatos escolhidos ou indicados por partidos ou coligações podem concorrer às eleições.

4.3 Pedido de registro. Documentos necessários

O registro de candidatos a Presidente e a Vice-presidente da República e a Governador e a Vice-governador de Estado ou Distrito Federal far-se-á sempre em chapa única e indivisível, ainda que resulte da indicação de coligação.

O pedido de registro dos candidatos a Presidente e a Vice-presidente da República deve ser feito, pelo partido ou coligação, nos termos da respectiva convenção, no TSE, e o pedido de registro dos candidatos para os demais cargos nos tribunais regionais eleitorais, até as 19 horas do dia 5 de julho de 2010.

O pedido de registro, formulado pelo partido ou coligação partidária, deverá ser apresentado, obrigatoriamente, em meio magnético gerado por sistema próprio desenvolvido pelo TSE, instruído das vias impressas, assinadas pelos requerentes, dos formulários: **Demonstrativo de Regularidade de Atos Partidários (DRAP)**, relativo à convenção que indicou os candidatos, listagem de nomes e cargos pleiteados; **Requerimento de Registro de Candidatura (RCC)**, que trata do requerimento individualizado por candidato, com documentos demonstrativos da sua identificação eleitoral e elegibilidade, emitidos automaticamente pelo sistema de candidaturas (CANDex), além do texto e cópia da ata da convenção partidária.

O formulário do **Demonstrativo de Regularidade de Atos Partidários (DRAP)** deve ser preenchido com as seguintes informações:

I – nome e sigla do partido político;

II – na hipótese de coligação, seu nome e siglas dos partidos políticos que a compõem;

III – data da(s) convenção(ões);

IV – cargos pleiteados;

V – na hipótese de coligação, nome de seu representante e de seus delegados;

VI – endereço completo e telefones, inclusive de fac-símile;

VII – lista dos nomes, números e cargos pleiteados pelos candidatos;

VIII – valores máximos de gastos que o partido político fará por cargo eletivo em cada eleição a que concorrer, observando-se que, no caso de coligação, cada partido político que a integra fixará o valor máximo de gastos (art. 26 da Resolução nº 22.717/08).

A via impressa desse formulário deve ser apresentada com a cópia da ata da convenção que escolheu os candidatos e deliberou sobre a formação de coligações.

O **Requerimento de Registro de Candidatura (RRC)** tem que conter as seguintes informações:

I – autorização do candidato;

II – número do fac-símile no qual o candidato receberá intimações, notificações e comunicados da Justiça Eleitoral;

III – dados pessoais do candidato: título de eleitor, nome completo, data de nascimento, unidade da Federação e Município de nascimento, nacionalidade, sexo, estado civil, número da carteira de identidade com órgão expedidor e unidade da Federação, número de registro no Cadastro de Pessoa Física (CPF) e números de telefone;

IV – dados da candidatura: partido político, cargo pleiteado, número do candidato, nome para constar na urna eletrônica, se é candidato à reeleição ao cargo, qual cargo eletivo ocupa e a quais eleições já concorreu.

A via expressa do formulário do pedido de registro de cada candidatura será instruído com os documentos a seguir discriminados.

4.3.1 Declaração de bens atualizada

A declaração de bens atualizada deve ser preenchida no sistema CANDex e assinada pelo candidato na via impressa pelo sistema.

Não é preciso, para o cumprimento dessa exigência, a entrega de cópia da declaração de bens e direitos, constante da Declaração de Ajuste Anual do Imposto de Renda do candidato.

Basta no documento a nomeação dos bens que compõem o patrimônio do candidato, dispensável a atualização dos valores ou a indicação de mutações patrimoniais anuais.

4.3.2 Certidões criminais

Devem ser anexadas certidões criminais fornecidas:

1. pela Justiça Federal de 1º e 2º graus onde o candidato tenha o seu domicílio eleitoral;
2. pela Justiça Estadual ou do Distrito Federal de 1º e 2º graus onde o candidato tenha o seu domicílio eleitoral;
3. pela Justiça Federal e pela Justiça do Distrito Federal da Capital da República de 1º e 2º graus, para qualquer candidato; e
4. pelos tribunais competentes quando os candidatos gozarem de foro especial.

As certidões deverão ser apresentadas em uma via impressa e outra digitalizada e anexada ao CANDex.

Quando as certidões criminais forem positivas, o **RRC** também deverá ser instruído com as respectivas certidões de objeto e pé atualizadas de cada um dos processos indicados.

4.3.3 Fotografia recente do candidato

O candidato tem que instruir o requerimento de registro com sua fotografia recente, obrigatoriamente digitalizada e anexada ao CANDex, preferencialmente em preto e branco, observado o seguinte:

a) dimensões: 5 × 7 cm, sem moldura;
b) papel fotográfico: fosco ou brilhante;
c) cor de fundo: uniforme, preferencialmente branca;
d) características: frontal (busto), trajes adequados para fotografia oficial e sem adornos, especialmente aqueles que tenham conotação de propaganda eleitoral ou que induzam ou dificultem o reconhecimento pelo eleitor.

Registro que os partidos políticos, as coligações e os candidatos serão notificados, por edital, publicado no *Diário de Justiça Eletrônico*, para a audiência de verificação das fotografias e dos dados que constarão da urna eletrônica, a ser realizada até 28 de agosto antes do fechamento do sistema de candidaturas, podendo ser substituída, até 30 de agosto, a foto cuja definição digitalizada poderá dificultar o reconhecimento do candidato.

4.3.4 Relação de propostas de governo

A partir das eleições gerais de 2010, os candidatos a Prefeito, Governador de Estado e Presidente da República devem instruir o registro de suas candidaturas com o rol das propostas governamentais por eles apresentadas nas convenções, em uma via impressa e outra digitalizada e anexada ao CANDex (art. 11, § 1º, IX, acrescido pela Lei nº 12.034/09).

4.3.5 Comprovante de escolaridade

A ausência de documento idôneo sobre a escolaridade do candidato pode ser suprida por declaração do próprio punho deste. E o Juiz Eleitoral, se entender necessário, segundo o seu livre convencimento, pode determinar a aferição de condição de alfabetização do candidato, desde que individual e reservadamente.

4.3.6 Prova de desincompatibilização

Quando for o caso de desincompatibilização do candidato, ou seja, do afastamento temporário ou definitivo do cargo ou função que exerce no âmbito da Administração Pública, conforme examinado no capítulo anterior, deve o agente público, que pretende concorrer, instruir o requerimento de registro com certidão ou declaração expedida pelo órgão ou entidade no qual exerça ou exerce suas funções, demonstrando que ele se afastou tempestivamente.

Os requisitos legais referentes à **filiação partidária**, ao **domicílio eleitoral**, à **quitação eleitoral** e à **inexistência de crimes eleitorais** serão aferidos com base nos dados constantes dos bancos de dados da Justiça Eleitoral, sendo dispensada a apresentação de documentos comprobatórios pelos requerentes. E, no caso de ser apontada alguma irregularidade em relação às condições de um candidato, este terá que comprová-las por outros meios.

4.4 Filiação partidária

Todo cidadão tem o direito de se filiar a partido político, regularmente constituído, sem discriminação, podendo somente ser privado desse direito, com o indeferimento da filiação partidária, quando não preencher requisitos estatutários, políticos ou ideológicos definidos pelo partido.

A filiação partidária é aferida, como já assinalado, com base nas informações constantes dos bancos de dados da Justiça Eleitoral, sendo que os partidos devem encaminhar relação de seus filiados na segunda semana de abril e de outubro de cada ano (art. 19 da Lei nº 9.096/95). Claro que a omissão de nome de eleitor, candidato a cargo eletivo, poderá ser suprida por outros meios de prova.

Para concorrer às eleições por determinado partido político, o candidato deverá estar, pelo menos, com a filiação deferida pelo partido no prazo de um ano antes do pleito (**3 de outubro de 2010**), salvo se o Estatuto Partidário estabelecer prazo superior.

A condição de prévia filiação partidária não é exigível dos militares da ativa, bastando o pedido de registro da candidatura, depois de sua escolha em convenção partidária.

Os militares da reserva remunerada, porém, seguem a regra geral, com exceção daqueles que passaram à inatividade, após o prazo de um ano para filiação partidária, mas antes da convenção, desde que tenham se filiado ao partido no prazo de 48 (quarenta e oito) horas após se tornarem inativos.

Os membros do Ministério Público, que ingressaram na Instituição antes da Constituição de 1988 e optaram pelo regime constitucional anterior de garantias e vantagens, estão dispensados de filiação partidária.

Os demais membros do Ministério Público, como também da Magistratura e dos Tribunais de Contas, para se candidatar a cargo eletivo, estão somente dispensados de cumprir o prazo de filiação partidária, mas, para o deferimento do registro de suas candidaturas, devem estar filiados a partido político e afastados definitivamente de suas funções até seis meses antes do pleito.

Cumpre ressaltar que o candidato que se filia a novo partido político tem o dever de fazer a comunicação, até o dia imediato à nova filiação, de desfiliação do partido anterior tanto ao órgão de direção do partido quanto ao Juiz da zona eleitoral em que for inscrito.

O pedido de desfiliação dirigido ao partido antigo não supre a exigência de também ser endereçado ao Juiz Eleitoral competente.

A falta dessas comunicações, no prazo legal, configura dupla filiação partidária, o que implica na nulidade de ambas e, de consequência, no indeferimento do registro do candidato que não cumpriu essa obrigação.

4.5 Domicílio eleitoral

A prova básica do domicílio eleitoral é a cópia do título eleitoral ou a certidão emitida pelo Cartório Eleitoral, atestando que o candidato é eleitor no Estado ou Distrito Federal ou que requereu sua inscrição ou transferência, antes de um ano das eleições, para a circunscrição da eleição federal, estadual ou distrital a que pretende se candidatar.

Impõe-se observar que o conceito de domicílio eleitoral não coincide necessariamente com o de domicílio civil; aquele, mais flexível e elástico, identifica-se com a residência e o lugar onde o interessado tem vínculos (políticos, sociais, patrimoniais, negociais).

Assim, o "ânimo definitivo", que caracteriza o domicílio civil, peculiar do Direito Civil (art. 70 do Código Civil), não intrega o conceito de domicílio eleitoral. Basta a existência de vínculo pessoal, por exemplo, laços (profissional, familiar, comunitário, político) com o Município, ainda que se resuma em eventual residência na localidade, para a domiciliação eleitoral.

Reitere-se que os candidatos a cargos eletivos federais e estaduais devem ter domicílio eleitoral no Estado no qual pretendem concorrer, pelo prazo de, pelo menos, um ano antes do pleito (**3 de outubro de 2009**).

4.6 Quitação eleitoral

O conceito de "quitação eleitoral" compreende a plenitude do gozo dos direitos políticos, o regular exercício do voto (salvo quando facultativo), o atendimento a convocações da Justiça Eleitoral para auxiliar os trabalhos relativos ao pleito, a inexistência de multas aplicadas, em caráter definitivo, pela Justiça Eleitoral e não remetidas, e a apresentação regular de contas de campanha eleitoral.

Para fins de expedição de certidão de quitação, considerar-se-ão quites aqueles que:

> I – condenados ao pagamento de multa, tenham, até a data da formalização do seu pedido de registro de candidatura, comprovado o pagamento ou o parcelamento da dívida regularmente cumprido;
>
> II – pagarem a multa que lhes couber individualmente, excluindo-se qualquer modalidade de responsabilidade solidária, mesmo quando imposta concomitantemente com outros candidatos e em razão do mesmo fato (§ 8º do art. 11 da Lei das Eleições, incluído pela Lei nº 12.034/09).

Registro que a Justiça Eleitoral deve enviar aos partidos políticos, na respectiva circunscrição eleitoral, até o dia 5 de junho do ano da eleição, a relação de todos os devedores de multa eleitoral, a qual embasará a expedição de certidões de quitação eleitoral (§ 9º do art. 11, incluído pela Lei nº 12.034/09).

O conceito de quitação eleitoral inclui a regular prestação de contas de campanha eleitoral para quem já foi candidato, bem assim o pagamento de multas referentes à eleição anterior.

Registro, por último, que é dispensável, também, a apresentação de documento comprobatório de quitação eleitoral por ocasião do requerimento de registro. Cumpre à Justiça Eleitoral conferir a existência deste requisito.

4.7 Nome eleitoral do candidato

No pedido de registro, cumpre ao candidato indicar o seu nome eleitoral, ou seja, o nome que constará da urna eletrônica.

Segundo a Lei das Eleições, e sua regulamentação, o nome indicado terá no máximo trinta caracteres, incluindo-se o espaço entre os nomes. Pode ser o prenome, sobrenome, cognome, nome abreviado, apelido ou nome pelo qual o candidato é mais conhecido, desde que não se estabeleça dúvida quanto à sua identidade, não atente contra o pudor e não seja ridículo ou irreverente, devendo este indicar no pedido de registro em que ordem de preferência deseja registrar-se (até três opções).

A Justiça Eleitoral pode exigir do candidato prova de que é conhecido por determinado nome por ele indicado, quando seu uso puder confundir o eleitor.

Na ocorrência de homonímia, identidade de nomes entre os candidatos, a Justiça Eleitoral deferirá seu uso ao candidato que é conhecido pela opção de nome indicada no pedido de registro.

E, na ocorrência de dúvida, a Justiça Eleitoral poderá exigir do candidato prova de que realmente é conhecido por tal opção de nome.

Daí, deferirá seu uso:

- em primeiro lugar: ao candidato que, na data do registro, esteja exercendo mandato eletivo ou o tenha exercido nos últimos quatro anos, ou que nesse mesmo prazo se tenha candidatado com o nome que indicou e, sendo assim deferido o registro, ficam os outros candidatos impedidos de fazer propaganda com esse mesmo nome;
- em segundo lugar: ao candidato que, por sua vida política, social ou profissional, seja identificado pelo nome que tenha indicado e, deferido, ficam os outros candidatos impedidos de fazer propaganda com esse mesmo nome.

Na hipótese de não ser resolvida a homonímia, com a aplicação das regras acima, deverá notificar os candidatos com nomes homonímicos indicados, para que, em dois dias, cheguem a acordo sobre os respectivos nomes a serem usados. E, não havendo acordo, a preferência será para o candidato que primeiro tenha requerido o uso do nome homônimo à Justiça Eleitoral.

De se ver que a Justiça Eleitoral indeferirá todo pedido de variação de nome coincidente com nome de candidato à eleição majoritária, salvo para candidato que esteja exercendo mandato eletivo ou o tenha exercido nos últimos quatro anos, ou que, nesse mesmo prazo, tenha concorrido em eleição com o nome coincidente.

Segundo a lição de Carlos Mário da Silva Velloso e Walber de Moura Agra:

> *"O deferimento do registro de candidatura ostenta a natureza de uma decisão judicial, de jurisdição voluntária, produzindo efeitos constitutivos, o que acrescenta elementos que dantes não existiam na realidade fática. É uma decisão judicial de natureza voluntária, em que o Poder Judiciário vela pela proteção de uma relação considerada imprescindível ao ordenamento jurídico, perfazendo coisa julgada formal.*
>
> *Esse ato marca a transição da condição de pré-candidato para a condição de candidato, operando outras consequências jurídicas, como sinalizar o início do prazo para a interposição de ação de investigação eleitoral. Ela produz direito subjetivo ao candidato, outorgando-lhe a prerrogativa de disputar a eleição, a não ser que, por ato voluntário, desista de disputar o pleito."*[3]

A Justiça Eleitoral, ao decidir sobre os pedidos de registro, publicará as variações de nome deferidos aos candidatos.

4.8 Ação de impugnação ao pedido de registro de candidatura

A propositura de ação eleitoral de impugnação ao pedido de registro de candidato tem por objetivo impedir o registro da candidatura do impugnado por não ostentar uma ou mais condições de elegibilidade ou por existência de alguma causa de inelegibilidade.

Reitero que as condições de elegibilidade e as causas de inelegibilidade devem ser aferidas no momento da formalização do pedido de registro da candidatura, ressalvadas as alterações, fáticas ou jurídicas, supervenientes ao registro que afastem a inelegibilidade até a data da eleição.

Essa ressalva ou exceção foi introduzida na Lei das Eleições pela nova redação conferida ao § 10 do art. 11, pela Lei nº 12.034/09, do seguinte teor:

> *"As condições de elegibilidade e as causas de inelegibilidade devem ser aferidas no momento da formalização do pedido de registro da candidatura, ressalvadas as alterações, fáticas ou jurídicas, supervenientes ao registro que afastem a inelegibilidade."*

Assim, fato posterior ao pedido de registro de candidatura, que tem capacidade de tornar elegível quem, à época do pedido, não possuía condição de elegibilidade, faz cessar a inelegibilidade reconhecida, tal como acórdão que anula decisão do Tribunal de Contas que rejeitou as contas do candidato por vício insanável e procedência de revisão criminal absolvendo o candidato que, ao tempo do registro, estava sob os efeitos de condenação criminal transitada em julgado.

---

[3] VELLOSO, Carlos Mário da Silva; AGRA, Walber de Moura. *Elementos de direito eleitoral*. São Paulo: Saraiva, 2009. p. 133.

Com efeito, o cidadão que pretende concorrer a mandato eletivo deverá possuir as condições de elegibilidade (nacionalidade brasileira, pleno exercício dos direitos políticos, alistamento eleitoral, domicílio eleitoral na circunscrição do pleito, filiação partidária e idade mínima), e não poderá portar qualquer das causas de inelegibilidade previstas no art. 14 da CF e na LC nº 64/90.

Aferem-se, portanto, no processo de registro de candidatura as condições de elegibilidade e as causas de inelegibilidade com a finalidade de a Justiça Eleitoral declarar que o candidato está, ou não, habilitado a concorrer às eleições.

Assim, não cabe, em sede de impugnação de registro de candidatura, aferir a ocorrência de causa de inelegibilidade, resultante de abuso do poder econômico, do poder político e dos meios de comunicação social, que deve ser apurada em procedimento próprio, instaurado através de ação de investigação judicial eleitoral (art. 22 da LC nº 64/90), cujo ajuizamento pode se dar até a data de diplomação dos eleitos.

Assinalo que todos os pedidos originários de registro, inclusive os impugnados, deverão estar julgados e as respectivas decisões publicadas até **5 de agosto**.

Os tribunais eleitorais, após decidir os pedidos de registro, publicarão no *Diário de Justiça Eletrônico* relação dos nomes dos candidatos e respectivos números com os quais concorrerão nas eleições, inclusive daqueles cujos pedidos indeferidos se encontrem em grau de recurso.

4.8.1 Procedimento e efeitos

O procedimento de impugnação ao pedido de registro de candidato perante o TSE, nas eleições presidenciais, e os tribunais regionais, nas eleições federais e estaduais, está disciplinado na Lei Complementar nº 64/90 (arts. 3º a 17).

Qualquer candidato, partido político, coligação partidária ou o Ministério Público Eleitoral tem legitimidade para impugnar o pedido de registro de candidato.

O prazo para os legitimados ajuizarem, perante a Justiça Eleitoral, a ação de impugnação é de 5 (cinco) dias, contados da publicação do edital relativo ao pedido de registro.

A impugnação deve ser feita em petição fundamentada, na qual o impugnante especificará os meios de prova que podem demonstrar a veracidade do alegado, arrolando, se for o caso, testemunhas em número máximo de seis.

Além disso, qualquer cidadão, no gozo de seus direitos políticos, poderá, no curso desse quinquídio, mediante também petição fundamentada, dar notícia de inelegibilidade.

A partir da data do encerramento do prazo para impugnação, passará a correr, depois da devida notificação por fac-símile, o prazo de 7 (sete) dias para que o candidato, o partido ou a coligação, que peticionou o registro impugnado, possa contestar a impugnação (ou se manifestar sobre a notícia da inelegibilidade), juntando documentos, indicando rol de testemunhas e requerendo a produção de outras provas.

Os prazos referentes ao processo de registro de candidatos são peremptórios, contínuos e não se suspendem aos sábados, domingos e feriados, durante o período eleitoral, ou seja, entre **5 de julho** e a proclamação dos eleitos, inclusive no segundo turno.

Decorrido o prazo para a contestação, em se tratando apenas de matéria de direito, ou, sendo de direito e de fato, não houver necessidade de produzir prova em audiência, pode se dar o julgamento antecipado da lide, proferindo o magistrado a decisão (art. 330, I, do CPC).

Na hipótese contrária, o relator designará os quatro dias seguintes para inquirição das testemunhas do impugnante e impugnado, as quais comparecerão por iniciativa das partes que as tiverem arrolado, após notificação, e serão ouvidas em uma só assentada.

Encerrado o prazo de dilação probatória, as partes, inclusive o Ministério Público Eleitoral, poderão apresentar alegações finais no prazo comum de cinco dias, sendo os autos conclusos ao relator, no dia imediato, para julgamento pelo Tribunal.

O pedido de registro de candidato inelegível ou que não atenda às condições de elegibilidade será indeferido, ainda que não tenha havido impugnação.

O pedido de registro, com ou sem impugnação, será julgado no prazo de três dias após a conclusão dos autos, independentemente de publicação de pauta.

Na sessão de julgamento, feito o relatório, será facultada a palavra às partes e ao Ministério Público pelo prazo regimental. E, havendo pedido de vista, o julgamento deverá ser retomado na sessão seguinte.

O Tribunal formará sua convicção pela livre apreciação da prova, atendendo aos fatos e às circunstâncias constantes dos autos, ainda que não alegados pelas partes, mencionando, na decisão, os que motivaram o seu convencimento.

Terminada a sessão, far-se-ão a leitura e a publicação do acórdão, passando a correr dessa data o prazo de três dias para a interposição de recurso.

O candidato que tiver o seu registro indeferido poderá recorrer da decisão e, enquanto não for julgado o recurso, poderá efetuar todos os atos relativos à campanha eleitoral, inclusive utilizando o horário eleitoral gratuito no rádio e na televisão, e ter o seu nome mantido na urna eletrônica enquanto estiver *sub judice*, ficando a validade dos votos a ele atribuídos condicionada ao deferimento de seu registro por instância superior (art. 16-A da Lei das Eleições, incluído pela Lei nº 12.034/09).

O prosseguimento da campanha eleitoral é admitido pela Justiça Eleitoral para evitar dano irreparável, porém por conta e risco do candidato ou do partido político que não promoveu a sua substituição.

Assim, caso seja mantida a decisão que negou o registro, os votos atribuídos ao candidato *sub judice* são considerados nulos, a teor o § 3º do art. 175 do Código Eleitoral.

Em outras palavras, **a legislação eleitoral assegura a participação do candidato nas eleições. E enquanto não houver trânsito em julgado da decisão que negou-lhe o registro, estão também assegurados a diplomação e o exercício do mandato eletivo.**

É o que decorre da norma eleitoral complementar:

> *"Transitada em julgado a decisão que declarar a inelegibilidade do candidato, ser-lhe-á negado registro, ou cancelado, se já tiver sido feito, ou declarado nulo o diploma, se já expedido"* (art. 15 da LC nº 64/90).

Na eleição majoritária, cassado o registro após o pleito, os votos atribuídos ao candidato eleito são considerados nulos, resultando na nulidade de sua eleição e também do vice respectivo.

Daí, a teor do art. 224 do Código Eleitoral, caso tal nulidade atingir mais da metade dos votos válidos, haverá novo pleito. Entretanto, não alcançado este universo, será declarado eleito o candidato a Presidente ou a Governador segundo colocado na contagem de votos, juntamente com o seu vice.

Ao passo que, na eleição proporcional, os votos recebidos por candidato a Deputado Federal, Distrital ou Estadual, se a decisão que negou-lhe o registro, ou que o cancelou, tiver sido proferida após a realização da eleição, serão computados para o partido do candidato (§ 4º do art. 175 do Código Eleitoral).

Entretanto, se, no momento da eleição, estiver o candidato a cargo legislativo com seu registro de candidatura indeferido ou cassado, mas *sub judice*, vindo a ser confirmado o indeferimento ou cassação posteriormente ao pleito, em grau de recurso, os votos serão nulos para todos os efeitos, aplicando-se, nesse caso, a regra do § 3º do art. 175 do Código Eleitoral. A mera pendência de recurso contra a decisão não assegura ao candidato nem ao partido a contagem dos votos para qualquer efeito.

Nesse particular, a jurisprudência do TSE é uniforme:

> *"Conforme jurisprudência consolidada no TSE, não se computam para a legenda os votos dados ao candidato com o registro indeferido à data da eleição, ainda que a decisão no processo de registro só transite em julgado após o pleito. Somente poderão ser computados os votos para a legenda quando o indeferimento do registro sobrevier à eleição, e não quando a antecede, independentemente do momento do trânsito em julgado. Nesse entendimento, o Tribunal negou provimento ao agravo regimental. Unânime."*[4]

---

[4] Agravo Regimental no Recurso Especial Eleitoral nº 28.070/CE, rel. Min. Arnaldo Versiani, em 22.11.2007.

Por último, cumpre alertar que constitui crime eleitoral a arguição de inelegibilidade ou a impugnação de registro de candidato feita por interferência do poder econômico, desvio ou abuso do poder de autoridade, deduzida de forma temerária ou de manifesta má-fé, incorrendo os infratores nas penas de detenção de 6 (seis) meses a 2 (dois) anos e multa (art. 25 da LC nº 64/90).

4.8.2 Recurso para o TSE

Para o TSE caberão os seguintes recursos, que serão interpostos, no prazo de três dias, em petição fundamentada:

I – recurso ordinário quando versar sobre inelegibilidade;

II – recurso especial quando versar sobre inelegibilidade.

O recorrido será notificado por fac-símile para apresentar contrarrazões, no prazo de três dias.

Apresentadas as contrarrazões ou transcorrido o respectivo prazo, os autos serão remetidos ao TSE imediatamente, dispensado o juízo de admissibilidade.

Os recursos e respectivas contrarrazões poderão ser enviados por fac-símile, dispensado o envio dos originais.

Registro que tanto o candidato que não impugnou o registro de seu adversário quanto o eleitor que apresentou notícia de inelegibilidade não possuem legitimidade para recorrer contra decisão proferida em sede de registro.

4.9 Substituição de candidatos

A lei eleitoral faculta ao partido ou coligação, que requereu o registro, fazer a substituição de candidato nas seguintes hipóteses: **inelegibilidade** reconhecida; **renúncia ou falecimento do candidato** após o termo final do prazo normal de registro; ou tiver seu **registro cassado, indeferido ou cancelado**.

Assinalo que a Justiça Eleitoral deverá cancelar automaticamente o registro de candidato que venha a renunciar.

Entretanto, o ato de renúncia, datado e assinado, deverá ser expresso em documento com firma reconhecida por tabelião ou por duas testemunhas e o prazo de substituição será contado da publicação da decisão que a homologar.

A escolha do candidato substituto deve ser feita na forma estabelecida no estatuto do partido a que pertencer o candidato substituído.

Na eleição majoritária, se o candidato a ser substituído for de coligação, "*a substituição deverá ser feita por decisão da maioria absoluta dos órgãos executi-*

vos de direção dos partidos políticos coligados, podendo o substituto ser filiado a qualquer partido dela integrante, desde que o partido político ao qual pertencia o substituído renuncie ao direito de preferência" (§ 3º do art. 56 da Resolução TSE nº 23.221/10).

O novo registro deverá ser requerido, pelo partido a que pertencer o candidato substituído, até 10 (dez) dias contados do fato ou da notificação do partido referente à decisão judicial que deu origem à substituição.

Nas eleições majoritárias, a substituição poderá ser requerida a qualquer tempo, desde que tempestiva.

Promovida a substituição nas vésperas do pleito, o substituto concorrerá com o nome, o número e, na urna eletrônica, com a fotografia do substituído, computando-se-lhe os votos a este atribuídos.

Cumpre ao partido político e/ou coligação do substituto dar ampla divulgação ao fato para esclarecimento do eleitorado, sem prejuízo de divulgação pela Justiça Eleitoral, inclusive nas próprias seções eleitorais, quando determinado ou autorizado pela autoridade competente.

A substituição, nas eleições proporcionais, somente será deferida caso seja pleiteada no prazo de até 60 dias antes do pleito.

5

Propaganda Eleitoral

Nos termos das normas que regem as eleições, constitui propaganda eleitoral todo o ato que leva ao conhecimento geral, de forma direta ou dissimulada, inclusive em época anterior à permitida, a candidatura de cidadão a mandato eletivo, apontando as características e as qualidades que o habilitam a ser escolhido pelo eleitorado, como meio de conquistar eleitores e votos.

A propaganda eleitoral, nas eleições gerais de 2010, qualquer que seja a forma ou modalidade, somente pode ser divulgada a partir do dia 6 de julho, vedado qualquer tipo de propaganda política paga no rádio ou na televisão (art. 36, *caput*, e § 2º, da Lei nº 9.504/97).

Logo, a **propaganda realizada antes desta data**, em benefício de eleitor pretendente a mandato eletivo nas eleições de 2010, **constitui propaganda antecipada ou extemporânea**, de cunho irregular, que pode ocasionar a punição do responsável por sua divulgação e o beneficiário dela, desde que comprovado o seu prévio conhecimento, à multa no valor de R$ 5.000,00 a R$ 25.000,00, ou ao equivalente ao custo da propaganda, se este for maior.

Excetua-se dessa proibição a propaganda intrapartidária, promovida pelos filiados ao partido político, que pleiteiam disputar cargo eletivo, na quinzena anterior à convenção partidária que irá escolher os candidatos do partido para as próximas eleições.

A propaganda intrapartidária, dirigida, pois, à conquista de votos dos convencionais com vista a indicação do seu autor candidato às eleições presidenciais, federais, estaduais ou distritais, é restrita no tempo, na modalidade e no espaço. No tempo, pois somente pode ser feita na quinzena anterior à convenção. Na modalidade, porque é vedada a sua divulgação por rádio, televisão, *outdoor* e Internet. E no espaço, eis que faculta-se apenas a afixação de faixas e cartazes nas proximidades do local da realização da convenção.

As normas que disciplinam a propaganda eleitoral estão basicamente contempladas na Lei nº 9.540/97, atualizada com as alterações introduzidas pelas Leis nº 11.300, de 10.5.2006, e nº 12.034, de 29.9.2009, e em instrução expedida pelo TSE, na forma de resolução, a cada período eleitoral, **visando a sua fiel execução**, que, para as eleições de 2010, consta da Resolução TSE nº 23.191/09.[1]

Essas normas disciplinam os tipos de propaganda eleitoral nas eleições gerais de 2010, inclusive a realizada pela Internet e por outros meios eletrônicos de comunicação. E se aplicam às emissoras de rádio e de televisão comunitárias, às emissoras de televisão que operam em VHF e UHF, aos provedores de Internet e aos canais de televisão por assinatura sob a responsabilidade do Senado Federal, da Câmara dos Deputados, das assembleias legislativas, da Câmara Legislativa do Distrito Federal ou das câmaras municipais (arts. 57 e 57-A da Lei nº 9.504/97 e art. 81 da Resolução supracitada).

Saliente-se que aos canais de televisão por assinatura não mencionados acima é vedada a veiculação de qualquer propaganda eleitoral, salvo a retransmissão integral do horário eleitoral gratuito e a realização de debates, observadas as disposições legais.

A tutela jurídica da propaganda eleitoral, consoante escreve Delosmar Mendonça Jr.,

> "é pressuposto para uma eleição democrática e se manifesta na liberdade de propaganda, imparcialidade do Estado, igualdade de oportunidades, dignidade da pessoa humana e respeito a propriedade, a ordem pública e o meio ambiente".[2]

5.1 Propaganda eleitoral antecipada

Propaganda eleitoral antecipada, também denominada extemporânea, é aquela realizada fora da época permitida pela lei eleitoral, ou seja, antes do dia 6 de julho do ano da eleição, cuja penalidade é a multa prevista no art. 36, § 3º, da Lei das Eleições.

Em relação às eleições de 2010, configura propaganda antecipada a veiculada até o dia 5 de julho de 2010, visando à captação de votos para esse pleito, bastando para caracterizá-la a manifestação de vontade de disputar as eleições, antecipando a campanha eleitoral.

---

[1] A Resolução TSE nº 23.191, de 16.12.2009, que dispõe sobre a propaganda eleitoral e as condutas vedadas em campanha eleitoral (eleições 2010), está reproduzida, na sua íntegra, no Anexo B.

[2] MENDONÇA JR., Delosmar. *Manual de direito eleitoral*. Salvador: JusPODIVM, 2006. p. 114.

Perante esse conceito amplo, enquadram-se, por exemplo, em propaganda antecipada:

- a divulgação, antes do prazo legal do início da campanha política, do nome e dos trabalhos desenvolvidos por agente público ou por profissionais em geral, nas áreas de sua atuação ou especialidade, revelando que tem a intenção de ser candidato nas eleições de 2010;
- as mensagens de congratulações, enviadas por quem pretende se candidatar, dirigida a parcela do eleitorado ou à população em geral, em datas especiais, tais como Natal, Ano-Novo, aniversário da cidade, Dia das Mães etc., informando sua candidatura às próximas eleições;
- as publicações feitas por agentes públicos, à guisa de prestação de contas, enaltecendo seu currículo e suas realizações e anunciando seu desejo de postular eleição ou reeleição em 2010;
- a utilização sistemática de meios de comunicação para favorecimento de candidaturas às eleições presidencial, federais ou estaduais.

Entretanto, meros atos de promoção pessoal e de proselitismo político, como a divulgação de feitos, ações e pensamentos de eleitores, que, posteriormente, são indicados à disputa de mandato eletivo, sem referência às eleições próximas, anteriores a 6 de julho de 2010, não se confundem com propaganda antecipada.

Anote-se que os pré-candidatos poderão participar de entrevistas, debates e encontros em emissoras de rádio e televisão, antes de 6 de julho de 2010, desde que não exponham propostas de campanha.

A Lei das Eleições elencou os casos que não considera propaganda eleitoral antecipada, a saber:

I – a participação de filiados a partidos políticos ou de pré-candidatos em entrevistas, programas, encontros ou debates no rádio, na televisão e na Internet, inclusive com a exposição de plataformas e projetos políticos, desde que não haja pedido de votos, observado pelas emissoras de rádio e de televisão o dever de conferir tratamento isonômico;

II – a realização de encontros, seminários ou congressos, em ambiente fechado e a expensas dos partidos políticos, para tratar da organização dos processos eleitorais, planos de governo ou alianças partidárias visando às eleições;

III – a realização de prévias partidárias e sua divulgação pelos instrumentos de comunicação intrapartidária; ou

IV – a divulgação de atos de parlamentares e debates legislativos, desde que não se mencione a possível candidatura, ou se faça pedido de votos ou de apoio eleitoral (art. 36-A incluído pela Lei nº 12.034/09).

Quanto à prestação de contas de governador de Estado, candidato à reeleição ou a eleição presidencial, cabe ressaltar que a propaganda institucional tem autorização prevista no art. 37, § 1º, da CF, desde que tenha caráter educativo, informativo ou de orientação social, e observe o **princípio constitucional da impessoalidade**, abstendo-se de fazer referência a marcas pessoais do governante, tais como nome, fotografia, símbolos e *slogans*, caracterizadores da promoção pessoal proibida. E, no ano eleitoral, que não seja feita sua divulgação nos três meses anteriores às eleições.

Em síntese, considera-se antecipada a propaganda que, antes do período eleitoral, inicia o trabalho de captação de votos do eleitor.

5.1.1 *Propaganda partidária gratuita*

Cumpre destacar que, também, configura propaganda antecipada a utilização parcial do tempo de programa partidário para promoção pessoal de filiados, pré-candidatos às eleições, com explícita conotação eleitoral, no semestre anterior ao pleito.

Os partidos políticos, com registro definitivo dos seus estatutos no TSE, têm direito de acesso gratuito, assegurado pela Carta Magna (art. 17, § 3º), ao rádio e à televisão, anualmente, para difundir os programas partidários, transmitir mensagens aos filiados e aos eleitores em geral sobre a sua execução, especialmente nas atividades congressuais do partido, e divulgar a posição do partido em relação a temas político-comunitários (art. 45 da Lei nº 9.096/95, Lei dos Partidos Políticos).

Como se vê, a propaganda partidária não se confunde com a propaganda política eleitoral, sendo expressamente vedada a utilização do tempo da propaganda partidária para promoção de interesses pessoais de filiados e a difusão de propaganda de candidatos a cargos eletivos (art. 45, § 1º, II, da Lei nº 9.096/95).

O partido que contrariar o disposto nesta norma será punido:

I – quando a infração ocorrer nas transmissões em bloco, com a cassação do direito de transmissão no semestre seguinte;

II – quando a infração ocorrer nas transmissões em inserções, com a cassação de tempo equivalente a cinco vezes o da inserção ilícita, no semestre seguinte (§ 2º do art. 45 da Lei nº 9.096/95, acrescido pela Lei nº 12.034/09).

A representação sobre propaganda partidária gratuita irregular somente poderá ser oferecida por partido político perante o TSE quando se tratar de propaganda em bloco ou inserções nacionais e perante os Tribunais Regionais Eleitorais quando se tratar de programas em bloco ou inserções transmitidas nos Estados correspondentes.

O prazo para o oferecimento de representação encerra-se no último dia do semestre em que for veiculado o programa impugnado, ou se este tiver sido transmitido nos últimos 30 dias desse período, até o 15º dia do semestre seguinte (§ 4º do art. 45, incluído pela Lei nº 12.034, de 29.9.2009).

Das decisões dos Tribunais Regionais Eleitorais que julgarem procedente representação, cassando o direito de transmissão de propaganda partidária, caberá recurso para o TSE, que será recebido com efeito suspensivo (§ 5º do art. 45, incluído pela Lei nº 12.034/09).

Ressalto que, conforme assentado na jurisprudência da Corte Superior:

> *"A comparação entre o desempenho de filiados a partidos políticos antagônicos, ocupantes de cargos na administração pública, durante a veiculação de programa partidário, é admissível, desde que não exceda ao limite da discussão de temas de interesse político-comunitário e que não possua a finalidade de ressaltar as qualidades do responsável pela propaganda e de denegrir a imagem do opositor, configurando, nesta hipótese, propaganda eleitoral subliminar e fora do período autorizado em lei."*[3]

Esse tipo de propaganda, em ano de eleições, somente é permitido no primeiro semestre do ano.

Assim, a partir de **1º de julho de 2010**, não será veiculada propaganda partidária gratuita prevista na Lei nº 9.096/95.

5.2 Propaganda eleitoral permitida

Propaganda eleitoral é o meio legítimo de que dispõe o candidato para comunicar-se com o eleitorado, tornando visível sua candidatura e mostrando-lhe sua imagem, sua motivação e suas propostas, com o intuito de obter apoios e votos.

É permitida toda propaganda eleitoral, **a partir de 6 de julho de 2010**, primeiro dia, aliás, após o término do prazo para os partidos e coligações apresentarem nos tribunais eleitorais os requerimentos de registro de seus candidatos às eleições, que não incida no elenco das expressamente proibidas pela lei eleitoral.

E, conforme jurisprudência do TSE:

> *"As restrições à veiculação de propaganda eleitoral não afetam os direitos constitucionais de livre manifestação do pensamento e de liberdade de informação e comunicação, previstos nos arts. 5º, IV e IX, e 220 da CF, até porque tais limitações não estabelecem controle prévio sobre a matéria veiculada."*[4]

---

[3] Rp nº 1.277/PE, rel. Min. Cesar Asfor Rocha, *DJ* de 22.5.2007.

[4] Embargos de Declaração no Agravo Regimental no Agravo de Instrumento nº 7.501/SC, rel. Min. Gerardo Grossi, *DJ* de 5.10.2007.

Assim, em termos de propaganda eleitoral, vigora **a liberdade de criação e de expressão dos candidatos e dos partidos políticos, que somente pode ser contida ou restringida por norma eleitoral expressa** (reserva de lei). Vale dizer, é livre toda propaganda eleitoral que não seja *contra legem*.

É o princípio da liberdade de propaganda eleitoral consistente em não poder ser cerceada, ou impedida, pelas autoridades públicas, desde que esteja em conformidade com a disciplina eleitoral.

A Lei das Eleições ressalta esse princípio:

> *"A propaganda exercida nos termos da legislação eleitoral não poderá ser objeto de multa nem cerceada sob a alegação do exercício do poder de polícia ou de violação de postura municipal, casos em que se deve proceder na forma prevista no art. 40"* (art. 41).

Isto é, a infringência dessa norma, dolosamente, configura crime eleitoral, punível com detenção, de seis meses a um ano, com alternativa de prestação de serviços à comunidade no mesmo período, e multa no valor de dez mil a vinte mil UFIR (art. 41, com a redação dada pela Lei nº 12.034/09).

Ademais, impedir, de qualquer forma, o exercício regular de propaganda eleitoral constitui crime eleitoral, apenado com detenção de 15 dias a 6 meses e pagamento de 30 a 60 dias de multa (art. 332 do Código Eleitoral).

Igualmente caracteriza delito eleitoral a inutilização, adulteração ou perturbação de meio de propaganda eleitoral devidamente empregado, punível com detenção de 15 dias a 6 meses ou pagamento de 90 a 120 dias de multa (art. 331 do Código Eleitoral).

As regras de adequação da propaganda em geral às normas eleitorais são:

- na propaganda para a eleição majoritária, a coligação usará, obrigatoriamente, e de modo legível, sob a sua denominação, as legendas de todos os partidos que a integram e, na propaganda para eleição proporcional, cada partido usará apenas sua legenda sob o nome da coligação (art. 6º, § 2º, da Lei nº 9.504/97);
- na propaganda dos candidatos a cargo majoritário deverá constar também o nome dos candidatos a vice ou a suplentes de Senador, de modo claro e legível, em tamanho não inferior a 10% do nome do titular (§ 4º do art. 36 do mesmo diploma legal, incluído pela Lei nº 12.034/09).

O princípio da legalidade, no âmbito eleitoral, envolve a sujeição dos agentes públicos à livre manifestação da propaganda eleitoral permitida.

Assim, a realização de qualquer ato de propaganda eleitoral, em recinto fechado ou aberto, inclusive comícios, não depende de licença da polícia (art. 39 da Lei nº 9.504/97).

Exige-se, apenas, a comunicação à autoridade policial, pelo candidato, partido político ou coligação, do ato de propaganda eleitoral que será realizado, em especial quando em recinto aberto, com antecedência, no mínimo, de 24 horas de sua realização, a fim de que aquela lhe garanta, segundo a prioridade do comunicado, o direito de promovê-lo, em relação a eventual pretendente em usar o local no mesmo dia e hora (§ 1º do art. 39).

Da mesma forma, independe de obtenção de licença municipal e de autorização da Justiça Eleitoral a veiculação de propaganda eleitoral através de distribuição de folhetos, volantes e outros impressos, os quais devem ser editados sob a responsabilidade do partido, da coligação ou do candidato.

Todo material impresso de campanha deverá conter o número de inscrição no Cadastro Nacional de Pessoa Jurídica (CNPJ) ou o número de inscrição no Cadastro de Pessoas Físicas (CPF) do responsável pela confecção, bem como de quem a contratou, e a respectiva tiragem.

No tocante aos comícios eleitorais, a autoridade policial tem que adotar as providências necessárias à garantia de sua realização e ao funcionamento do tráfego e dos serviços públicos que o evento possa afetar (§ 2º do art. 39).

E compete aos Juízes Eleitorais decidir as reclamações sobre a localização dos comícios e tomar as providências sobre a distribuição equitativa dos locais aos partidos e às coligações (art. 245, § 3º, do Código Eleitoral).

Aos partidos políticos e às coligações é assegurado, independentemente de licença de autoridade pública e do pagamento de qualquer contribuição, o direito de:

- fazer inscrever, na fachada de sua sedes e dependências, com liberdade de forma, o nome do candidato, a expressão e símbolo que o identificam e simbolizam a campanha eleitoral;
- instalar e fazer funcionar, normalmente, das 8 às 22 horas, em tais locais, até a véspera da eleição, alto-falantes ou amplificadores de som, assim como em veículos seus ou à sua disposição, com observância da legislação comum;
- comercializar material de divulgação institucional, desde que não contenha o nome e número de candidato, bem como o cargo em disputa.

A instalação e o uso de alto-falantes ou amplificadores de som são vedados em distância inferior a 200 metros:

I – das sedes dos Poderes Executivo e Legislativo da União, dos Estados, do Distrito Federal e dos Municípios, das sedes dos órgãos judiciais, dos quartéis e outros estabelecimentos militares;

II – dos hospitais e casas de saúde;

III – das escolas, bibliotecas públicas, igrejas e teatros, quando em funcionamento.

Os comícios e as reuniões públicas podem ser realizados até três dias antes do pleito (**30.9.2010**).

Até as 22h00 do dia que antecede a eleição, 2 de outubro, serão permitidos distribuição de material gráfico, caminhada, carreata, passeata ou carro de som que transite pela cidade divulgando *jingles* ou mensagens de candidatos (§ 9º do art. 39 da Lei das Eleições, incluído pela Lei nº 12.034/09).

Igualmente, independe da obtenção de licença municipal e de autorização da Justiça Eleitoral a veiculação de propaganda eleitoral em bens particulares, por meio de fixação de faixas, placas, cartazes, pinturas ou inscrições que não excedam a 4 m² e não contrariem a legislação eleitoral. É claro que tal veiculação subordina-se à permissão de seus proprietários ou possuidores.

De se ver que:

> *"A veiculação de propaganda eleitoral em bens particulares deve ser espontânea e gratuita, sendo vedado qualquer tipo de pagamento em troca de espaço para esta finalidade"* (§ 8º do art. 37 da Lei das Eleições, incluído pela Lei nº 12.034/09).

Registro que a colocação de qualquer tipo de propaganda eleitoral em bens particulares, em tamanho, características ou quantidade que possa configurar uso indevido, desvio ou abuso do poder econômico, poderá ser apurada e punida nos termos do art. 22 da LC nº 64/90.

A Lei nº 12.034/2009, quanto à **propaganda móvel permitida**, estabelece que:

> *"É permitida a colocação de cavaletes, bonecos, cartazes, mesas para distribuição de material de campanha e bandeiras ao longo das vias públicas, desde que móveis e que não dificultem o bom andamento do trânsito de pessoas e veículos."*

E arremata que:

> *"A mobilidade referida no § 6º estará caracterizada com a colocação e a retirada dos meios de propaganda entre as seis horas e as vinte e duas horas"* (§§ 6º e 7º do art. 37 da Lei das Eleições, por aquele diploma legal incluídos).

5.3 Propaganda eleitoral proibida

As **proibições genéricas** estão relacionadas no Código Eleitoral, ao determinar que não será tolerada propaganda:

I – de guerra, de processos violentos para subverter o regime, a ordem política e social, ou de preconceitos de raça ou de classes;

II – que provoque animosidade entre as Forças Armadas ou contra elas, ou delas contra as classes e as instituições civis;

III – de incitamento de atentado contra pessoa ou bens;

IV – de instigação à desobediência coletiva ao cumprimento de lei de ordem pública;

V – que implique em oferecimento, promessa ou solicitação de dinheiro, dádiva, rifa, sorteio ou vantagem de qualquer natureza;

VI – que perturbe o sossego público, com algazarra ou abuso de instrumentos sonoros ou sinais acústicos;

VII – por meio de impressos ou de objeto que pessoa, inexperiente ou rústica, possa confundir com moeda;

VIII – que prejudique a higiene e a estética urbana;

IX – que caluniar, difamar ou injuriar qualquer pessoa, bem como atingir órgãos ou entidades que exerçam autoridade pública (art. 243).

Nesse ponto, cumpre assinalar que constitui crime eleitoral, punível com detenção de 6 meses a 2 anos e pagamento de 10 a 40 dias-multa, "**caluniar** *alguém, na propaganda eleitoral ou visando a fins de propaganda, imputando-lhe falsamente fato definido como crime*". E nas mesmas penas incorre "*quem, sabendo falsa a imputação, a propala ou a divulga*" (art. 324 do Código Eleitoral) (grifo do Autor).[5]

Trata-se, de acordo com a lição de Suzane de Camargo Gomes:

> "*crime contra a honra praticado durante o período de propaganda eleitoral ou com fins de propaganda, o que importa dizer com a intenção de influenciar, de incutir no espírito do eleitorado uma impressão negativa*".[6]

Aliás, a mera propaganda enganosa, vale dizer a mera divulgação, na propaganda, de **"*fatos que sabe inverídicos, em relação a partidos ou candidatos e capazes de exercerem influência perante o eleitorado*"** (grifos do Autor), configura crime eleitoral, punível com detenção de 2 meses a 1 ano, com a alternativa de prestação de serviços à comunidade, pelo mesmo período, e multa no valor de 120 a 150 dias-multa (art. 323 do Código Eleitoral).

---

[5] Constituem crimes eleitorais, também, "***difamar** alguém, na propaganda eleitoral, ou visando a fins de propaganda, imputando-lhe fato ofensivo à sua reputação*" (art. 325 do Código Eleitoral), e "***injuriar** alguém, na propaganda eleitoral, ou visando a fins de propaganda, ofendendo-lhe a dignidade ou o decoro*" (art. 326 do Código Eleitoral) (grifos do Autor).

[6] GOMES, Suzana de Camargo. *Crimes eleitorais*. 2. ed. São Paulo: Revista dos Tribunais, 2006. p. 174.

O ofendido por calúnia, difamação ou injúria, sem prejuízo e independentemente da ação penal respectiva, poderá demandar no juízo cível a reparação do dano moral, respondendo por este o ofensor e, solidariamente, o partido político do mesmo, quando responsável por ação ou omissão, e quem quer que, favorecido pelo crime, haja de qualquer modo contribuído para ele (§ 1º do art. 243 do Código Eleitoral).

Nos bens cujo uso dependa de cessão ou permissão do Poder Público, ou que a ele pertençam, e nos de uso comum, inclusive postes de iluminação pública e sinalização de tráfego, viadutos, passarelas, postes, paradas de ônibus e outros equipamentos urbanos, **é vedada a veiculação de propaganda de qualquer natureza**, inclusive pichação, inscrição a tinta, fixação de placas, estandartes, faixas e assemelhados.

Quem veicular propaganda dessa forma será notificado para removê-la e restaurar o bem, sob pena de multa no valor de R$ 2.000,00 a R$ 8.000,00, ou defender-se (art. 37, *caput*, e § 1º, da Lei nº 9.504/97).

Os bens de uso comum, para fins eleitorais, são os assim definidos pelo Código Civil e também aqueles a que a população em geral tem acesso, tais como cinemas, clubes, lojas, centros comerciais, templos, ginásios, estádios, ainda que de propriedade privada (§ 4º do art. 37, incluído pela Lei nº 12.034/09).

Enfatiza, também, a norma eleitoral que:

> "*Nas árvores e nos jardins localizados em áreas públicas, bem como em muros, cercas e tapumes divisórios, não é permitida a colocação de propaganda eleitoral de qualquer natureza, mesmo que não lhes cause dano*" (§ 5º do art. 37, incluído pela Lei nº 12.034/09).

A multa é aplicada a cada um dos beneficiados e dos responsáveis, individualmente, pela propaganda irregular.

Por outras palavras, constatada a irregularidade da propaganda eleitoral, em bem público ou de uso comum, serão notificados o beneficiário dela e os demais responsáveis para efetuar a restauração do bem, a qual poderá consistir em simples retirada da propaganda. E, na hipótese de não cumprimento da ordem judicial, no prazo estipulado, poderá ser aplicada a multa acima, graduada pelo Juiz Eleitoral segundo, por exemplo, o tipo de propaganda ilegal, a sua extensão e a gravidade do dano causado.

Resulta, daí, que a responsabilidade do candidato beneficiado pela propaganda irregular não é mais presumida. Para a sua caracterização, é preciso que fique provado o prévio consentimento dele e a devida notificação para a retirada da propaganda vedada ou refazimento do estado do bem.

Nesse sentido, o TSE já assentou que:

> "*A atual redação do § 1º do art. 37 da Lei nº 9.504/97, com redação dada pela Lei nº 11.300/2006, passou a estabelecer que, averiguada a irre-*

gularidade da propaganda, o responsável deverá ser notificado para efetuar a restauração do bem e, caso não cumprida no prazo estabelecido pela Justiça Eleitoral, poderá ser imposta a respectiva penalidade pecuniária. Procedida a retirada da propaganda impugnada, como reconheceu o Tribunal a quo, não há como ser imposta a referida sanção legal" (Agravo Regimental no Recurso Eleitoral nº 27.769/SP, rel. Min. Arnaldo Versiani, em 8.11.2007).[7]

E, na mesma linha, que:

"*1. Nos termos do art. 37, § 1º, da Lei nº 9.504/97, com a redação dada pela Lei nº 11.300/2006, averiguada a irregularidade da propaganda, o responsável deverá ser notificado para efetuar a restauração do bem. Caso não cumprida a determinação no prazo estabelecido pela Justiça Eleitoral, poderá ser imposta a respectiva penalidade pecuniária.*

2. Ao menos no que respeita à propaganda proibida no art. 37 da Lei das Eleições, não há como se aplicar a anterior jurisprudência da Casa no sentido de que as circunstâncias e peculiaridades do caso concreto permitiriam imposição da sanção, independentemente da providência de retirada."[8]

Em suma, a teor do art. 37, § 1º da Lei nº 9.504/97, a retirada da propaganda eleitoral reputada irregular com a restauração do bem, no prazo estabelecido pela Justiça Eleitoral, obsta a imposição da respectiva sanção pecuniária.

Nas dependências das Casas Legislativas, a veiculação de propaganda eleitoral fica a critério da Mesa Diretora. E, costumeiramente, é autorizada a afixação de propaganda eleitoral no interior dos gabinetes dos Senadores e Deputados e vedada nas áreas comuns.

São vedadas, também, "*na campanha eleitoral a confecção, utilização, distribuição por comitê, candidato ou com sua autorização, de camisetas, chaveiros, bonés, canetas, brindes, cestas básicas ou quaisquer outros bens ou materiais que possam proporcionar vantagem ao eleitor*" (§ 6º do art. 39 da Lei nº 9.504/97, acrescentado pela Lei nº 11.300/06) (grifos do autor).

Igualmente, são proibidas "*a realização de **showmício** e de evento assemelhado para promoção de candidatos, bem como a apresentação, remunerada ou não, de artistas com a finalidade de animar comício e reunião eleitoral*" (§ 7º do art. 39 da Lei nº 9.504/97, acrescentado pela Lei nº 11.300/06) (grifo do autor).

Esta proibição se aplica aos candidatos profissionais da classe artística (cantores, atores, apresentadores).

---

[7] No mesmo sentido, Agravo Regimental no Agravo de Instrumento nº 8.323/PA, rel. Min. Marcelo Ribeiro, em 22.11.2007. Agravos Regimentais nos REsps nº 27.692/SP, rel. Min. Caputo Bastos, *DJ* de 12.2.2008, e nº 27.768/SP, rel. Min. Gerardo Grossi, *DJ* de 12.2.2008.

[8] AgRgRp nº 27.626/SP, rel. Min. Caputo Bastos, *DJ* de 20.2.2008.

É proibida também a utilização de **trios elétricos** em campanhas eleitorais, exceto para sonorização de comícios (§ 10 do art. 39).

Igualmente, é proibida a propaganda eleitoral por meio de *outdoors* (§ 8º acrescentado ao art. 39 da Lei nº 9.504/97), sujeitando-se a empresa responsável, o partido político, coligação e candidato à imediata retirada de propaganda irregular e ao pagamento de multa no valor de R$ 5.320,50 a R$ 15.961,50.

Aplica-se essa norma proibitiva à propaganda eleitoral em placas justapostas, com dimensão total superior a 4 m².

Nesse sentido vem decidindo o TSE:

> "*É proibida a veiculação de propaganda eleitoral mediante afixação de placas justapostas, com dimensão total superior a 4 m², contendo apelo visual de outdoor, cuja utilização é proibida pela legislação eleitoral e pela jurisprudência deste Tribunal*" (art. 39, § 8º, da Lei nº 9.504/97).[9]

De se ver que o TSE, revendo entendimento jurisprudencial, não mais admite "*a fixação, em comitê de candidato, de placa com dimensão superior a quatro metros quadrados*".[10]

O poder de polícia sobre a propaganda eleitoral será exercido pelos juízes eleitorais e pelos juízes designados pelos Tribunais Regionais Eleitorais.

Assinale-se que "*o poder de polícia se restringe às providências necessárias para inibir práticas ilegais, vedada a censura prévia sobre o teor dos programas a serem exibidos na televisão, no rádio ou na internet*" (§ 2º do art. 41, incluído pela Lei nº 12.034/09).

A responsabilidade pelas práticas ilegais e abusos relativos à propaganda eleitoral é solidária dos partidos (ou coligações), dos candidatos, dos demais infratores e, quando for o caso, dos veículos de comunicação que divulgarem a propaganda proibida.

---

[9] AgRgAgIn nº 88.245/RS, rel. Min. Gerardo Grossi, *DJ* de 19.2.2008.
[10] REsp nº 27.696/SP, rel. Min. Marcelo Ribeiro, *DJ* de 11.4.2008.

6

Propaganda Eleitoral no Rádio, na Televisão e na Imprensa Escrita

A propaganda eleitoral no rádio e na televisão limita-se ao horário eleitoral gratuito, sendo vedada a veiculação de propaganda paga.

Os preceitos relativos ao comportamento das emissoras de rádio e televisão, no período eleitoral, quanto à veiculação de matérias atinentes às eleições e aos candidatos, são rigorosos e minudentes devido à potencialidade singular que têm tais meios de comunicação de alcançar a maioria dos eleitores e a de influir na definição do seu voto, máxime em face do número substancial de eleitores indecisos nos primórdios da campanha eleitoral.

Essas normas cogentes, que impõem providências céleres e severas punições aos infratores, não afetam a liberdade de expressão e informação garantidas pelo ordenamento constitucional. Mas a compatibilizam com outros princípios constitucionais, igualmente relevantes, de lisura das eleições, de isonomia entre os candidatos na campanha eleitoral e de liberdade de voto.

A Lei de Eleições, a partir de **1º de julho do ano do pleito**, proíbe às emissoras de rádio e televisão, em sua programação normal e em noticiário:

> I – transmitir, ainda que sob a forma de entrevista jornalística, imagens de realização de pesquisa ou de qualquer outro tipo de consulta popular de natureza eleitoral em que seja possível identificar o entrevistado ou em que haja manipulação de dados;
>
> II – usar trucagem, montagem ou outro recurso de áudio ou vídeo, que, de qualquer forma, possa degradar ou ridicularizar candidato, partido político ou coligação, bem como produzir ou veicular programa com esse efeito;

III – veicular propaganda política ou difundir opinião favorável ou contrária a candidato, partido político, coligação, a seus órgãos ou representantes;

IV – dar tratamento privilegiado a candidato, partido político ou coligação;

V – veicular ou divulgar filmes, novelas, minisséries ou qualquer outro programa com alusão ou crítica a candidato ou partido político, mesmo que dissimuladamente, exceto programas jornalísticos ou debates políticos;

VI – divulgar nome de programa que se refira a candidato escolhido em convenção, ainda quando preexistente, inclusive se coincidente com o nome do candidato ou o nome por ele indicado para uso na urna eletrônica (variação nominal).

A Lei nº 12.034/09 conceituou, para fins eleitorais, trucagem e montagem:

"Entende-se por trucagem todo e qualquer efeito realizado em áudio ou vídeo que degradar ou ridicularizar candidato, partido político ou coligação, ou que desvirtuar a realidade e beneficiar ou prejudicar qualquer candidato, partido político ou coligação.

Entende-se por montagem toda e qualquer junção de registros de áudio ou vídeo que degradar ou ridicularizar candidato, partido político ou coligação, ou que desvirtuar a realidade e beneficiar ou prejudicar qualquer candidato, partido político ou coligação" (§§ 4º e 5º incluídos no art. 45 da Lei das Eleições).

Por outro lado, a teor do disposto no § 6º, também inserido pelo diploma legal acima:

"É permitido ao partido político utilizar na propaganda eleitoral de seus candidatos em âmbito regional, inclusive no horário eleitoral gratuito, a imagem e a voz de candidato ou militante de partido político que integre a sua coligação em âmbito nacional."

Em suma, é vedada no ano eleitoral, a partir de 1º (primeiro) de julho, na programação normal e em noticiário das emissoras de rádio e televisão, a veiculação de propaganda eleitoral ou a difusão de opinião favorável ou contrária a candidato (partido político e coligação).

Proíbe-se a propaganda eleitoral dissimulada em favor de determinados candidatos e a propagação deliberada de imagem ou opinião negativa de adversário político ou favorável de candidato apaniguado ou simpatizante.

Logo, **veda-se o abuso e não o exercício regular da liberdade de expressão e de informação.**

Assim, as emissoras de rádio e de televisão mantêm o direito, durante o período eleitoral, por exemplo, de criticar a atuação do chefe do Poder Executivo, mesmo sendo candidato a reeleição, desde que as críticas se refiram a ações administrativas de governo e não à sua campanha eleitoral.

Da mesma forma, as emissoras podem, no transcorrer do período de campanha eleitoral, promover entrevistas com os candidatos, desde que deem tratamento equânime e permitam acesso análogo a todos os candidatos, pois o que é coibido é *"dar tratamento privilegiado a candidato, partido ou coligação"* (art. 45, IV, da Lei nº 9.504/97).

Em razão do princípio de isonomia do pleito, a partir do resultado da Convenção, é vedado às emissoras transmitir programa apresentado ou comentado por candidato escolhido em convenção (§ 1º do art. 45 da Lei nº 9.504/97, com a redação dada pela Lei nº 11.300/06).

A emissora de rádio ou televisão que descumprir essas normas está sujeita ao pagamento de multa no valor de R$ 21.282,00 a R$ 106.410,00, duplicada em caso de reincidência.

Na imprensa escrita, até o dia 1º de outubro, é permitida a divulgação paga de até 10 anúncios de propaganda eleitoral, por veículo, em datas diversas, para cada candidato, no espaço máximo, por edição, de 1/8 de página de jornal padrão e de 1/4 de página de revista ou tabloide, sendo também permitida a reprodução na Internet do jornal impresso.

Do anúncio deve constar, de forma visível, o valor pago pela inserção.

A inobservância do disposto neste artigo sujeita os responsáveis pelos veículos de divulgação e os partidos, coligações ou candidatos beneficiados a multa no valor de R$ 1.000,00 a R$ 10.000,00 ou equivalente ao da divulgação da propaganda paga, se este for maior (art. 43 da Lei das Eleições, com a redação dada pela Lei nº 12.034/09, e § 1º por esta acrescentado).

As notícias acerca dos atos dos governos federal, estaduais e distrital constituem atividade inerente à imprensa escrita e, desde que não tenham cunho eminente de propaganda eleitoral, não constituem propaganda ilícita.

Anote-se que é permitida a reprodução virtual das páginas do jornal impresso na Internet, desde que seja no sítio do próprio jornal, independentemente do seu conteúdo, devendo ser respeitado o formato gráfico e o conteúdo editorial da versão impressa.

7

Propaganda Eleitoral na Internet

A veiculação de propaganda eleitoral na Internet, como qualquer outra contemplada na Lei das Eleições, **somente é permitida a partir do dia 6 de julho do ano do pleito.**

O regramento da propaganda eleitoral na Internet foi introduzido na Lei das Eleições, arts. 57-A a 57-I, pela Lei nº 12.034, de 2009.

Segundo o novo regramento, a propaganda eleitoral na Internet poderá ser realizada nas seguintes formas:

"I – em sítio do candidato, com endereço eletrônico comunicado à Justiça Eleitoral e hospedado direta ou indiretamente, em provedor de serviço de internet estabelecido no País;

II – em sítio do partido ou da coligação, com endereço eletrônico comunicado à Justiça Eleitoral e hospedado, direta ou indiretamente, em provedor de serviço de internet estabelecido no País;

III – por meio de mensagem eletrônica para endereços cadastrados gratuitamente pelo candidato, partido ou coligação;

IV – por meio de blogs, redes sociais, sítios de mensagens instantâneas e assemelhados, cujo conteúdo seja gerado ou editado por candidatos, partidos políticos ou coligações ou de iniciativa de qualquer pessoa natural" (art. 57-B).

Impende assinalar que, à propaganda eleitoral veiculada gratuitamente na Internet, no sítio eleitoral, *blog*, sítio iterativo ou social, ou outros meios eletrônicos de comunicação do candidato, ou no sítio do partido ou do candidato, nas formas elencadas, não se aplica vedação constante do parágrafo único do art. 240 do Código Eleitoral.[1]

A lei eleitoral proíbe, na Internet, a veiculação de qualquer tipo de propaganda eleitoral paga (art. 57-C).

Cumpre reiterar que, a teor da nova redação do art. 43 da Lei das Eleições, é permitida **a reprodução na Internet de jornal impresso**, contendo anúncios de propaganda eleitoral divulgados neste na forma descrita naquela norma (10 anúncios por veículo, em datas diversas, para cada candidato, no espaço máximo, por edição, de 1/8 de página de jornal padrão e 1/4 de página de revista ou tabloide).

Ademais, ainda que gratuitamente, deixou expresso que é vedada a veiculação de propaganda eleitoral na Internet, em sítios:

- de pessoas jurídicas, com ou sem fins lucrativos; e
- oficiais ou hospedados por órgãos ou entidades da administração pública direta ou indireta da União, dos Estados, do Distrito Federal e dos Municípios (§ 1º do art. 57-C).

Enfatiza, porém, que **é livre a manifestação do pensamento, vedado o anonimato durante a campanha eleitoral, por meio da rede mundial de computadores – Internet –, assegurado o direito de resposta, e por outros meios de comunicação interpessoal mediante mensagem eletrônica** (art. 57-D).

Quanto aos cadastros de endereços eletrônicos, a norma eleitoral estabelece duas vedações:

1. às pessoas relacionadas no art. 24 da Lei das Eleições, que trata das doações proibidas, a utilização, doação ou cessão de cadastro eletrônico de seus clientes, em favor de candidatos, partidos ou coligações;
2. a venda de cadastro de endereços eletrônicos (art. 57-E).

A desobediência a essas proibições sujeita o responsável pela divulgação da propaganda e, quando comprovado o seu prévio conhecimento, o beneficiário, à multa no valor de R$ 5.000,00 a R$ 30.000,00.

Anote-se que ao provedor de conteúdo e de serviços multimídia que hospeda a divulgação da propaganda eleitoral de candidato, de partido ou de coligação são aplicáveis as penalidades previstas nesta Lei, se, no prazo determinado pela Justiça Eleitoral, contado a partir da notificação de decisão sobre a existência de propaganda irregular, não tomar providências para a cessação dessa divulgação.

---

[1] *"Art. 240. [...]*

Parágrafo único. É vedada, desde 48 (quarenta e oito) horas antes até 24 (vinte e quatro) horas depois da eleição, qualquer propaganda política mediante radiodifusão, televisão, comícios ou reuniões públicas."

Entretanto, só será considerado responsável pela divulgação da propaganda se a publicação do material for comprovadamente de seu prévio conhecimento (art. 57-F).

Esse conhecimento prévio poderá, sem prejuízo dos demais meios de prova, ser demonstrado por meio de cópia de notificação, diretamente encaminhada e entregue pelo interessado ao provedor de Internet, na qual deverá constar de forma clara e detalhada a propaganda por ele considerada irregular.

Impende assinalar, por relevante, que:

> *"As mensagens eletrônicas enviadas por candidato, partido ou coligação, por qualquer meio, deverão dispor de mecanismo que permita seu descadastramento pelo destinatário, obrigado o remetente a providenciá-lo no prazo de quarenta e oito horas"* (art. 57-G).

E as *"mensagens eletrônicas enviadas após o término do prazo previsto no caput sujeitam os responsáveis ao pagamento de multa no valor de R$ 100,00 (cem reais), por mensagem"* (parágrafo único deste artigo).

Estabelece, ademais, a regra eleitoral, que:

> *"Sem prejuízo das demais sanções legais cabíveis, será punido, com multa de R$ 5.000,00 (cinco mil reais) a R$ 30.000,00 (trinta mil reais), quem realizar propaganda eleitoral na internet, atribuindo indevidamente a sua autoria a terceiro, inclusive a candidato, partido ou coligação"* (art. 57-H).

A Justiça Eleitoral, a requerimento de candidato, partido ou coligação, observado o procedimento previsto para as reclamações e representações (art. 96 da Lei das Eleições), poderá determinar a suspensão, por 24 horas, do acesso a todo o conteúdo informativo dos sítios da Internet que deixarem de cumprir as disposições da Lei das Eleições. E, a cada reiteração de conduta, será duplicado o período de suspensão (art. 57-I e seu § 1º).

No período de suspensão acima, a empresa informará, a todos os usuários que tentarem acessar seus serviços, que se encontra temporariamente inoperante por desobediência à legislação eleitoral (§ 2º do art. 57-I).

8

Propaganda Eleitoral Gratuita no Rádio e na Televisão

As emissoras de rádio, inclusive as rádios comunitárias, as emissoras de televisão que operam em VHF e UHF e os canais de televisão por assinatura sob a responsabilidade do Senado Federal, da Câmara dos Deputados, das Assembleias Legislativas, da Câmara Legislativa do Distrito Federal, reservarão, no período **de 17 de agosto a 30 de setembro de 2010, horário destinado à divulgação, em rede, da propaganda eleitoral gratuita.**

Aos canais de televisão por assinatura não elencados acima será vedada a veiculação de qualquer propaganda eleitoral, salvo a transmissão integral do horário eleitoral gratuito e a realização de debates, observadas as disposições legais.

A distribuição do horário gratuito para o programa eleitoral está prevista na Lei nº 9.504/97, com as alterações feitas pela Lei nº 12.034/09, levando-se em conta que a renovação do Senado Federal em 2010 se dará por 2/3 (dois terços):

I – na eleição para **Presidente da República**, às terças e quintas-feiras e aos sábados:

a) das 7h00 às 7h25 e das 12h00 às 12h25, no rádio;

b) das 13h00 às 13h25 e das 20h30 às 20h55, na televisão;

II – nas eleições para **Deputado Federal**, às terças e quintas-feiras e aos sábados:

a) das 7h25 às 7h50 e das 12h25 às 12h50, no rádio;

b) das 13h25 às 13h50 e das 20h55 às 21h20, na televisão;

III – nas eleições para **Governador de Estado** e **do Distrito Federal**, às segundas, quartas e sextas-feiras:

a) das 7h00 às 7h18 e das 12h00 às 12h18, no rádio;

b) das 13h00 às 13h18 e das 20h30 às 20h48, na televisão;

IV – nas eleições para **Deputado Estadual e Deputado Distrital**, às segundas, quartas e sextas-feiras:

a) das 7h18 às 7h35 e das 12h18 às 12h35, no rádio;

b) das 13h18 às 13h35 e das 20h48 às 21h05, na televisão;

V – na eleição para **Senador**, às segundas, quartas e sextas-feiras:

a) das 7h35 às 7h50 e das 12h35 às 12h50, no rádio;

b) das 13h35 às 13h50 e das 21h05 às 21h20, na televisão.

Ao Tribunal Superior Eleitoral e aos tribunais regionais eleitorais incumbe a distribuição dos horários reservados à propaganda de cada eleição entre os partidos e as coligações que tenham candidato, com observância dos seguintes critérios:

a) 1/3 (um terço), igualitariamente; e

b) 2/3 (dois terços), proporcionalmente ao número de representantes na Câmara dos Deputados, considerado, no caso de coligação, o resultado da soma do número de representantes de todos os partidos políticos que a integrem.

Para fins de distribuição do horário, considera-se a representação originária de cada partido na Câmara dos Deputados, isto é, a resultante da eleição parlamentar.

Na hipótese de candidato a Presidente ou a Governador deixar de concorrer, em qualquer etapa da eleição, não sendo procedida a sua substituição pela agremiação partidária a que se encontra filiado, o tribunal promoverá nova divisão do tempo entre os candidatos remanescentes.

Quando a agremiação partidária ou a coligação, na distribuição do horário reservado à propaganda eleitoral gratuita, for contemplada com parcela deste inferior a 30 segundos, tem o direito de acumulá-lo para uso em tempo equivalente.

Assinale-se que compete aos partidos políticos e às coligações distribuir entre os candidatos registrados os horários que lhes forem destinados pela Justiça Eleitoral.

Além disso, o TSE e os tribunais regionais eleitorais efetuarão, **até o dia 15 de agosto**, o sorteio para a escolha da ordem de veiculação da propaganda de cada partido ou coligação no primeiro dia do horário eleitoral gratuito, sendo que a cada dia que se seguir, a propaganda veiculada por último, na véspera, será a primeira, apresentando-se as demais na ordem do sorteio.

É vedada **a invasão de horário** de uma eleição na outra, ou seja, a inclusão no horário destinado aos candidatos às eleições proporcionais, de propaganda das candidaturas a eleições majoritárias, ou vice-versa, ressalvada a utilização, durante a exibição do programa, de legendas com referência aos candidatos majoritários ou, ao fundo, de cartazes ou fotografias desses candidatos.

Entretanto, facultou a lei eleitoral a inserção de depoimentos de candidatos a eleições proporcionais no horário da propaganda das candidaturas majoritárias e vice-versa, registrados sob o mesmo partido ou coligação, desde que o depoimento consista exclusivamente em pedido de voto ao candidato que cedeu o tempo.

Igualmente, é facultado ao partido político utilizar na propaganda eleitoral de seus candidatos em âmbito regional, no horário eleitoral gratuito, a imagem e a voz de candidato ou militante que integra a sua coligação em âmbito nacional.

Ressalta, porém, que é vedada a utilização da propaganda de candidaturas proporcionais como propaganda de candidaturas majoritárias e vice-versa (art. 53-A e seus §§ 1º e 2º da Lei das Eleições, incluído pela Lei nº 12.034/09).

A agremiação partidária (ou coligação) que não cumprir essa regra de proibição perderá, em seu horário de propaganda eleitoral gratuita, tempo equivalente ao horário reservado à propaganda da eleição disputada pelo candidato beneficiado.

Se houver segundo turno, a propaganda eleitoral gratuita terá início em **5 de outubro** e irá até **29 de outubro**, último dia para a sua divulgação, dividida em 2 períodos diários de 20 minutos, para cada eleição, inclusive aos domingos, iniciando-se às 7h00 e às 12h00, no rádio, e às 13h00 e 20h30, na televisão, sendo que o tempo de cada período diário será dividido igualitariamente entre os candidatos.

Em circunscrição onde houver segundo turno para Presidente e Governador, o horário reservado à propaganda deste iniciar-se-á imediatamente após o término do horário reservado ao primeiro, sendo dividido igualitariamente entre os candidatos.

Além do horário eleitoral gratuito, as emissoras de rádio, inclusive as rádios comunitárias, as emissoras de televisão que operam em VHF e UHF e os canais de televisão por assinatura sob a responsabilidade do Senado Federal, da Câmara dos Deputados, das Assembleias Legislativas e da Câmara Legislativa do Distrito Federal, reservarão, ainda, 30 minutos diários, inclusive aos domingos, para a propaganda eleitoral gratuita, a serem usados em **inserções** de até 60 segundos, a critério do respectivo partido político ou coligação, e distribuídas ao longo da programação, observados os seguintes parâmetros:

I – o tempo será dividido em partes iguais – 6 minutos para cada cargo – para a utilização nas campanhas dos candidatos às eleições majoritárias e proporcionais, bem como de suas legendas partidárias ou das que componham a coligação, quando for o caso;

II – a distribuição levará em conta os blocos de audiência entre as 8h00 e as 12h00; as 12h00 e as 18h00; as 18h00 e as 21h00; as 21h00 e as 24h00, de modo que o número de inserções seja dividido igualmente entre eles;

III – na veiculação das inserções, são vedadas a utilização de gerações externas, montagens ou trucagens, computação gráfica, desenhos animados e efeitos especiais, e mensagens que possam degradar ou ridicularizar candidato, partido político ou coligação.

Se houver segundo turno, o tempo reservado às inserções será de 30 minutos diários, sendo 15 minutos para campanha de Presidente da República e 15 minutos para campanha de Governador, divididos igualitariamente entre os candidatos. Em não havendo segundo turno para Presidente da República, o tempo será integralmente destinado à eleição de Governador, onde houver.

O TSE e os tribunais regionais eleitorais, **a partir de 8 de julho**, devem convocar os partidos políticos e os representantes das emissoras de rádio e televisão para a **elaboração do plano de mídia** para o uso de parcela do horário eleitoral gratuito, a ser utilizado em inserções a que aqueles tenham direito, garantida a todas as agremiações participação nos horários de maior e menor audiência e compensando-se eventuais sobras e excessos entre os partidos.

Na hipótese dos representantes partidários e das emissoras de rádio e televisão não chegarem a acordo quanto ao plano de mídia, caberá à Justiça Eleitoral a sua elaboração, utilizando o sistema desenvolvido pelo TSE.

No tocante à propaganda eleitoral no horário gratuito, são aplicáveis ao partido político, coligação ou candidato as seguintes vedações:

- transmissão, ainda que sob a forma de entrevista jornalística, de imagens de realização de pesquisa ou de qualquer tipo de consulta popular de cunho eleitoral em que seja possível identificar o entrevistado ou em que haja manipulação de dados;

- uso de trucagem, montagem ou outro recurso de áudio ou vídeo que, de alguma forma, degrade ou ridicularize candidato, partido ou coligação, ou produzir ou veicular programa com esse efeito.

A inobservância dessas vedações sujeita o partido ou coligação à perda de tempo equivalente ao dobro do usado na prática do ilícito, no período do horário gratuito subsequente, dobrada a cada reincidência, devendo, no mesmo período, exibir-se a informação de que a não veiculação do programa resulta de infração da lei eleitoral (art. 55 da Lei nº 9.504/97).

A Lei das Eleições não admite qualquer tipo de censura prévia, inclusive cortes instantâneos, nos programas eleitorais gratuitos (art. 53).

Todavia, é vedada a veiculação de propaganda que possa degradar ou ridicularizar candidatos. O partido ou coligação que desobedecer esta vedação estará sujeito à perda do direito à veiculação de propaganda no horário eleitoral gratuito do dia seguinte ao da decisão. E a Justiça Eleitoral, face a requerimento de partido, coligação ou candidato, pode impedir a reapresentação de propaganda ofensiva à honra do candidato, à moral e aos bons costumes. E a reiteração desse tipo de propaganda proibida, que já tenha sido punida pela Justiça Eleitoral, pode ensejar a suspensão temporária do programa (art. 53, §§ 1º e 2º, da Lei nº 9.504/97).

Na divulgação de pesquisas no horário eleitoral gratuito devem ser informados, com clareza, o período de sua realização e a margem de erro, não sendo obrigatória a menção dos concorrentes, desde que o modo de apresentação dos resultados não induza o eleitor a erro quanto ao desempenho do candidato em relação aos demais.

Por derradeiro, anoto que é lícita, no horário eleitoral gratuito, a reprodução fiel de matéria jornalística, ainda que de conteúdo cáustico e mordaz, sobre o candidato. O que é proibido são acréscimos que contenham inverdades ou afirmações caluniosas, difamatórias ou injuriosas, inclusive induzindo o eleitor a acreditar em fatos não verídicos.

9

Debates no Rádio e na Televisão

Independentemente da veiculação da propaganda eleitoral gratuita (horário gratuito e inserções eleitorais gratuitas), as emissoras de rádio ou televisão podem promover debates referentes às eleições majoritária ou proporcional até 30 de setembro. E nas eleições para Presidente da República ou Governador de Estado ou distrital, que serão decididas em segundo turno, o último dia para a realização de debates será 29 de outubro.

Os *sites* de Internet terão permissão para transmitir debates.

Os debates serão realizados segundo as regras estabelecidas em acordo celebrado entre os partidos políticos e a pessoa jurídica interessada na realização do evento, dando-se ciência à Justiça Eleitoral.

Para os debates que se realizarem no primeiro turno das eleições, serão consideradas aprovadas as regras que obtiverem a concordância de pelo menos 2/3 dos candidatos aptos no caso de eleição majoritária e, no caso de eleição proporcional, de pelo menos 2/3 dos partidos ou coligações com candidatos aptos, ou seja, candidatos cujo registro tenha sido requerido na Justiça Eleitoral.

Inexistindo acordo, os debates, deverão obedecer às seguintes regras:

I – **nas eleições majoritárias**, os debates serão apresentados:

    a) **em conjunto**, estando presentes todos os candidatos a um mesmo cargo eletivo; ou

    b) **em grupos**, estando presentes, no mínimo, três candidatos;

II – **nas eleições proporcionais**, os debates serão organizados de modo a assegurar a presença de número equivalente de candidatos de todos os partidos políticos e coligações a um mesmo cargo eletivo, podendo desdobrar-se em mais de um dia;

III – os debates deverão ser parte de programação previamente estabelecida e divulgada pela emissora, fazendo-se mediante sorteio a escolha do dia e da ordem de fala de cada candidato;

IV – nos debates, é assegurada a participação de candidatos dos partidos políticos com representação na Câmara dos Deputados e facultada a dos demais, considerando-se a representação de cada partido na Câmara dos Deputados a resultante da eleição.

Nas duas hipóteses de organização de debates (mediante acordo ou não), deverão ser observadas as seguintes regras:

I – é admitida a realização de debate sem a presença de candidato de algum partido ou coligação, desde que o veículo de comunicação responsável comprove ter convidado o ausente com a antecedência mínima de 72 horas da realização do debate;

II – é vedada a presença de um mesmo candidato à eleição proporcional em mais de um debate da mesma emissora;

III – o horário destinado à realização de debate poderá ser destinado à entrevista de candidato, caso apenas este tenha comparecido ao evento;

IV – o debate não poderá ultrapassar o horário da meia-noite dos dias 30.9.2010, no primeiro turno, e 29.10.2010, no segundo turno.

O descumprimento das regras a respeito dos debates sujeita a empresa infratora à suspensão, por 24 horas, da sua programação, com a transmissão, a cada 15 minutos, da informação de que se encontra fora do ar por desobediência da legislação eleitoral. E, em cada reiteração de conduta, o período de suspensão será duplicado.

10

Propaganda Eleitoral e Dia das Eleições

É proibida a propaganda eleitoral no dia das eleições. Aliás, é vedada, desde 48 horas antes até 24 horas depois do pleito, qualquer propaganda política mediante rádio-difusão, televisão, comícios ou reuniões públicas (art. 240, parágrafo único, do Código Eleitoral). A norma de proibição tem em vista resguardar a liberdade do eleitor de votar, sem padecer qualquer intimidação ou constrangimento.

Assim, não é permitida, no dia da eleição, qualquer manifestação coletiva em prol ou contra candidatos ou partidos políticos, em especial a aglomeração de pessoas portando camisetas ou outros materiais de propaganda e distribuindo impressos e brindes aos eleitores, com ou sem a utilização de veículos. Enfim, **é proibida a propaganda "boca de urna" e a arregimentação de eleitores.**

E a prática de tais condutas ilícitas caracteriza crime eleitoral.

Com efeito, estabelece a Lei das Eleições que constituem crimes, no dia da eleição, puníveis com detenção, de 6 meses a 1 ano, com a alternativa de prestação de serviços à comunidade pelo mesmo período, e pagamento de multa no valor de R$ 5.320,50 a R$ 15.961,50:[1]

---

[1] O valor das multas na Lei nº 9.504/97 (texto original) foi fixado em UFIR. Por ocasião da extinção de tal unidade fiscal, em 2000, o valor atribuído a uma UFIR correspondia a R$ 1,0641. Resulta, daí, que as multas, quando estabelecidas em UFIR, devem ser calculadas através da multiplicação do número de UFIR previsto no texto da norma eleitoral pelo valor de R$ 1,0641. As resoluções do TSE, já fazem esse cálculo aritmético, fixando-as em moeda corrente nacional.

I – o uso de alto-falantes e amplificadores de som ou a promoção de comício ou carreata;

II – a arregimentação de eleitor ou a propaganda de boca de urna;

III – a divulgação de qualquer espécie de propaganda de partidos políticos ou de seus candidatos (art. 39, § 5º).

No dia das eleições, é permitida a manifestação individual e silenciosa da preferência do eleitor por partido político, coligação ou candidato, revelada exclusivamente pelo uso de bandeiras, broches, dísticos e adesivos (art. 39-A da Lei das Eleições, incluído pela Lei nº 12.034/09).

O § primeiro desse artigo enfatiza que:

"É vedada, no dia do pleito, até o término do horário de votação, a aglomeração de pessoas portando vestuário padronizado, bem como os instrumentos de propaganda referidos no caput, de modo a caracterizar manifestação coletiva, com ou sem utilização de veículos."

Ademais, no recinto das seções eleitorais e juntas apuradoras, é proibido aos servidores da Justiça Eleitoral, aos mesários e aos escrutinadores o uso de vestuário ou objeto que contenha qualquer propaganda de partido político, de coligação ou de candidato.

E, aos fiscais partidários, nos trabalhos de votação, só é permitido que, em seus crachás, constem o nome e a sigla do partido político ou coligação a que sirvam, vedada a padronização do vestuário.

Por último, enfatizo que a Lei Eleitoral nº 6.091/74 veda aos candidatos, órgãos partidários ou a qualquer pessoa o fornecimento de transporte, desde o dia anterior até o posterior do pleito, a eleitores na zona urbana, salvo o de uso individual do proprietário para o exercício do próprio voto e dos membros de sua família (arts. 5º, III, e 10). E também proíbe o fornecimento de refeições aos eleitores (art. 10).

Na zona rural, cabe à Justiça Eleitoral o fornecimento gratuito, no dia de eleição, de transporte de eleitores nela residentes, em veículos e embarcações de entidades públicas, que estiverem à sua disposição em face de prévia requisição, sendo que o serviço de transporte somente será fornecido dentro dos limites territoriais do respectivo Município e quando das zonas rurais para as mesas receptoras distar pelos menos 2 (dois) quilômetros (art. 4º, § 1º).

Quanto ao fornecimento de alimentação, tão só poderá ser feito pela Justiça Eleitoral, quando o Juiz Eleitoral entender imprescindível em face da absoluta carência de recursos dos eleitores da zona rural (art. 8º).

Os serviços de transporte requisitados e as refeições fornecidas serão pagos pelo fundo partidário.

O descumprimento de tais proibições, por parte de qualquer particular, constitui o crime tipificado no art. 11, III, da Lei nº 6.091/74.

Assim, o particular que patrocinar ou fizer transporte de eleitores, desde o dia anterior até o dia posterior à eleição, bem como patrocinar ou fornecer, na data do pleito, alimentos a eleitores, pode ser incriminado pela prática desse delito e ficará sujeito à pena de 4 a 6 anos de reclusão e ao pagamento de 200 a 300 dias de multa.

Nesse ponto, esclareço que essa norma penal revogou a parte final, que trata da mesma matéria, de forma menos abrangente, do art. 302 do Código Eleitoral (inclusive o fornecimento gratuito de alimento e transporte coletivo).

11

Pesquisas Eleitorais

As pesquisas eleitorais poderão ser divulgadas a qualquer tempo, inclusive no dia das eleições. E as pesquisas realizadas no dia das eleições, "pesquisa boca de urna" ou de "intenção de voto", podem ser divulgadas a partir das 17 horas (horário local) onde as eleições já tiverem sido encerradas.[1 e 2]

Como bem assinala Suzana de Camargo Gomes:

> "As pesquisas consistem em consultas feitas junto a determinadas faixas da população com a objetividade de restarem aferidas as preferências, as escolhas, as opiniões, enfim, o pensamento a respeito de determinado ponto ou aspecto.
>
> Na realidade, trata-se de uma coleta de dados por amostragem, posto que somente parte do universo é investigado, sendo que se chega à conclusão a respeito das manifestações coletadas, utilizando-se para tanto critérios matemáticos, estatísticos, a permitir, daí, uma avaliação a respeito da opinião pública num determinado momento."[3]

As entidades e empresas que realizarem, a partir de 1º de janeiro de 2010, pesquisas de opinião pública relativas às eleições ou aos candidatos, para conhe-

---

[1] A Resolução TSE nº 23.190, publicada no *DJ* de 22.12.2009, regulamenta as pesquisas eleitorais relativas às eleições de 2010. E, na sua íntegra, está reproduzida no Anexo B.

[2] O STF, por unanimidade, declarou a inconstitucionalidade do art. 35-A, introduzido pela Lei nº 11.300/06 na Lei nº 9.504/97, que *"vedava a divulgação de pesquisas eleitorais por qualquer meio de comunicação, a partir do décimo quinto dia anterior até as 18 (dezoito) horas do dia do pleito"* (ADI/3741-DF, rel. Min. Ricardo Lewandowski, *DJ* de 23.2.2007).

[3] GOMES, Suzana de Camargo. *Crimes eleitorais*. 2. ed. São Paulo: Revista dos Tribunais, 2006. p. 216.

cimento público, são obrigadas, para cada pesquisa, a registrar no tribunal ao qual compete fazer o registro dos candidatos até cinco dias antes da divulgação, as seguintes informações:

    I – nome de quem contratou a pesquisa;

    II – valor e origem dos recursos despendidos no trabalho;

    III – metodologia e período de realização da pesquisa;

    IV – plano amostral e ponderação quanto a sexo, idade, grau de instrução e nível econômico do entrevistado, bem como área física de realização do trabalho, intervalo de confiança e margem de erro;

    V – sistema interno de controle e verificação, conferência e fiscalização da coleta de dados e do trabalho de campo;

    VI – questionário completo aplicado ou a ser aplicado;

    VII – nome de quem pagou pela realização da pesquisa;

    VIII – contrato social, estatuto social ou inscrição como empresário, que comprove o regular registro da empresa, com a qualificação completa dos responsáveis legais, razão social ou denominação, número de inscrição no Cadastro Nacional de Pessoa Jurídica (CNPJ), endereço, número de fac-símile em que receberão notificações e comunicados da Justiça Eleitoral;

    IX – nome do estatístico responsável pela pesquisa e o número de seu registro no Conselho Regional de Estatística, que assinará o plano amostral;

    X – número do registro da empresa responsável pela pesquisa no Conselho Regional de Estatística, caso o tenha.

Das pesquisas eleitorais realizadas a partir de 5 de julho de 2010, mediante apresentação da relação dos candidatos ao entrevistado, deverá constar o nome de todos os candidatos que tenham solicitado registro de candidatura junto à Justiça Eleitoral. Nas pesquisas antes desta data, denominadas sondagens pré-eleitorais, podem figurar em seu questionário vários ou todos os pré-candidatos conhecidos.

As pesquisas eleitorais para a eleição presidencial são registradas no TSE e para as eleições federais, distritais ou estaduais, nos tribunais regionais estaduais.

Para o registro de pesquisas eleitorais, deverá ser utilizado o Sistema Informatizado de Registro de Pesquisas Eleitorais disponível nos sítios dos tribunais eleitorais.

O pedido de registro gerado por este sistema poderá ser enviado por fac-símile, ficando dispensado o encaminhamento do documento original.

Apresentado o pedido de registro com as informações respectivas, a secretaria judiciária do tribunal eleitoral competente o receberá como expediente, devidamente protocolado sob número que será obrigatoriamente consignado na oportunidade da divulgação do resultado da pesquisa.

Às secretarias judiciárias, no prazo de 24 horas contadas do recebimento, compete conferir toda a documentação e afixar em local previamente reservado para esse fim, bem como divulgar no sítio do tribunal na Internet aviso comunicando o registro das informações apresentadas, colocando-as à disposição dos partidos políticos ou coligações com candidatos ao pleito, os quais terão acesso pelo prazo de 30 dias.

Entretanto, na hipótese de constatar a ausência de quaisquer informações exigidas, notificará o requerente para regularizar a respectiva documentação, em até 48 horas. Transcorrido o prazo, sem que a entidade ou a empresa regularize o pedido de registro, será a pesquisa declarada insubsistente (arts. 8º e 9º da Resolução TSE nº 23.190/09).

11.1 Divulgação dos resultados

Na divulgação dos resultados de pesquisas, atuais ou não, serão obrigatoriamente informados:

- o período da realização da coleta de dados;
- a margem de erro;
- o número de entrevistas;
- o nome da entidade ou empresa que as realizou e, se for o caso, de quem as contratou;
- o número do processo de registro da pesquisa.

A divulgação de pesquisa, sem o prévio registro das informações, sujeita os responsáveis a multa no valor de R$ 53.205,00 a R$ 106.410,00 (art. 33, § 3º, da Lei nº 9.504/97).

Na divulgação de pesquisa no horário eleitoral gratuito devem ser informados, com clareza, o período de sua realização e a margem de erro, não sendo obrigatória a menção aos concorrentes, desde que o modo de apresentação dos resultados não induza o eleitor a erro quanto ao desempenho do candidato em relação aos demais.

11.2 Impugnações

Os partidos políticos e as coligações, bem assim o Ministério Público Eleitoral e os candidatos ao pleito, têm legitimidade para impugnar perante o tribunal competente o registro e a divulgação de pesquisas eleitorais (art. 96 da Lei nº 9.504/97).

Havendo impugnação, o pedido de registro será autuado como representação e distribuído a um relator que notificará imediatamente o representado, por fac-símile, para apresentar defesa em 48 horas.

O relator, considerando a relevância do direito invocado e a possibilidade de prejuízo de difícil reparação, poderá determinar a suspensão da divulgação dos resultados da pesquisa impugnada ou a inclusão de esclarecimento na divulgação de seus resultados.

A comprovação de irregularidade nos dados já publicados da pesquisa impugnada sujeita os responsáveis a sanções penais, sem o prejuízo da obrigatoriedade da veiculação dos dados corretos no mesmo espaço, local, horário, página, caracteres e outros elementos de destaque, de acordo com o veículo de comunicação usado.

Assinalo que, no período eleitoral, a divulgação de resultados de enquetes ou sondagens relativas às eleições ou aos candidatos, de cunho eleitoral, deverá ser acompanhada de esclarecimento de que não se trata de pesquisa eleitoral, mas de mero levantamento de opiniões, sem controle de amostra, com a participação espontânea do interessado. E a sua divulgação, sem tal esclarecimento, será considerada divulgação de pesquisa eleitoral sem registro, autorizando a aplicação de sanções.

11.3 Disposições penais

A divulgação de **pesquisa fraudulenta** constitui crime, punível com detenção de 6 meses a 1 ano e multa no valor de R$ 53.205,00 a R$ 106.410,00 (art. 33, § 4º, da Lei nº 9.504/97).

Igualmente, obstar o acesso dos partidos políticos, devidamente autorizado por juiz eleitoral, ao sistema interno de controle, verificação e fiscalização da coleta de dados das entidades e das empresas que divulgarem pesquisa eleitoral ou qualquer ato que vise retardar, impedir ou dificultar a ação fiscalizadora dos partidos políticos constitui crime, punível com detenção de 6 meses a 1 ano, com a alternativa de prestação de serviços à comunidade pelo mesmo prazo, e multa no valor de R$ 10.641,00 a R$ 21.282,00 (art. 34, § 2º, da Lei nº 9.504/97).

12

Arrecadação e Aplicação de Recursos nas Campanhas Eleitorais

A arrecadação de recursos e a realização de gastos por candidatos, inclusive dos seus vices e dos seus suplentes, comitês financeiros e partidos políticos, ainda que estimáveis em dinheiro, sob pena de desaprovação das contas, somente poderão ocorrer após o cumprimento dos seguintes requisitos:

> I – solicitação do registro do candidato ou comitê financeiro, conforme o caso;
>
> II – inscrição no Cadastro Nacional da Pessoa Jurídica (CNPJ);
>
> III – abertura de conta bancária específica para a movimentação financeira de campanha;
>
> IV – emissão de recibos eleitorais.[1]

12.1 Comitês financeiros

Os partidos políticos, até dez dias úteis após a escolha de seus candidatos em convenção, constituirão comitês financeiros com a finalidade de arrecadar recursos e aplicá-los em campanhas eleitorais dos mesmos.

A Lei das Eleições lhes faculta a criação de um único comitê que compreenda todas as eleições em uma determinada circunscrição eleitoral ou um comitê para

---

[1] A Resolução TSE nº 23.217/10, publicada no *DJ* de 4.3.2010, dispõe sobre a arrecadação e os gastos de recursos por partidos políticos, candidatos e comitês financeiros e, ainda, prestação de contas nas eleições de 2010. Está transcrita, no seu inteiro teor, no Anexo B.

cada eleição na qual apresente candidato próprio, sendo obrigatória, no tocante à eleição presidencial, a criação de comitê financeiro nacional e facultativa a de comitês estaduais ou distrital.

Proíbe, por outro lado, a constituição de comitê financeiro de coligação partidária.

Assinale-se que o partido coligado, nas eleições majoritárias, desde que não apresente candidato próprio, está dispensado de constituir comitê financeiro.

O comitê financeiro tem por atribuição:

1. arrecadar e aplicar recursos de campanha;
2. fornecer aos candidatos orientação sobre os procedimentos de arrecadação e de gastos de recursos e sobre as respectivas prestações de contas;
3. encaminhar à Justiça Eleitoral a prestação de contas dos candidatos às eleições majoritárias, que abrangerá a de seus vices e suplentes;
4. encaminhar à Justiça Eleitoral a prestação de contas dos candidatos às eleições proporcionais, caso estes não o façam diretamente.

Os comitês financeiros serão registrados, até cinco dias após sua constituição, perante o tribunal eleitoral responsável pelo registro dos candidatos.

12.2 Contas bancárias

Os candidatos, os comitês financeiros e os partidos políticos que optarem por arrecadar recursos e realizar gastos de campanha eleitoral têm que proceder a **abertura de conta bancária específica** na Caixa Econômica Federal, Banco do Brasil ou outra instituição financeira com carteira comercial reconhecida pelo Banco Central do Brasil, **para registrar todo o movimento financeiro da campanha**, sendo vedado o uso de conta bancária preexistente.

A conta bancária para campanha eleitoral deve ser do tipo que restringe depósitos não identificados por nome ou razão social completos e número de inscrição no CPF ou CNPJ.

Todos os recursos financeiros movimentados por candidato ou comitê financeiro devem transitar pelas respectivas contas bancárias específicas, inclusive os recursos próprios dos candidatos e os oriundos da comercialização de produtos e da realização de eventos.

O diretório partidário nacional ou estadual/distrital que optar por arrecadar recursos e aplicá-los nas campanhas eleitorais tem que providenciar a abertura de conta bancária para tal fim no prazo de 15 dias contados da publicação da Resolução TSE nº 23.217/10, utilizando o CNPJ próprio já existente.

Os bancos são obrigados a acatar, no prazo até três dias, o pedido de abertura de conta de qualquer comitê financeiro, partido político ou candidato escolhido em convenção, sendo-lhes vedado condicioná-la a depósito mínimo, assim como a cobrança de taxas e outras despesas de manutenção.[2]

No caso de comitê financeiro, a conta bancária aberta deve ser identificada com a denominação "ELEIÇÕES 2010 – COMITÊ FINANCEIRO – cargo eletivo ou a expressão ÚNICO – sigla do partido".

No caso de candidato, a conta bancária aberta deve ser identificada com a denominação "ELEIÇÕES 2010 – nome do candidato – cargo eletivo".

Cumpre ter presente que o uso de recursos financeiros para pagamento de gastos eleitorais que não provenham de conta bancária específica implicará na desaprovação da prestação de contas do candidato ou do partido. E, comprovado abuso do poder econômico, será cancelado o registro da candidatura ou cassado o diploma, se já outorgado.

12.3 Arrecadação

Os recursos destinados às campanhas eleitorais podem proceder das seguintes fontes:

- recursos próprios do candidato;
- doações de pessoas físicas;
- doações de pessoas jurídicas;
- doações de outros candidatos, comitês financeiros ou partidos;
- repasse de recursos provenientes do Fundo Partidário;
- receita decorrente da comercialização de bens ou da realização de eventos.

Na campanha das eleições de 2010, os partidos políticos poderão gastar ou distribuir pelas diversas eleições os recursos financeiros recebidos de pessoas físicas ou jurídicas, devendo, obrigatoriamente, discriminar a origem e destinação dos recursos repassados a candidatos e comitês financeiros.

Anote-se que as doações recebidas em anos anteriores ao da eleição poderão ser aplicadas na campanha eleitoral de 2010, mas desde que observados os seguintes requisitos:

I – identificação e escrituração contábil individualizada das doações pelo partido político;

II – transferência para conta exclusiva de campanha do partido antes de sua destinação ou utilização, observando-se o limite legal imposto a tais doações, tendo por base o ano anterior ao da eleição;

---

[2] Parágrafo 3º do art. 22 da Lei nº 9.504/97, acrescido pela Lei nº 12.034/09.

III – identificação do comitê financeiro ou do candidato beneficiário, se a eles destinado.

Aliás, os partidos políticos poderão aplicar nas campanhas eleitorais recursos do Fundo Partidário, inclusive dos exercícios anteriores, por meio de doações a candidatos e a comitês financeiros, devendo manter escrituração contábil que identifique o destinatário dos recursos ou seus beneficiários.

12.3.1 Doações permitidas

As doações de recursos financeiros a candidatos, partidos políticos e comitês financeiros poderão ser feitas, na conta bancária de campanha, por meio de:

I – cheques cruzados e nominais;

II – transferências eletrônicas de depósitos;

III – depósitos em espécie devidamente identificados com o número de inscrição no CPF ou CNPJ do doador até os limites legais;

IV – mecanismo disponível na página da Internet do candidato, do partido ou da coligação, permitindo inclusive o uso do cartão de crédito, e que deverá atender aos seguintes requisitos:

   a) identificação do doador com CPF;

   b) emissão obrigatória de recibo eleitoral para cada doação realizada;

   c) crédito na conta bancária de campanha até a data limite para entrega da prestação de contas; e

   d) vencimento do boleto de cobrança até o dia da eleição.

12.3.2 Doações por meio de cartões de crédito

Nas eleições de 2010, serão permitidas doações mediante cartão de crédito e cartão de débito, mas restritas às pessoas físicas.

Entretanto, são vedadas as doações por meio dos seguintes cartões de crédito:

I – emitidos no exterior;

II – corporativos ou empresariais.

Esclarece a norma eleitoral que no conceito de cartão de crédito corporativo incluem-se os cartões de pagamento utilizados por empresas privadas e por órgãos da administração pública direta e indireta de todas as esferas.[3]

---

[3] Art. 3º e parágrafo único da Resolução TSE nº 23.217/10, publicada no *DJ* de 4.3.2010, que dispõe sobre a arrecadação de recursos financeiros de campanha eleitoral por cartões de crédito. Está transcrita, no seu inteiro teor, no Anexo B.

Segundo a norma eleitoral, antes de proceder à arrecadação de recursos por meio de cartão de crédito e de cartão de débito, candidatos e comitês financeiros deverão:

I – solicitar registro na Justiça Eleitoral;

II – obter inscrição no CNPJ;

III – abrir conta bancária específica para a movimentação financeira da campanha;

IV – receber números de recibos eleitorais;

V – desenvolver página de Internet específica para o recebimento destas doações; e

VI – contratar com instituição financeira ou administradora de cartão de crédito para habilitar o recebimento de recursos por cartão de crédito.[4]

Assinalo que a norma eleitoral permitiu a utilização do terminal de captura de transações com cartões para as doações por meio de cartão de crédito e de cartão de débito.[5]

Os recursos financeiros arrecadados por meio de cartão de crédito deverão ser creditados na conta bancária de campanha correspondente.

Os sítios na Internet de candidatos, inclusive a vice e a suplentes, comitês financeiros e partidos políticos deverão ser registrados em domínio com a extensão "br" sediado no país e comunicado ao TSE.

Da mesma forma, os diretórios partidários, em todos os níveis, poderão arrecadar recursos financeiros para a campanha eleitoral de 2010 mediante doações por meio de cartão de crédito e cartão de débito, desde que atendam previamente aos seguintes requisitos:

I – registrar o diretório nacional no TSE e anotar os diretórios partidários ou comissões estaduais/distritais e municipais nos tribunais regionais eleitorais;

II – abertura de conta bancária eleitoral específica para o registro das doações eleitorais, aberta com o seu respectivo número de inscrição no CNPJ;

III – criação de sítio na Internet específico para recebimento dessas doações;

IV – firmar contrato com instituição financeira ou credenciadora para habilitar o recebimento de recursos por meio de cartão de crédito;

V – receber números de recibos eleitorais.[6]

---

[4] Art. 4º da Resolução TSE nº 23.216/10.
[5] Parágrafo 2º do art. 4º da Resolução TSE nº 23.216/10.
[6] Art. 5º da Resolução TSE nº 23.216/10.

As doações efetuadas por cartão de crédito a candidatos, comitês financeiros e partidos políticos somente poderão ser feitas até o dia das eleições, inclusive na hipótese de segundo turno, vedado o seu parcelamento.

As operadoras de cartão de crédito, demais participantes dos sistemas de operações com cartão de crédito e instituições financeiras deverão informar aos candidatos, comitês financeiros e partidos políticos, antes do prazo final para a entrega da prestação de contas de campanhas, inclusive na hipótese de segundo turno, o detalhamento das doações recebidas com a identificação do CPF do doador.

Por outro lado, as credenciadoras de cartão de crédito deverão encaminhar ao TSE arquivo eletrônico contendo:

I – CNPJ do candidato, comitê financeiro ou partido político;

II – data da operação;

III – número da operação;

IV – valor bruto da operação de débito;

V – valor bruto da operação de crédito.

Esse arquivo deve ser entregue:

- até 4.11.2010 para os candidatos que concorrem ao primeiro turno;
- até 30.11.2010 para os candidatos que concorrerem ao segundo turno.

12.3.3 Limites das doações

As doações eleitorais estão limitadas:

I – **pessoa física**: a 10% dos rendimentos brutos por ela auferidos no ano anterior à eleição, excetuando-se as doações estimáveis em dinheiro relativas à utilização de bens móveis ou imóveis de propriedade do doador, desde que o valor da doação não ultrapasse R$ 50.000,00, apurado conforme valor de mercado;

II – **pessoa jurídica**: a 2% do faturamento bruto do ano anterior à eleição; e

III – **candidato**: recursos próprios no valor máximo do limite de gastos fixado por lei ou estabelecido pelo partido para o cargo eletivo que ele disputa.[7]

Os empréstimos bancários contraídos pela pessoa física do candidato serão considerados doação de recursos próprios se aplicados em campanha eleitoral.

---

[7] O limite previsto no item I não se aplica a doações estimáveis em dinheiro relativas à utilização de bens móveis ou imóveis de propriedade do doador, desde que o valor da doação não ultrapasse R$ 50.000,00 (§ 7º do art. 23 da Lei das Eleições, incluído pela Lei nº 12.034, de 2009).

A doação de pessoa jurídica para as campanhas eleitorais acima do limite de 2% do faturamento bruto do ano sujeita a infratora ao pagamento de multa no valor de 5 a 10 vezes a quantidade em excesso, sem prejuízo de responder o candidato por abuso do poder econômico nos termos do art. 22 da LC nº 64/90.

Além disso, poderá ser proibida de participar de licitações públicas e de celebrar contratos com o Poder Público pelo período de cinco anos, por determinação da Justiça Eleitoral, em processo no qual lhe seja assegurada ampla defesa.

Assinalo que **qualquer eleitor**, com a finalidade de apoiar candidato de sua preferência, **poderá realizar gastos totais até o valor de R$ 1.064,10, não sujeitos à contabilização**, desde que não reembolsados (art. 27 da Lei nº 9.504/97).

Entretanto, não se enquadram neste valor os bens e serviços entregues pelo "eleitor" ao candidato, hipótese em que, por constituírem "doação", deverão observar a regra geral.

Em síntese, toda a doação para campanha eleitoral de candidato específico ou de partido político deverá ser mediante recibo, em formulário impresso ou em formulário eletrônico, no caso de doação via Internet, dispensada nesta hipótese a assinatura do doador.

12.3.4 Recibos eleitorais

Os **recibos eleitorais são documentos oficiais que legitimam a arrecadação de recursos em campanha eleitoral, seja qual for a natureza do recurso, ainda que do próprio candidato.**

Os **recibos eleitorais** terão numeração seriada, a ser fornecida pelo TSE aos diretórios nacionais dos partidos, composta por 11 dígitos, sendo os dois primeiros correspondentes ao número do partido, competindo ao diretório nacional deste reservar faixa numérica para seu uso e dos diretórios estaduais ou distrital para o recebimento de doações.

Observados a numeração e os modelos fornecidos pela Justiça Eleitoral,[8] poderão ser produzidos:

I – em formulário impresso, a critério do partido;

II – em formulário eletrônico quando a doação for efetuada via Internet.

Registre-se que para cada doação deverá ser emitido recibo em que fique claramente identificado o tipo de doação, o nome, CPF ou CNPJ do doador, data e valor da doação.

---

[8] Anexo I da Resolução TSE nº 23.217/10.

12.3.5 Doações proibidas

A lei eleitoral proíbe o partido, comitê financeiro e o candidato de receber direta ou indiretamente doação em dinheiro ou estimável em dinheiro, inclusive por meio de publicidade de qualquer espécie, procedente de:

    I – entidade ou governo estrangeiro;

    II – órgão da administração pública direta ou indireta ou fundação mantida com recursos provenientes do Poder Público;

    III – concessionário ou permissionário de serviço público;

    IV – entidade de direito privado que receba, na condição de beneficiária, contribuição compulsória em virtude de disposição legal;

    V – entidade de utilidade pública;

    VI – entidade de classe ou sindical;

    VII – pessoa jurídica sem fins lucrativos que receba recursos do exterior;

    VIII – entidades beneficentes e religiosas;

    IX – entidades esportivas;

    X – organizações não governamentais que recebam recursos públicos;

    XI – organizações da sociedade civil de interesse público;

    XII – sociedades cooperativas de qualquer grau ou natureza, cujos cooperados sejam concessionários ou permissionários de serviços públicos e estejam sendo beneficiados com recursos públicos;

    XIII – cartórios de serviços notariais e de registro.

O uso de recursos recebidos de fontes vedadas constitui irregularidade insanável e causa para desaprovação de contas, ainda que o valor tenha sido restituído.

Impõe-se observar, ainda, que são também vedadas quaisquer doações em dinheiro, bem como de troféus, prêmios, ajudas de qualquer espécie feitas por candidato, entre o registro de sua candidatura e a eleição, a pessoas físicas ou jurídicas.

As pessoas jurídicas que tenham começado a existir, com o respectivo registro, no ano de 2010 estão impedidas de fazerem doações para candidato, comitê financeiro ou partido nas eleições do corrente ano.

A doação de quantia acima dos limites mencionados sujeita o infrator ao pagamento de multa, sem prejuízo de responder o candidato por abuso do poder econômico, nos termos da LC nº 64/90.

Na hipótese de doações realizadas por meio da Internet, as fraudes ou erros cometidos pelo doador sem conhecimento dos candidatos, comitês financeiros e partidos políticos não ensejarão a responsabilidade deles, nem a rejeição de suas contas eleitorais.

12.3.6 Comercialização de bens e realização de eventos

A comercialização de bens ou a realização de eventos, que se destinam a arrecadar recursos para a campanha eleitoral, por comitê financeiro ou candidato, deve obedecer as seguintes exigências:

> I – comunicação de sua realização, formalmente e com antecedência mínima de cinco dias, ao tribunal eleitoral competente, que poderá determinar sua fiscalização;
>
> II – comprovação de sua realização na prestação de contas, apresentado todos os documentos a ela pertinentes, inclusive de natureza fiscal;
>
> III – o montante bruto dos recursos arrecadados deverá, antes de sua utilização, ser depositado na conta bancária específica.

12.4 Gastos eleitorais

A cada eleição caberá à lei fixar, **até o dia 10 de junho do ano eleitoral**, o limite máximo de gastos de campanha para os cargos eletivos em disputa. Não sendo editada a lei até a data estabelecida, caberá a cada partido político fixar os valores máximos de gastos para cada cargo eletivo em disputa, comunicando-os à Justiça Eleitoral por ocasião do pedido de registro de candidaturas.

Segundo o disposto no art. 26 da Lei nº 9.504/97, são **gastos eleitorais**:

> I – confecção de material impresso de qualquer natureza e tamanho;
>
> II – propaganda e publicidade direta ou indireta, por qualquer meio de divulgação, destinada a conquistar votos;
>
> III – aluguel de locais para promoção de atos de campanha eleitoral;
>
> IV – despesas com transporte ou deslocamento de candidato e de pessoal a serviço das candidaturas;
>
> V – correspondências e despesas postais;
>
> VI – despesas de instalação, organização e funcionamento de comitês e serviços necessários às eleições;
>
> VII – remuneração ou gratificação de qualquer espécie paga a quem preste serviços às candidaturas ou aos comitês eleitorais;

VIII – montagem e operação de carros de som, de propaganda e de assemelhados;

IX – realização de comícios ou eventos destinados à promoção de candidatura;

X – produção de programas de rádio, televisão ou vídeo, inclusive os destinados à propaganda gratuita;

XI – realização de pesquisas ou testes pré-eleitorais;

XII – aluguel de bens particulares para veiculação, por qualquer meio, de propaganda eleitoral;

XIII – custos com a criação e inclusão de páginas na Internet;

XIV – doações para outros candidatos ou comitês financeiros;

XV – multas aplicadas, até as eleições, aos partidos ou candidatos por infração do disposto na legislação eleitoral;

XVI – produção de *jingles*, vinhetas e *slogans* para propaganda eleitoral.

Os gastos eleitorais de natureza financeira só poderão ser feitos através de cheque nominal ou transferência bancária.

12.5 Data-limite para arrecadação e gastos eleitorais

Os candidatos e comitês financeiros poderão arrecadar recursos e contrair obrigações até o dia da eleição.

Após essa data-limite, excepcionalmente, a Justiça Eleitoral permite a arrecadação somente para quitar despesas já contraídas até aquela data e não pagas, as quais deverão estar integralmente quitadas até a data da entrega da prestação de contas à Justiça Eleitoral, sob pena de desaprovação das contas.

Cumpre registrar que, segundo dispositivos inseridos pela Lei nº 12.034/09 na Lei das Eleições, eventuais débitos de campanha eleitoral não quitados até a data da prestação de contas poderão ser assumidos pelo partido político, por decisão do seu órgão nacional de direção partidária com cronograma de pagamento e quitação.[9]

E, em havendo tal "assunção", o órgão partidário da respectiva circunscrição eleitoral passará a responder por todas as dívidas solidariamente com o candidato, hipótese em que a existência do débito não poderá ser considerada como causa para a rejeição das contas.

---

[9] Parágrafos 3º e 4º do art. 29, incluídos pela Lei nº 12.034/09.

13

Prestação de Contas

A prestação de contas é o procedimento contábil, na forma disciplinada na lei eleitoral, no qual são arrolados o valor e a origem dos recursos arrecadados na campanha eleitoral, bem assim os gastos eleitorais, registrados por item, nos termos do art. 26 da Lei das Eleições, que foram pagos pela conta bancária específica aberta para registrar todos os recursos movimentados durante a campanha eleitoral.

Estão obrigados a prestar contas à Justiça Eleitoral:

- todo e qualquer candidato, inclusive a vice e a suplente;
- os comitês financeiros;
- os partidos políticos.

O candidato que renunciar à candidatura, dela desistir, for substituído ou tiver seu registro indeferido pela Justiça Eleitoral deverá prestar contas correspondentes ao período em que participou do processo eleitoral, ainda que não tenha realizado campanha.

Aliás, a ausência de movimento de recursos de campanha, mesmo que não financeiros, não isenta o candidato do dever de prestar contas à Justiça Eleitoral.

Os candidatos às eleições majoritárias elaborarão a prestação de contas, encaminhando-a, por intermédio do comitê financeiro, ao tribunal eleitoral competente.

Os candidatos às eleições proporcionais elaborarão a prestação de contas, que será encaminhada, ao tribunal regional eleitoral, diretamente por eles ou por intermédio do comitê financeiro.

O candidato fará, diretamente ou por intermédio de pessoa por ele designada, a administração financeira de sua campanha, usando recursos repassados pelo partido político e pelo comitê financeiro, inclusive os relativos à quota do Fundo Partidário, recursos próprios ou doações de pessoas físicas ou jurídicas.

O candidato é solidariamente responsável, com a pessoa por ele indicada para administrar sua campanha eleitoral, pelas informações financeiras e contábeis da mesma, devendo ambos assinar a respectiva prestação de contas.

13.1 Prazo para prestação de contas

As contas de candidatos, inclusive a vice e a suplentes, comitês financeiros e partidos políticos **deverão ser prestadas** ao tribunal eleitoral competente **até o dia 2 de novembro de 2010.**

O candidato e respectivo vice que disputarem o **segundo turno** deverão apresentar as contas referentes aos dois turnos **até o dia 30 de novembro de 2010.**

A prestação de contas de **comitê financeiro único** de partido que tenha candidato ao segundo turno, relativa à movimentação financeira realizada até o primeiro turno, deverá ser apresentada no prazo referente às eleições proporcionais e às de Senador, devendo encaminhar a prestação de contas complementar, que abrange a arrecadação e a aplicação dos recursos de toda a campanha eleitoral até o dia 30 de novembro de 2010.

Findos os prazos, sem a prestação de contas, o relator notificará candidatos, comitês financeiros e partidos políticos da obrigação de prestá-las, no prazo de 72 horas, sob pena de serem julgadas não prestadas as contas.

Antes das prestações de contas de final de campanha eleitoral, os candidatos, os comitês financeiros e os partidos políticos são obrigados a **divulgar pela Internet, em sítio criado pela Justiça Eleitoral para esse fim, nos períodos de 28 de julho a 3 de agosto e 28 de agosto a 3 de setembro, os relatórios parciais discriminando os recursos em dinheiro ou estimáveis em dinheiro que tenham recebido para financiamento da campanha eleitoral e os gastos que realizarem**, não se exigindo nessas divulgações a indicação dos nomes dos doadores e respectivos valores doados, que somente têm que constar da prestação de contas final.

Para encaminhar as informações, será necessário o cadastramento prévio nos sítios dos tribunais eleitorais para recebimento de mala direta contendo *link* e senha de acesso, que, no momento oportuno, serão divulgados.

13.2 Processamento de prestação de contas

A prestação de contas deverá ser elaborada por meio do Sistema de Prestação de Contas Eleitorais (SPCE), instituído pelo TSE.

A prestação de contas deverá ser instruída com os seguintes documentos:

I – Ficha de Qualificação do Candidato ou do Comitê Financeiro, conforme o caso;

II – Demonstrativo dos Recibos Eleitorais;

III – Demonstrativo dos Recursos Arrecadados;

IV – Descrição das Receitas Estimadas;

V – Demonstrativo das Despesas Pagas após a Eleição;

VI – Demonstrativo de Receitas e Despesas;

VII – Demonstrativo do Resultado da Comercialização de Bens e da Realização de Eventos;

VIII – Conciliação Bancária;

IX – Relatório de Despesas Efetuadas;

X – Demonstrativo de Doações Efetuadas a Candidatos ou a Comitês Financeiros;

XI – extratos da conta bancária aberta em nome do candidato ou do comitê financeiro, conforme o caso, demonstrando a movimentação ou a ausência de movimentação financeira ocorrida no período de campanha;

XII – canhotos dos recibos eleitorais impressos utilizados em campanha;

XIII – guia de depósito comprovando o recolhimento à respectiva direção partidária das sobras financeiras de campanha, quando houver;

XIV – declaração da direção partidária comprovando o recebimento das sobras de campanha constituídas por bens e/ou materiais permanentes, quando houver;

XV – documentos fiscais que comprovem a regularidade dos gastos eleitorais realizados com recursos do Fundo Partidário;

XVI – documentos fiscais que comprovem a regularidade dos gastos eleitorais realizados para a comercialização de bens e realização de eventos;

XVII – cópia do contrato firmado com instituição financeira ou administradora de cartão de crédito.

O **Demonstrativo dos Recursos Arrecadados** deverá conter todas as doações recebidas, devidamente identificadas, inclusive os recursos próprios e os estimáveis em dinheiro.

A **Descrição das Receitas Estimadas** deverá descrever o bem ou serviço doado, informando quantidade, valor unitário e avaliação pelos preços praticados no mercado, com indicação da fonte de avaliação, além do recibo eleitoral, informando a origem de sua emissão.

O **Demonstrativo das Despesas Pagas** após a eleição deverá discriminar as obrigações assumidas até a data do pleito e pagas após esta data.

O **Demonstrativo de Receitas e Despesas** especificará as receitas, as despesas, os saldos e as eventuais sobras de campanha.

O **Demonstrativo do Resultado da Comercialização de Bens e da Realização de Eventos** discriminará:

    I – o período da comercialização;

    II – o seu valor total;

    III – o valor da aquisição dos bens e serviços ou de seus insumos, ainda que recebidos em doação;

    IV – as especificações necessárias à identificação da operação;

    V – a identificação dos doadores.

A **Conciliação Bancária**, contendo os débitos e créditos ainda não lançados pela instituição bancária, deverá ser apresentada quando houver diferença entre o saldo financeiro do Demonstrativo de Receitas e Despesas e o saldo bancário registrado no extrato, de forma a justificá-la.

Os documentos integrantes da prestação de contas deverão ser obrigatoriamente assinados:

    I – pelo candidato e respectivo administrador de campanha, caso exista; ou

    II – no caso de comitê financeiro ou de partido político, pelo seu presidente e pelo tesoureiro.

A comprovação das receitas arrecadadas será feita pelos recibos eleitorais emitidos e extratos bancários.

Na hipótese de arrecadação de bens e serviços estimáveis em dinheiro, a comprovação das receitas se dará pela apresentação, além dos canhotos de recibos eleitorais impressos, dos seguintes documentos:

    I – nota fiscal da doação de bens ou serviços, quando o doador for pessoa jurídica;

    II – documentos fiscais emitidos em nome do doador ou termo de doação por ele firmado, quando se tratar de bens ou serviços doados por pessoa física;

III – termo de cessão ou documento equivalente, quando se tratar de bens pertencentes ao doador, pessoa física ou jurídica, cedidos temporariamente ao candidato ou comitê financeiro.

Todas as doações recebidas deverão ser lançadas individualmente na prestação de contas da campanha eleitoral de candidatos, comitês financeiros e de partidos políticos com os dados obrigatórios de identificação das doações.[1]

Os recursos sem identificação ou com incorreção não poderão ser utilizados em campanha eleitoral e comporão os **recursos de origem não identificada** que deverão ser transferidos ao Tesouro Nacional no prazo de cinco dias após a decisão definitiva que julgar a prestação de contas de campanha. A falta de identificação do doador e/ou da informação de números de inscrição inválidos no CPF ou CNPJ caracteriza o recurso como de origem não identificada.

Se, ao final da campanha eleitoral, ocorrerem **sobras de campanha**, em qualquer montante, estas devem ser declaradas na prestação de contas e transferidas à respectiva direção partidária ou à coligação, neste caso para divisão entre os partidos que a compõem.

Constituem sobras de campanha:

I – a diferença positiva entre os recursos arrecadados e os gastos realizados em campanha;

II – os bens e materiais permanentes.

O diretório estadual poderá transferir as suas sobras de campanha ao diretório nacional e vice-versa.

As sobras de recursos financeiros de campanha, segundo norma eleitoral, serão utilizadas de forma integral pelos partidos políticos, devendo tais valores ser declarados em suas prestações de contas perante a Justiça Eleitoral (art. 31, parágrafo único, da Lei nº 9.504/97).

13.3 Julgamento das contas

A Justiça Eleitoral tem competência exclusiva para exame e julgamento da regularidade da prestação de contas dos candidatos às eleições. O Tribunal Superior Eleitoral aprecia as contas da eleição presidencial e os Tribunais Regionais Eleitorais as das eleições federais, estaduais e distritais.

O relator ou, por delegação, a unidade técnica responsável pelo exame das contas poderá requisitar diretamente do candidato, do comitê financeiro ou do

---

[1] Art. 9º da Resolução TSE nº 23.216/10.

partido político documentos, bem como determinar as diligências para a complementação dos dados ou para saneamento das falhas.

Na hipótese de ser emitido parecer técnico pela desaprovação das contas ou pela aprovação com ressalvas, o relator abrirá vista dos autos ao candidato, comitê financeiro ou partido político, para manifestação em 72 horas, a contar da intimação por fac-símile, sob pena de ofensa aos princípios do contraditório e da ampla defesa.

E, em havendo a emissão de novo parecer técnico que conclua pela existência de irregularidades, o candidato ou comitê financeiro tem o direito a nova manifestação em igual prazo.

Os erros formais e materiais irrelevantes no conjunto da prestação de contas, que não comprometerem o seu resultado, não acarretam a rejeição das contas.

O tribunal eleitoral verificará a regularidade das contas, decidindo:

I – **pela aprovação**, quando estiverem regulares;

II – **pela aprovação com ressalvas**, quando verificadas falhas que não lhes comprometam a regularidade;

III – **pela desaprovação**, quando verificadas falhas que lhes comprometam a regularidade;

IV – **pela não prestação**, quando não apresentadas as contas após a notificação ou não suprida a documentação requisitada (§§ 4º e 6º do art. 26 da Resolução nº 23.217/10).[2]

A decisão que julgar as contas eleitorais como não prestadas acarretará:

I – **ao candidato**, o impedimento de obter a certidão de quitação eleitoral durante o curso do mandato ao qual concorreu, persistindo os efeitos até a efetiva prestação de contas;

II – **ao partido político**, em relação às suas próprias contas e às contas do comitê financeiro que a ele estiver vinculado, a perda do direito de recebimento da quota do Fundo Partidário no ano seguinte ao da decisão;

III – **ao partido político**, a perda do direito ao recebimento da quota do Fundo Partidário no ano seguinte ao da decisão.

Nenhum candidato poderá ser diplomado até que as suas contas tenham sido julgadas.

A decisão que julgar as contas dos candidatos eleitos será publicada até oito dias antes da diplomação.

---

[2] Art. 30 da Lei das Eleições, incluído pela Lei nº 12.034/09.

Da decisão dos Tribunais Regionais Eleitorais que julgar as contas dos candidatos, comitês financeiros e partidos políticos caberá recurso especial para o TSE, no prazo de três dias, a contar da publicação no *Diário de Justiça Eletrônico* nas hipóteses previstas nos incisos I e II do § 4º do art. 121 da CF.

13.4 Investigação judicial eleitoral

Qualquer partido ou coligação poderá ingressar com ação de investigação judicial, relatando fatos ou indicando provas, no prazo de 15 dias da diplomação, para apuração de irregularidades nos gastos ou arrecadação de recursos de campanha eleitoral de candidato majoritário ou proporcional (art. 30-A da Lei das Eleições).

Na apuração do fato representado, como será examinado no Capítulo 17, referente à ação de investigação judicial, aplicar-se-á o procedimento previsto no art. 22 da LC nº 64/90, no que couber. E, comprovados captação ou gastos ilícitos de recursos, para fins eleitorais, será negado o diploma ao candidato, ou cassado, se já houver sido outorgado.

O prazo de recurso contra decisões proferidas em representações propostas sobre captação ou gastos ilícitos de campanha será de 3 dias, a contar da publicação do acórdão no *DJe*.

14

Condutas Vedadas a Agentes Públicos em Campanha Eleitoral

A Lei nº 9.504/97, Lei das Eleições, elenca uma série de condutas vedadas a agentes públicos na campanha eleitoral (arts. 73 e 78), cuja **proibição tem por fulcro principal preservar a isonomia, a igualdade de oportunidades entre os candidatos nos pleitos eleitorais, a legitimidade do processo eleitoral e a probidade administrativa no seu transcorrer.**

O conceito de agente público, para o efeito de incidência dessa norma eleitoral, é abrangente:

> "*Reputa-se agente público para os efeitos deste artigo, quem exerce, ainda que transitoriamente ou sem remuneração, por eleição, nomeação, designação, contratação ou qualquer outra forma de investidura ou vínculo, mandato, cargo, emprego ou função nos órgãos ou entidades da administração pública direta, indireta, ou fundacional*" (art. 73, § 1º).

Contempla, pois, todas as pessoas físicas que, de qualquer modo, com ou sem vínculo empregatício, definitiva ou transitoriamente, exerçam função pública ou de interesse público, nos órgãos e entidades das administrações direta, indireta e fundacional dos entes da Federação, nos Poderes Judiciário e Legislativo, nos Ministérios Públicos e nos Tribunais de Contas.

Alcança, assim, os agentes públicos, com mandato ou não; os servidores públicos, em todas as suas categorias, ou seja, servidores estatutários (titulares de cargos públicos efetivos ou em comissão), empregados públicos (ocupantes de cargos ou empregos na Administração Indireta e Fundacional), servidores temporários (contratados por tempo determinado), servidores militares; e os particulares em colaboração com o Poder Público (p. ex., integrantes de mesa receptora de votos nas eleições, prestadores de serviços notariais e de registro não oficializado e administradores de concessionárias ou permissionárias de obras e serviços públicos).

O conceito é assemelhado ao estabelecido na Lei de Improbidade Administrativa, Lei nº 8.429/92, e a própria Lei das Eleições preceitua que as condutas enumeradas em seu art. 73 podem configurar, também, atos de improbidade administrativa e sujeitam-se às disposições daquele diploma legal, em especial às cominações previstas no art. 12, inciso III, aplicáveis aos agentes que atentam contra os princípios da administração pública, tais como os princípios da moralidade, honestidade, imparcialidade e impessoalidade.[1]

No âmbito da Justiça Eleitoral, a violação das normas cogentes do art. 73 da Lei nº 9.504/97 acarretará, quando for possível, a suspensão da conduta vedada e sujeitará o agente público responsável pela conduta vedada, bem assim o partido, a coligação e o candidato que dela se beneficiar, desde que provada sua anuência, a multa no valor de R$ 5.320,50 a R$ 106.410,00, que será duplicada em caso de reincidência, sem prejuízo de outras sanções de caráter constitucional, administrativo ou disciplinar fixadas pelas demais leis vigentes.

Além disso, o candidato beneficiado, agente público ou não, com a prática de conduta vedada, inclusive de distribuição gratuita de bens, valores ou benefícios por parte da Administração Pública no ano eleitoral (§ 10 do art. 73 da Lei nº 9.504/97), sem prejuízo da sanção pecuniária acima, ficará sujeito à cassação do registro ou do diploma.

A jurisprudência do TSE *"considera que a configuração da prática de conduta vedada independe de sua potencialidade lesiva para influenciar o resultado do pleito, bastando a mera ocorrência dos atos proibidos para atrair as sanções da lei"*.[2]

É importante ter presente, também na linha da jurisprudência do TSE, que: *"a prática da conduta vedada do art. 73 da Lei das Eleições não conduz, necessariamente, à cassação do registro ou do diploma, cabendo ao magistrado realizar o juízo de proporcionalidade na aplicação da pena prevista no § 5º do mesmo dispositivo legal"*.[3]

A representação contra a prática de conduta vedada será apurada mediante o procedimento previsto no art. 22 da LC nº 64/90, referente à investigação judicial, e poderá ser ajuizada até a data da diplomação dos eleitos.

O prazo de recurso contra as decisões proferidas será de três dias, a contar da data da publicação do julgamento no DJe.

---

[1] O exame analítico pela Lei de Improbidade Administrativa, comentários artigo por artigo, é por mim feito no livro *Lei de Improbidade Administrativa comentada*. PAZZAGLINI FILHO, Marino. 4. ed. São Paulo: Atlas, 2009.

[2] REsp nº 27.737/PI, rel. Min. José Delgado, *DJ* de 1º.2.2008.

[3] Agravo Regimental no Recurso Especial Eleitoral nº 27.705/MG, rel. Min. Marcelo Ribeiro, em 22.11.2007. No mesmo sentido, AgRgREsp nº 26.060/GO, rel. Min. Cezar Peluso, *DJ* de 12.2.2008.

Passo agora a analisar as condutas proibidas aos agentes públicos, arroladas nas normas eleitorais, tendentes a afetar a igualdade de oportunidades entre candidatos nas eleições municipais.

14.1 Uso indevido de bens móveis e imóveis públicos

É vedada a cessão ou uso, em benefício de candidato, assim como de partido e coligação, **de bens públicos, móveis e imóveis**. Nessa proibição está incluído o uso de veículos, de gráficas e de prédios pertencentes ao Poder Público em favor de candidatura ao pleito de 2010.

Essa proibição não se aplica à utilização, em campanha, pelo Presidente da República ou Governador de Estado, candidato à reeleição, de suas residências oficiais, com os serviços inerentes ao seu uso normal, para a realização de contatos, encontros e reuniões pertinentes à própria campanha, em suas dependências, desde que não tenham caráter público.

Poderá inclusive, no interior da residência oficial, gravar mensagens para propaganda eleitoral, desde que não se utilize de imagens externas do local ou que a ele se refira.

Igualmente, não configura tal vedação o uso de transporte oficial em campanha à reeleição pelo Presidente da República.

Assinale-se que o Vice-presidente da República, o Governador e o Vice-governador de Estado ou do Distrito Federal em campanha eleitoral não poderão utilizar transporte oficial, que, entretanto, poderá ser usado exclusivamente pelos servidores indispensáveis à sua segurança e atendimento pessoal, sendo-lhes vedado desempenhar atividades relacionadas com a campanha.

Constitui, igualmente, exceção a esta regra a utilização pelos partidos políticos de prédios públicos para a realização de convenções municipais destinadas a escolher seus candidatos.

14.2 Uso excessivo de materiais e serviços públicos

É proibida a utilização exorbitante, ou seja, que exceda as prerrogativas consignadas nos regimentos e normas dos órgãos que integram, **de materiais e serviços normalmente custeados pelos governos ou casas legislativas**, tais como serviços gráficos, combustível e tarifas postais.

14.3 Utilização de servidores públicos em campanha eleitoral

É vedado ceder servidor ou empregado da administração direta ou indireta federal, estadual ou municipal do Poder Executivo, **ou usar de seus serviços**, durante o horário de expediente normal, salvo se estiver de férias ou licenciado, **para comitês de campanha eleitoral** de candidato, partido político ou coligação.

De se ver que o Governador ou Presidente da República, candidato à reeleição, pode utilizar do seu horário de expediente para fazer campanha eleitoral. Isso porque o chefe de Poder não é servidor, mas agente político, e, por isso mesmo, não se submete à jornada fixa de trabalho.

14.4 Uso promocional, com fim eleitoreiro, de distribuição gratuita de bens e serviços de caráter social

É proibido fazer ou permitir **uso promocional, em favor de candidato a Presidente da República ou Governador** (partido ou coligação), **de distribuição gratuita de bens ou serviço de natureza social**, **custeados ou subvencionados pelo Poder Público**, como, por exemplo, serviços médicos, remédios, cestas básicas e material de construção.

Ressalte-se que o exercício regular da assistência social pelo Poder Público e os programas sociais, de cunho gratuito, não devem ter solução de continuidade. O que se proíbe é o desvio de finalidade, transformando os programas sociais em instrumentos de propaganda eleitoral.

Impõe-se observar, nesse ponto, que a Lei nº 11.300/06, incluindo novo parágrafo ao art. 73 da Lei das Eleições, que normatiza as condutas vedadas, proibiu, no ano eleitoral, a distribuição gratuita de bens, valores ou benefícios por parte da Administração Pública, exceto nos casos de calamidade pública, de estado de emergência ou de programas sociais autorizados em lei e já em execução orçamentária no exercício anterior, caso em que o Ministério Público poderá promover o acompanhamento de sua execução financeira e administrativa (§ 10).

Registro que, nos anos eleitorais, os programas sociais autorizados em lei e já em execução orçamentária no exercício anterior, consoante o disposto no § 11 acrescentado pela Lei nº 12.034/09, *"não poderão ser executados por entidade nominalmente vinculada a candidato ou por ele mantida"*.

14.5 Nomeação, demissão e movimentação de servidores públicos

É vedado, a partir de 3 de julho de 2010 e até a posse dos eleitos, sob pena de nulidade de pleno direito, nomear, contratar, ou de qualquer forma admitir, demitir sem justa causa, suprimir ou readaptar vantagens ou por outros meios dificultar e ainda, *ex officio*, remover, transferir ou exonerar servidor público, na circunscrição do pleito.

Constituem exceções a essa proibição:

- a nomeação ou exoneração de cargos em comissão e designação ou dispensa de funções de confiança;

- a nomeação para cargos do Poder Judiciário, do Ministério Público, dos Tribunais ou Conselhos de Contas e dos órgãos da Presidência da República;

- a nomeação de aprovados em concursos públicos homologados até três meses anteriores às eleições (3 de julho);

- a nomeação ou a contratação de pessoal necessária à instalação ou ao funcionamento inadiável de serviços públicos essenciais, com prévia e expressa autorização do chefe do Poder Executivo;

- a transferência ou remoção *ex officio* de militares, policiais civis e agentes penitenciários.

De se ver que a Lei das Eleições não proíbe a realização de concurso público, mas a nomeação dos aprovados no certame nos três meses anteriores ao pleito até a posse dos eleitos, quando não tenha sido o certame homologado até o início desse prazo.

Segundo o entendimento do TSE, **essencial** é *"o serviço público emergencial aquele umbilicalmente vinculado à sobrevivência, à saúde ou segurança da população"* (Recurso Especial Eleitoral nº 27.563/MT, rel. Min. Carlos Ayres Britto, de 12.12.2006).

Daí resulta que o TSE, para o fim de caracterização de essencialidade do serviço público eleitoral acima, entende não ser a educação um serviço público essencial, sob o argumento de que sua eventual intermitência não acarreta dano irreparável à "sobrevivência, saúde ou a segurança da população".

14.6 Transferências voluntárias

É proibido realizar transferência voluntária de recursos da União aos Estados e Municípios e dos Estados aos Municípios **a partir de 3 de julho de 2010**, sob pena de nulidade de pleno direito.

Transferência voluntária, como já tive oportunidade de dizer, é repasse de recursos (correntes ou de capitais), a título de cooperação, auxílio ou assistência financeira, de um ente para outro da Federação, que não decorra de obrigação constitucional, legal ou destinados ao Sistema Único de Saúde.[4]

Excetuam-se a essa regra as transferências voluntárias, federais ou estaduais, cujos recursos se destinam a cumprir obrigação formal preexistente para a execução de obra ou serviço em andamento e com cronograma prefixado, e os desti-

---

[4] PAZZAGLINI FILHO, Marino. *Crimes de responsabilidade fiscal*. 3. ed. São Paulo: Atlas, 2006. p. 30.

nados a atender situações de emergência (p. ex., desmoronamento de viaduto ou edifício de habitação popular) e de calamidade pública (p. ex., epidemias, furacões, inundações, terremotos).

14.7 Publicidade institucional

É proibido autorizar, também a partir de 3 de julho de 2010, publicidade institucional dos atos, programas, obras, serviços e campanhas dos órgãos públicos federais, estaduais ou distritais ou das respectivas entidades da administração indireta.

Além disso, no trimestre anterior ao pleito, é vedada, em obras públicas, a manutenção de placas que possuam expressões ou símbolos identificadores da administração de candidato a cargo eletivo.

Nesse ponto, o TSE tem assentado que:

> *"A conduta prevista no art. 73, VI, b, da Lei n° 9.504/97 fica caracterizada independentemente do momento em que a publicidade institucional foi autorizada, desde que a veiculação tenha ocorrido dentro dos três meses que antecedem a eleição"* (Agravo Regimental no Agravo de Instrumento nº 9.877/PR, Rel. Min. Arnaldo Versiani, *DJE* de 11.2.2010).

Essa vedação não se aplica à propaganda de produtos e serviços que tenham concorrência no mercado; nem, tampouco, em grave e urgente necessidade pública, assim reconhecida pela Justiça Eleitoral, como campanhas de vacinação e de racionamento de água.

A publicidade dos atos, programas, obras, serviços e campanhas dos órgãos públicos, a teor de norma constitucional, deverá ter caráter educativo, informativo ou de orientação social, dela não podendo constar nomes, símbolos ou imagens que caracterizem promoção pessoal de autoridades ou servidores públicos (art. 37, § 1º, da CF).

A publicidade institucional, portanto, é autorizada por essa norma constitucional. E, no ano de eleições, somente é vedada nos três meses anteriores ao pleito.

Entretanto, em qualquer período, eleitoral ou não, a publicidade oficial deve ser impessoal, circunscrevendo seu conteúdo às realizações governamentais, sem alusão a nome de agente público, bem assim de imagem ou símbolos que identificam a sua gestão.

A inserção, na propaganda oficial do governo, de marcas pessoais do governante caracteriza promoção pessoal e constitui violação do princípio constitucional da impessoalidade, o que eventualmente pode configurar improbidade administrativa, matéria, de ordinário, não atinente à órbita eleitoral.

Como tive oportunidade de acentuar no livro *Princípios constitucionais reguladores da administração pública*:

> "*Agride também o princípio da impessoalidade o uso da máquina administrativa na promoção pessoal ou política do administrador, transformando a atividade administrativa neutra em personalizada, à imagem deste ou do partido que ele representa. E não elide tal violação que a promoção do personalíssimo seja feita somente com recursos particulares (o que acontece raramente).*"[5]

De outra parte, o uso, na propaganda eleitoral, de símbolos, frases ou imagens, associadas ou semelhantes às empregadas por órgão de governo, empresa pública ou sociedade de economia mista, constitui crime eleitoral, punível com detenção de 6 meses a 1 ano, com a alternativa de prestação de serviços à comunidade pelo mesmo período, e multa no valor R$ 10.641,00 a R$ 21.282,00 (art. 40 da Lei nº 9.504/97).

14.8 Pronunciamento em cadeia de rádio e televisão

É proibido, também, **a partir de 3 de julho de 2010, fazer pronunciamento, em cadeia de rádio e televisão, fora do horário eleitoral gratuito**, salvo quando, a critério da Justiça Eleitoral, tratar-se de matéria urgente, relevante e característica das funções de governo.

14.9 Despesas excessivas com publicidade institucional

É proibido realizar, **em ano de eleição**, nos três meses que antecedem o pleito, **despesas excessivas com publicidade dos órgãos da Administração Direta ou de entidades da Administração Indireta**, ou seja, que excedam a média dos gastos nos três últimos anos que precedem o ano do pleito ou do último ano imediatamente anterior a este, prevalecendo o que for menor. Considera-se "média" para os fins dessa norma eleitoral a **média global**, ou seja, o somatório, de um lado, dos gastos despendidos com publicidade pelos órgãos da Administração Pública Direta e, de outro, o montante dos referentes às entidades da Administração Pública Indireta.

14.10 Revisão geral da remuneração dos servidores públicos

É vedado fazer, **na circunscrição do pleito**, **a partir de 180 dias que antecedem o pleito**, ou seja, a partir de 6.4.2010, até a posse dos eleitos, **revisão**

---

[5] PAZZAGLINI FILHO, Marino. *Princípios constitucionais reguladores da administração pública*. 3. ed. São Paulo: Atlas, 2008. p. 18.

geral da remuneração dos servidores públicos que exceda a recomposição da perda do seu poder aquisitivo ao longo do ano da eleição, ou seja, aumento real de vencimentos ou salários.

14.11 Inauguração de obra pública

É proibido a qualquer candidato comparecer, a partir de 3 de julho de 2010, a inaugurações de obras públicas.

A desobediência sujeita o infrator à cassação do registro da sua candidatura ou do diploma.

Não são proibidas as inaugurações em si mesmas, mas sua utilização indevida em prol de candidato.

De se ver que incorre nessa conduta vedada o candidato que realmente esteja associado à inauguração de obra pública, em período suspeito, ou seja, que dela participe para tirar proveito eleitoral.

Assim, a mera assistência à inauguração, como simples espectador, em meio ao povo e não em posição de destaque (p. ex., em palanque), não incide nessa proibição.

Cumpre ter presente que a condição de candidato às eleições de 2010 somente passa a ter existência jurídica, perante a lei eleitoral, a partir do registro da candidatura respectiva.

Assim sendo, na hipótese de ser notória a futura candidatura de um agente público à eleição majoritária ou proporcional em 2010, a sua presença frequente, em posição de destaque, em inaugurações de obras públicas anteriores ao registro de sua candidatura, não configura esta vedação.

Registro que, a partir de 3 de julho de 2010, na realização de inaugurações, é vedada a contratação de *shows* artísticos pagos com recursos públicos.

15

Representações e Reclamações

As representações e reclamações previstas na Lei nº 9.504/97 visam à apuração de transgressões aos preceitos deste diploma legal, em especial os relativos a **propaganda eleitoral irregular, captação ilícita de sufrágio, arrecadação e gastos ilícitos de recursos em campanha eleitoral, condutas vedadas** e **doações de pessoas jurídicas para campanha eleitoral acima do limite.**[1 e 2]

A representação abrange a **representação propriamente dita**, ou seja, aquela que atacar ato ou omissão de partido político, de coligação, de candidato ou de terceiros; a **reclamação**, assim entendida aquela que tiver por objeto a preservação da competência da Justiça Eleitoral ou a garantia da autoridade das suas decisões relativas ao descumprimento da Lei das Eleições, e, finalmente, **aquela que requerer pedido de resposta**.

As representações alusivas à propaganda eleitoral somente podem ser ajuizadas até a data da realização do pleito, sob pena de não serem conhecidas por falta de interesse de agir ou processual.

---

[1] *"Art. 30-A. Qualquer partido ou coligação poderá representar à Justiça Eleitoral relatando fatos e indicando provas e pedir a abertura de investigação judicial para apurar condutas em desacordo com as normas desta Lei, relativas à arrecadação e gastos de recursos.*

§ 1º Na apuração de que trata este artigo, aplicar-se-á o procedimento previsto no art. 22 da Lei Complementar 64 de 18 de maio de 1990, no que couber.

§ 2º Comprovados captação ou gastos ilícitos de recursos, para fins eleitorais, será negado diploma ao candidato, ou cassado, se já houver sido outorgado (acrescentado pela Lei nº 11.300/2006)."

[2] A Resolução TSE nº 23.193, de 24.12.2009, que dispõe sobre representações, reclamações e pedidos de resposta previstos na Lei nº 9.504/97, está reproduzida, na sua íntegra, no Anexo B.

Aliás, este entendimento está consolidado no âmbito do TSE:

> "A representação por descumprimento da regra do art. 37 da Lei nº 9.504/97 deve ser proposta até a data da eleição a que se refira, sob pena de carência por falta de interesse processual" (AgAgi nº 8.393/RS, relator Min. Gerardo Grossi, DJ de 19.2.2008).

As representações por captação ilícita de sufrágio e por condutas vedadas a agentes públicos em campanha eleitoral (arts. 41-A e 73 da Lei nº 9.504/97) poderão ser ajuizadas até a data da diplomação dos eleitos.

As representações por arrecadação e gastos ilícitos de recursos em campanha eleitoral poderão ser propostas, com fulcro no art. 30-A da Lei das Eleições, no prazo de 15 dias da diplomação.

A representação por propaganda irregular, para que seja julgada procedente, com imposição de penalidade pecuniária, deve ser instruída com prova da autoria e do prévio conhecimento do beneficiário, caso este não seja por ela responsável.

Anote-se que a responsabilidade do candidato torna-se evidenciada no caso dele ser intimado da existência da propaganda irregular e não providenciar, no prazo de 48 horas, sua retirada ou regularização, bem como, ademais, quando as circunstâncias e as peculiaridades do caso específico revelarem a impossibilidade de o beneficiário não ter o conhecimento da propaganda (art. 40-B, parágrafo único, da Lei nº 9.504/97).

Aliás, essa intimação poderá ser realizada por qualquer cidadão, candidato, partido político, coligação ou pelo Ministério Público, por meio de comunicação feita diretamente ao responsável ou beneficiário da propaganda, devendo dela constar a precisa identificação da propaganda apontada como irregular.

15.1 Procedimento das representações

As representações por propaganda irregular e de pedido de resposta, salvo regras especiais desta, que serão examinadas no capítulo próximo, e **as reclamações** seguem o mesmo procedimento.

Nas eleições presidenciais, as representações ou reclamações devem ser endereçadas ao TSE e, nas eleições federais, estaduais e distritais, ao respectivo tribunal regional eleitoral.

As representações ou reclamações, antes das convenções, podem ser interpostas somente por partidos políticos e o Ministério Público Eleitoral. É usual sua interposição para coibir propaganda eleitoral antecipada. Após o pedido de registro das candidaturas, passam a ter também legitimação para interpô-las os candidatos e as coligações.

Os tribunais eleitorais designarão, entre os seus integrantes substitutos, três juízes auxiliares para a apreciação das reclamações e representações (e dos pedidos de resposta), as quais seguem o rito processual estabelecido no art. 96 da Lei nº

9.504/97 e disciplinado na Resolução TSE nº 23.193/09, com exceção das representações que visarem à apuração das condutas vedadas pelos arts. 30-A e 41-A, relativas, respectivamente, a captação ou gasto ilícito de recursos para fins eleitorais, e captação ilícita de sufrágio, que observarão o procedimento previsto nos incisos I a XIII do art. 22 da LC nº 64/90, relativo à ação de investigação judicial eleitoral.

Os prazos relativos às representações serão contínuos e peremptórios, não se suspendendo aos sábados, domingos e feriados, entre 3 de julho de 2009 e a proclamação dos eleitos, inclusive em segundo turno (art. 16 da LC nº 64/90).

Nesse período,

> "os advogados, inclusive os que representarem as emissoras de rádio, televisão, provedores e servidores de Internet e demais veículos de comunicação, estarão dispensados da juntada de procuração em cada processo, se arquivarem, na Secretaria Judiciária, mandato genérico relativo às eleições de 2010; a circunstância deverá ser informada na petição em que ele se valer dessa faculdade e certificada nos autos" (art. 37, § 1º, da Resolução TSE nº 23.193/09).

As petições e os recursos relativos a representações, subscritas por advogado, serão admitidos, quando possível, por petição eletrônica ou fac-símile (dispensado o encaminhamento do texto original), com exceção dos recursos endereçados ao STF.

A Secretaria Judiciária do tribunal eleitoral, recebida a petição, por via eletrônica ou não, notificará imediatamente o representado para apresentar defesa no prazo de 48 horas, devendo ser a notificação instruída com cópia da petição inicial.[3]

Quando o representado for o candidato (partido ou coligação), a notificação será endereçada para o número de fac-símile ou correio eletrônico no endereço informado por ocasião do pedido de registro de candidatura. Na ausência de tal indicação, a notificação será feita no endereço assinalado na petição inicial por correspondência ou telegrama, com aviso de recebimento, ou, ainda, por oficial de justiça, devendo, também, ser intimado, nos mesmos prazos, mesmo que por telegrama ou fac-símile, da existência do feito, o respectivo advogado, caso tenha procuração arquivada no cartório eleitoral.

Entretanto, se houver pedido de medida liminar, os autos, inicialmente, serão conclusos ao juiz auxiliar ou relator, e, depois da respectiva decisão, dela será notificado o representado, juntamente com o conteúdo da inicial.

O juiz auxiliar ou relator, constatando vício de representação processual das partes, determinará sua regularização no prazo de 24 horas, sob pena de indeferimento da petição inicial (arts. 13 e 284 do CPC).

Apresentada a resposta ou decorrido o prazo respectivo, o processo é encaminhado ao Ministério Público para parecer no prazo de 24 horas, findo o qual, será

---

[3] Na representação que pedir o direito de resposta, o prazo de defesa é de 24 horas.

imediatamente devolvido ao juiz auxiliar ou relator, que, por sua vez, decidirá e fará publicar a decisão em 24 horas (art. 96 da Lei nº 9.504/97).[4]

Na sentença que julgar procedente representação sobre propaganda eleitoral, deve ser indicado, de modo preciso, o que na propaganda impugnada deverá ser excluído ou substituído.

As notificações das decisões da Justiça Eleitoral, determinando a suspensão, total ou parcialmente, da veiculação de propaganda política ou de sua retransmissão, deverão ser feitas segundo o modelo aprovado pelo TSE.

A intimação da decisão e acórdãos será feita por publicação no *Diário de Justiça Eletrônico (DJe)*.

Entretanto, no período entre 5.7.2010 e a data fixada no calendário eleitoral, a publicação será feita na Secretaria Judiciária, certificando-se no edital e nos autos o horário ou sessão em que foi publicada, salvo as representações referentes a arrecadação e gastos ilícitos de recursos em campanha eleitoral, captação ilícita de sufrágio, condutas vedadas e doações excessivas a campanhas eleitorais feitas por pessoas jurídicas previstas nos arts. 30-A, 41-A, 73 e nos §§ 2º e 3º do art. 81 da Lei nº 9.504/97.

A decisão proferida por juiz auxiliar estará sujeita a **recurso** inominado para o **Plenário do Tribunal Eleitoral**, no prazo de 24 horas, contado da publicação da decisão em Secretaria, assegurado ao recorrido o oferecimento de contrarrazões, em igual prazo, a contar de sua notificação.

O recurso será levado a julgamento em sessão pelo próprio juiz auxiliar, no prazo de 48 horas, a contar da conclusão dos autos, oferecida contrarrazões ou decorrido o respectivo prazo, independentemente de publicação de pauta (exceto quando se tratar de direito de resposta, cujo prazo é de 24 horas). Na hipótese do tribunal não se reunir no prazo citado, o recurso deverá ser julgado na sessão subsequente.

Os acórdãos serão publicados na sessão em que os recursos forem julgados.

As representações por **captação ilícita de sufrágio, condutas vedadas, arrecadação e gastos ilícitos** de recursos e **doações irregulares** observarão o procedimento previsto no art. 22 da Lei Complementar nº 64/90, sem prejuízo da competência regular do Corregedor Eleitoral, regulamentado nos arts. 20 a 32 da Resolução TSE nº 23.193/09.

Da decisão do tribunal regional caberá recurso especial para o TSE, no prazo de três dias, a contar da publicação.

Interposto o recurso especial, os autos serão conclusos ao presidente do respectivo tribunal, que, no prazo de 24 horas, proferirá decisão fundamentada, admitindo ou não o recurso.[5]

---

[4] Na representação que pedir o direito de resposta, a decisão de primeiro grau deve ser proferida no prazo de 72 horas da protocolização da petição inicial.

[5] No caso de direito de resposta, o prazo para interposição do recurso especial será de 24 horas, a contar da publicação em sessão, dispensado o juízo de admissibilidade, com imediata intimação do recorrido, por publicação na Secretaria, para o oferecimento de contrarrazões (art. 58, § 5º, da Lei nº 9.504/97).

Admitido o recurso especial, será assegurado ao recorrido o oferecimento de contrarrazões no prazo de 3 dias, contado da intimação, por publicação em Secretaria, findo o qual, com ou sem elas, os autos imediatamente serão remetidos ao TSE, inclusive por portador, se necessário.

Não admitido o recurso especial, caberá agravo de instrumento para o TSE, também no prazo de três dias contados da publicação do despacho em Secretaria, e, formado o instrumento, será intimado o agravado para oferecer resposta ao agravo e ao recurso especial, no prazo de três dias contados da publicação em Secretaria.

15.2 Representação

PROPAGANDA ELEITORAL IRREGULAR OU CONDUTA VEDADA

ELEIÇÕES DE 2010

RESUMO

Objetivo	Sustação da propaganda irregular ou da conduta vedada (quando for o caso) e imposição de multa. E cassação do registro ou diploma do candidato beneficiado por conduta vedada.
Causa de Pedir	Infração à norma relativa a propaganda eleitoral da Lei nº 9.504/97. E prática de conduta vedada a agente público em campanha eleitoral prevista no art. 73 da mesma Lei.
Prazo	Propaganda até a data do pleito. Conduta vedada até a data da diplomação.
Legitimados	Candidato, partido ou coligação ou Ministério Público Eleitoral.
Procedimento	Art. 96 da Lei nº 9.504/97, art. 22 da LC nº 64/90.
Prova	Comprovação da propaganda irregular ou da conduta vedada. E da concordância do candidato dela beneficiário.
Efeitos	Exclusão, retirada ou substituição da propaganda eleitoral irregular e aplicação de sanção pecuniária (a retirada da propaganda irregular no prazo legal impede a aplicação de multa).
	No caso de conduta vedada, provada a anuência do candidato favorecido, sofrerá este também a punição pecuniária, sem prejuízo de eventual cassação do registro ou do diploma.
Nota 1: As representações que visarem à apuração de conduta vedada, captação ilícita de sufrágio, arrecadação e gastos ilícitos e doações ilícitas seguem o rito do art. 22 da LC nº 64/90.	
Nota 2: A representação é o instrumento jurídico também utilizado para peticionar o direito de resposta.	

16

Direito de Resposta

A **liberdade de pensamento político**, como espécie da liberdade de expressão, é garantida por preceito constitucional fundamental:

"*é livre a manifestação do pensamento, sendo vedado o anonimato*" (art. 5º, IV, da CF).

Não se olvide que já havia recebido proteção na histórica "*Declaração dos Direitos do Homem e do Cidadão*" de 1789:

"*a livre comunicação dos pensamentos e das opiniões é um dos direitos mais preciosos do homem*".

As limitações à liberdade de expressão, por se tratar de direito fundamental hegemônico, somente podem decorrer de preceitos constitucionais expressos de igual relevância, tais como os que tutelam a honra, a imagem do ser humano e o direito de resposta.

Aliás, norma constitucional da mesma magnitude daquela que ampara a liberdade de expressão assegura:

"*o direito de resposta, proporcional ao agravo, além da indenização por dano material, moral ou a imagem*" (art. 5º, V, da CF).

No âmbito eleitoral, é assegurado o direito de resposta, a partir da escolha de candidatos em convenção, ao candidato, partido ou coligação atingido, ainda que de forma indireta, por conceito, imagem ou afirmação

caluniosa, difamatória, injuriosa ou sabidamente inverídica, difundido por qualquer veículo de comunicação social (art. 58 da Lei nº 9.504/97).

O direito de resposta, portanto, deve ser concedido pela Justiça Eleitoral ao candidato à eleição majoritária ou proporcional, bem assim ao partido político ou coligação, nas hipóteses em que acontecer desvirtuamento da discussão política ou propaganda eleitoral. Em outras palavras, quando das simples críticas, ainda que veementes, passa-se à agressão à pessoa do candidato (partido político ou coligação) por meio de afirmações caluniosas, difamatórias ou sabidamente mentirosas.

Assinale-se, nesse ponto, que:

> "as críticas – mesmo que veementes – fazem parte do jogo eleitoral, não ensejando, por si só, o direito de resposta, desde que não ultrapasse os limites do questionamento político e não descambe nem para o insulto pessoal nem para increpação de conduta criminosa" (MC nº 1.900/BA, rel. Min. Carlos Ayres Britto, *DJ* de 8.9.2006).

Assim, contumélias, no plano da censura objetiva, de cunho impessoal, por ser rigorosamente ínsito à disputa eleitoral, não ensejam o direito de resposta.

Igualmente, não há direito de resposta se o fato considerado ofensivo é público, ou seja, se a denúncia, imputada de caluniosa, difamatória ou injuriosa, existe e não houve contestação de seu objeto.

A proporcionalidade constitui requisito constitucional do direito de resposta.

Vale dizer, de um lado, que **o direito de resposta deve ser proporcional ao agravo e se limitar estritamente às ofensas que lhe deram causa, não podendo servir de retorsão.**

E, de outro, que a **resposta deve ser divulgada no mesmo veículo de comunicação e da mesma maneira como foi transmitida, veiculada ou escrita a ofensa que lhe deu origem.**

A legitimidade para o exercício do direito de resposta é concorrente, ou seja, é tanto do candidato ofendido quanto do partido político ou coligação que postulou o registro de sua candidatura, pois as ofensas ao candidato, maculando a sua honra ou imagem, podem ter repercussão negativa no âmbito partidário, afetando a reputação ou a credibilidade do partido perante o eleitorado.

O pedido de resposta formulado por terceiro somente será conhecido, pela Justiça Eleitoral, quando relativo a ofensas veiculadas no horário eleitoral gratuito. Se tais ofensas ocorreram no curso da programação normal das emissoras de rádio e televisão, ou em órgão da imprensa escrita, a competência é da Justiça Comum.

O pedido de resposta deve dirigir-se ao tribunal competente. A representação é a forma adequada para deduzi-lo e o prazo para ingressar no Juízo Eleitoral é exíguo e contado em horas, conforme a forma de veiculação da ofensa.

O exercício do direito de resposta à Justiça Eleitoral tem seu regramento no art. 58 da Lei nº 9.504/97 e a sua disciplina regulamentar, quanto às eleições de 2010, na Resolução TSE nº 23.193/09, que dispõe sobre representações, reclamações e pedidos de resposta previstos no diploma legal referido.[1]

As normas que o regulam são diversificadas conforme o veículo de comunicação social que divulgou a ofensa reconhecida pela Justiça Eleitoral e a circunstância de ter sido transmitida no horário eleitoral gratuito.

A teor dessas normas, o pedido de direito de reposta deverá ser solicitado mediante representação, subscrita por advogado, nos termos do procedimento regulado na resolução mencionada.

A representação abrange **a representação propriamente dita**, assim entendida aquela que atacar ato ou omissão de partido político, de coligação, de candidato ou de terceiros; a **reclamação**, quando tiver como objeto a preservação da competência da Justiça Eleitoral ou a garantia da autoridade das suas decisões relativas ao descumprimento da Lei das Eleições; e, finalmente, **a representação que pedir resposta** (art. 4º, § 1º).

O procedimento é único para as representações e reclamações de que trata a resolução, ressalvadas as regras especiais concernentes ao pedido de resposta relativas ao prazo de defesa **de 24 horas** (art. 8º); ao prazo máximo para a decisão do juiz auxiliar ou relator, **de 72 horas** da data em que for protocolado o pedido (art. 13); ao prazo do Plenário do Tribunal Eleitoral para julgamento do recurso, **de 24 horas** (art. 21, § 1º); e ao prazo para interposição do recurso especial, de 24 horas, a contar da publicação em sessão (art. 23).

16.1 Ofensa veiculada em órgão da imprensa escrita

O **pedido de resposta** a ofensa propagada em órgão da imprensa escrita deve ser feito, pelo candidato ofendido (partido ou coligação), **no prazo de 72 horas**, a contar das 19 horas da data constante da edição em que a ofensa foi veiculada, salvo prova documental de que a circulação, no domicílio do ofendido, se deu após esse horário.

O pedido deve ser instruído com um exemplar da publicação tida por ofensiva e o texto da resposta.

A Justiça Eleitoral, deferindo o pedido, determinará a divulgação da resposta, nos termos do texto apresentado, no mesmo veículo de comunicação escrita em que foi publicada a ofensa, e em edição de circulação normal, com o mesmo realce da veiculação desta (mesmo espaço, local, tamanho, página, caracteres tipográficos e outros elementos de destaque usados na ofensa), em até 48 horas

---

[1] A Resolução TSE nº 23.193/09, na sua íntegra, está transcrita no Anexo B.

após a decisão. E, tratando-se de veículo que tenha periodicidade de circulação maior do que 48 horas, na primeira vez em que circular.

Por solicitação do ofendido, a divulgação da resposta será feita no mesmo dia da semana em que a ofensa foi veiculada; o Juiz pode deferir a solicitação, ainda que fora do prazo de 48 horas.

Assinale-se que, caso a ofensa tenha sido produzida em dia e hora que inviabilizem sua reparação dentro do prazo acima, a Justiça Eleitoral determinará a imediata divulgação da resposta.

Por seu turno, o ofensor tem a obrigação de comprovar o cumprimento da decisão, juntando aos autos o exemplar da publicação da resposta, acompanhado de dados sobre a regular distribuição, quantidade impressa e o raio de abrangência na distribuição.

16.2 Ofensa veiculada em programação normal das emissoras de rádio e televisão

O **pedido de resposta**, com a transcrição do trecho considerado ofensivo ou inverídico, deverá ser formulado pelo candidato ofendido (partido ou coligação), **no prazo de 48 horas**, contado a partir da veiculação da ofensa.

A Justiça Eleitoral notificará o responsável pela emissora que realizou o programa, imediatamente, desde que entre 10 e 19 horas, para que confirme a data e horário da veiculação e entregue em 24 horas cópia da fita da transmissão ofensiva, sob as penas do crime de desobediência, que será devolvida após a decisão judicial.

Deferido o pedido, a resposta será dada em até 48 horas após a decisão, em tempo igual ao da ofensa, nunca inferior a um minuto, no mesmo bloco de audiência em que foi transmitida a ofensa.

16.3 Ofensa veiculada no horário eleitoral gratuito

O **pedido de resposta** deve ser formulado **no prazo de 24 horas**, contado a partir da veiculação da ofensa.

O pedido deverá especificar o trecho considerado ofensivo ou inverídico e ser instruído com a mídia da gravação do programa, acompanhada de respectiva degravação.

Deferido o pedido, o ofendido usará, para a resposta, tempo igual ao da ofensa reconhecida pela Justiça Eleitoral, porém nunca inferior a um minuto, que será veiculada no horário gratuito reservado ao partido político ou coligação responsável pela ofensa.

Quando o tempo reservado ao partido político ou coligação responsável pela ofensa for inferior a um minuto, a resposta será levada ao ar tantas vezes quantas forem necessárias para a sua complementação.

Saliento que da notificação da decisão, assinada pelo juiz auxiliar ou relator, deverá constar o período, diurno ou noturno, para a veiculação da resposta, com a informação que deverá ser feita sempre no início do programa respectivo, e a sua duração. No caso de inserções, deverá ela mencionar a quantidade de inserções, os dias de sua veiculação e em quais blocos de audiência.

O meio de armazenamento com a resposta, dirigida aos fatos julgados ofensivos, deverá ser entregue à emissora geradora, até 36 horas após a ciência da decisão, para sua veiculação no início do programa subsequente do partido político ou coligação em cujo horário se praticou a ofensa.

Se o candidato ofendido (partido ou coligação) usar o tempo concedido para resposta sem responder aos fatos veiculados na ofensa, terá subtraído do respectivo programa eleitoral tempo idêntico. E, tratando-se de terceiros, ficarão sujeitos à suspensão de igual tempo em eventuais novos pedidos de resposta e à multa no valor de R$ 2.128,20 a R$ 5.320,50.

Na hipótese de a ofensa acontecer em dia e hora que inviabilizem a resposta nos prazos mencionados, esta será divulgada nos horários que a Justiça Eleitoral determinar, ainda que nas 48 horas anteriores ao pleito, em termos e forma aprovados, de modo a não ensejar tréplica.

16.4 Ofensa veiculada na Internet

O pedido de resposta deve ser formulado à Justiça Eleitoral no prazo de 72 horas.

Deferido o pedido, a divulgação da resposta dar-se-á no mesmo veículo, espaço, local, horário, página eletrônica, tamanho, caracteres e outros elementos de realce usados na ofensa, em até 48 horas após a entrega da mídia física com a resposta do ofendido.

A resposta ficará disponível para acesso pelos usuários do serviço de Internet por tempo não inferior ao dobro em que esteve disponível a mensagem considerada ofensiva.

Os custos de veiculação da resposta correrão por conta do responsável pela propaganda original.[2]

---

[2] Art. 58, § 3º, IV, da Lei das Eleições, incluído pela Lei nº 12.034/09.

16.5 Recursos e penalidades

Da decisão proferida por juiz auxiliar sobre o pedido de resposta caberá recurso para o Plenário do Tribunal Eleitoral, no prazo de 24 horas da sua publicação em Secretaria, assegurado ao recorrido o oferecimento de contrarrazões, em igual prazo, a contar de sua notificação. O recurso será levado a julgamento em sessão pelo próprio juiz auxiliar, também no prazo de 24 horas.

Da decisão do tribunal regional eleitoral caberá recurso especial para o TSE, no prazo de 24 horas, a contar da publicação em sessão, dispensado o juízo de admissibilidade, com a imediata intimação do recorrido, por publicação em secretaria, para o oferecimento de contrarrazões no mesmo prazo.

Quando o provimento do recurso cassar o direito de resposta já exercido, haverá a restituição do mesmo espaço na imprensa escrita ou Internet, bem assim do mesmo tempo utilizado no rádio ou televisão.

No que se refere às penalidades, o não cumprimento, integral ou em parte, da decisão que conceder o direito de resposta sujeitará o infrator ao pagamento de multa no valor de R$ 5.320,50 a R$ 15.961,50, que é duplicada em caso de reiteração de conduta, sem prejuízo de eventual aplicação de sanções penais por infração ao art. 347 do Código Eleitoral.

17

Ação de Investigação Judicial Eleitoral (AIJE)

A investigação judicial eleitoral (**AIJE**), não obstante sua titulação, constitui ação civil eleitoral de conhecimento, destinada a apurar determinados comportamentos, em campanha eleitoral, que, em razão de abuso e influência dos poderes econômico, político ou administrativo, são capazes de prejudicar a liberdade de voto, a isonomia entre candidatos e a lisura das eleições.

A AIJE pode ser ajuizada para persecução das seguintes transgressões eleitorais:

1. abuso do poder econômico e político em detrimento da liberdade de voto (art. 19 da LC nº 64/90);
2. utilização indevida de veículos e meios de comunicação social;
3. arrecadação e gastos ilícitos de recursos na campanha eleitoral (art. 30-A da Lei nº 9.504/97); e
4. captação ilícita de sufrágio (art. 41-A da Lei nº 9.504/97).

Os efeitos pretendidos, nos casos de abuso do poder econômico, político ou dos meios de comunicação, são os seguintes:

- decretação da inelegibilidade dos acionados (candidatos e demais envolvidos) para as eleições a serem realizadas nos três anos subsequentes ao pleito em que se deu o ato ilícito; e
- cassação do registro da candidatura do candidato declarado inelegível.

O efeito colimado, na hipótese de captação ou gastos ilícitos de recursos para fins eleitorais, é a negação do diploma ao candidato ou a sua cassação, caso já tenha sido outorgado.

Por fim, quanto à captação ilícita de sufrágio, que será estudada no próximo capítulo, os efeitos postulados são a cassação do registro ou diploma e a aplicação de multa.

Os atos abusivos envolvendo o poder econômico, político e os meios de comunicação configuram as três espécies de abuso de poder que podem ocorrer nas eleições com o fim de beneficiar candidato ou partido político.

Devido à significativa potencialidade desses tipos de abuso, praticados no período eleitoral, para influir na vontade do eleitor e, consequentemente, na captação de votos e no resultado do pleito, são eles apenados exemplarmente, no art. 22 da LC nº 64/90, com as sanções de inelegibilidade para as eleições a se realizarem nos três anos subsequentes à eleição em que se verificou e de cassação do registro do candidato diretamente beneficiado com os atos abusivos. E, quando a decisão definitiva ocorrer depois de ter o candidato obtido o registro, a Justiça Eleitoral promoverá o seu cancelamento, ou, depois de ter ocorrido o pleito, mas antes do ato de diplomação, não será diplomado.

O bem protegido é a normalidade e a legitimidade das eleições contra a influência dos poderes econômico, político e dos meios de comunicação.

O **abuso do poder econômico** configura-se com a utilização excessiva ou indevida de recursos materiais visando influenciar o eleitorado para angariar votos em favor de determinados candidatos.

Confira-se o entendimento pacífico do TSE:

> *"O abuso de poder econômico concretiza-se com o mau uso de recursos patrimoniais, exorbitando os limites legais, de modo a desequilibrar o pleito em favor dos candidatos beneficiários"* (Rel. Min. Félix Fisher, RO nº 1.445/RS, *DJE* 11.9.2009, Rel. Min. Arnaldo Versiani, RO nº 1.472/PE, *DJ* de 1.2.2008; Rel. Min. Ayres Britto, REsp nº 28.387, *DJ* de 20.4.2007).

Impende assinalar que o abuso do poder econômico pelo candidato não se restringe ao dispêndio de recursos patrimoniais, mas também se configura pelo uso abusivo ou pela manipulação dos dinheiros públicos, dos quais detém o controle ou gestão, em contexto revelador de desbordamento ou excesso, em seu favorecimento eleitoral, desequilibrando o pleito.

A **arrecadação e gastos ilícitos de recursos** foram tipificados, pela Lei nº 11.300/06, também como abuso do poder econômico sujeitos às mesmas penalidades (art. 30-A). Exemplos dessa espécie de abuso do poder econômico são o recebimento de doações proibidas, tais como as doações de concessionárias ou permissionárias de serviço público, os gastos na realização de *showmícios*, com a apresentação remunerada de artistas, a utilização de "caixa dois" na campanha eleitoral.

O **abuso do poder político** é o uso escuso do cargo ou função pública em benefício de candidato ou partido, violando a normalidade e a lisura das eleições. Segundo Pedro Roberto Decomain, *"o abuso do poder político consiste no emprego de serviços ou bens pertencentes à Administração Pública direta e indireta, ou na realização de qualquer atividade administrativa, com o objetivo de propiciar a eleição de determinado candidato"*.[1]

Para a incidência da inelegibilidade, por abuso do poder político, nos termos do art. 22 da LC nº 64/90, é necessário que o candidato tenha praticado o ato na condição de detentor de cargo na administração pública (RO nº 1.413/GO, rel. Min. Ricardo Lewandowski, em 23.6.2009).

O **abuso do poder dos meios de comunicação** se caracteriza com o uso excessivo, distorcido ou vedado dos veículos de mídia, imprensa escrita e emissoras de rádio e televisão, a favor de candidato ou partido, dando-lhe tratamento privilegiado.

Assim, a veiculação de propaganda eleitoral de candidato ou partido, a partir de 1º de julho do ano do pleito, na programação normal e em noticiário de emissora de rádio ou televisão, configura abuso do poder por utilização indevida dos meios de comunicação social. O mesmo se diga da difusão, também a partir da mesma data, de imagem ou opinião favorável a candidato apadrinhado, com o seu consentimento ou conivência.

Assinalo, agora, as diferenças essenciais entre as ações de impugnação do registro de candidatura, já examinadas, e de investigação judicial eleitoral.

As primeiras **objetivam impedir o registro da candidatura** do candidato impugnado, **por ausência de condição de elegibilidade ou por presença de causa de inelegibilidade**, ensejando, quando transitar em julgado a decisão que a julgou procedente, a negação do registro ou, caso já o tenha obtido, o seu cancelamento e, por via de consequência, caso já tenha ocorrido a diplomação, a anulação do diploma expedido.

As segundas, ora em exame, têm por objeto **a declaração de inelegibilidade do candidato** (e dos demais envolvidos) e a **cassação do registro de sua candidatura, pela prática de abuso do poder econômico, político ou dos meios de comunicação social** e **arrecadação e gastos ilícitos**, durante a campanha eleitoral, até a eleição.

---

[1] DECOMAIN, Pedro Roberto. *Elegibilidade e inelegibilidades*. São Paulo: Dialética, 2004. p. 163.

17.1 Procedimento e efeitos

A ação de investigação judicial eleitoral (AIJE) por abuso do poder econômico, político ou dos meios de comunicação pode ser ajuizada a partir do pedido de registro da candidatura, mesmo que esteja em andamento ação para impugná-lo, até a data de diplomação dos eleitos.

Como anotam Carlos Mário da Silva Velloso e Walber de Moura Agra:

> *"Anteriormente ao registro de candidatura não se pode falar na existência de candidato, mas de pré-candidato, devendo as ilicitudes cometidas ser combatidas pela AIRC, sob pena de preclusão daquelas que não tiverem natureza constitucional. E quanto às ilicitudes cometidas após a diplomação, existem procedimentos específicos para tanto, inclusive imputação de crime de responsabilidade que não se configura como matéria de natureza eleitoral."*[2]

A sua propositura deve ser perante o Corregedor eleitoral e tem legitimidade para propô-la qualquer candidato, partido político, coligação e o Ministério Público Eleitoral.

A sua tramitação observa o rito processual estabelecido na LC nº 64/90 (art. 22).

Cumpre ressaltar que, nas demandas eleitorais em que se pleiteia a cassação de registro de candidato à Presidência da República ou a Governador de Estado ou do Distrito Federal, assim como do diploma ou mandato dos eleitos, é mister a citação do respectivo vice para integrá-la, posto que a nulidade da eleição daquele implica também na nulidade da eleição deste.

Nesse sentido é o entendimento do TSE:

> *"Está pacificada a jurisprudência do Tribunal Superior Eleitoral de que o vice deve figurar no polo passivo das demandas em que se postula a cassação de registro, diploma ou mandato, uma vez que há litisconsórcio necessário entre os integrantes da chapa majoritária, considerada a possibilidade de o vice ser afetado pela eficácia da decisão"* (Agravo Regimental no REsp Eleitoral nº 35.831/MG, Rel. Min. Arnaldo Versiani).

Importante consignar que **é imprescindível, para que seja julgada procedente a ação de investigação judicial, por abuso do poder econômico, político ou dos meios de comunicação, a prova da potencialidade dos atos abusivos**, elencados na representação inicial, **para influir no resultado do pleito**, exceção feita quando tiver por objeto a captação ilícita de sufrágio. Vale

---

[2] VELLOSO, Carlos Mário da Silva; AGRA, Walber de Moura. *Elementos do direito eleitoral*. São Paulo: Saraiva, 2009. p. 269.

dizer, é *conditio sine qua non* para seu êxito, salvante a exceção mencionada, a **constatação**, no exame do caso concreto, **da efetiva aptidão dos ilícitos eleitorais praticados para comprometer a lisura das eleições ou influir no resultado das urnas.**

Noutros termos, o reconhecimento do abuso do poder ou do uso indevido dos meios de comunicação independe da demonstração do nexo causal entre o comportamento abusivo e o resultado das eleições, sendo suficiente a verificação da potencialidade da prática abusiva para influenciar na vontade do eleitor e, consequentemente, no resultado das urnas. E, aliás, não importa para caracterizá-lo a circunstância do autor ou do beneficiário da conduta abusiva ter sido ou não eleito, pois o exame da potencialidade não se prende aos resultados das eleições, mas à sua aptidão para influir na legitimidade do pleito, desequilibrando a disputa entre candidatos.

Assim, por exemplo, quando a ação versar sobre o uso indevido dos meios de comunicação social, a distribuição gratuita, durante o período eleitoral, de jornal de tiragem expressiva em relação ao corpo de eleitores, que em sua edição somente enaltece um candidato, e o apoio que detém de lideranças estaduais, mostra capacidade ou potencial para influenciar o resultado das eleições e desse modo viciar a vontade do eleitor soberano.

Apenas, é desnecessária a prova da potencialidade lesiva quando constituir seu objeto abuso de poder econômico consistente em captação ilícita de sufrágio. Nesse caso, é suficiente a comprovação da prática ilícita de compra de votos pelo candidato investigado para o seu reconhecimento.

Por sua vez, a ação de investigação judicial por captação ou gastos ilícitos de recursos para fins eleitorais pode ser ajuizada, por qualquer partido político ou coligação, **no prazo de 15 dias da diplomação** e observará o procedimento do art. 22 da LC nº 64/90.

A decisão de procedência da ação de investigação judicial somente surtirá efeito, ou seja, pode ser executada, após seu trânsito em julgado (art. 15 da LC nº 64/90).

É importante assinalar, neste ponto, que, nas ações de investigação judicial eleitoral com fulcro tanto no art. 30-A (arrecadação e gastos ilícitos de recursos) quanto no art. 41-A (captação ilícita de sufrágio) da Lei nº 9.504/97, por não configurar hipótese de inelegibilidade, é possível a execução imediata da decisão no tocante à sanção de cassação de registro ou diploma.[3]

Nas demais, quando o julgamento definitivo da ação de investigação judicial se der antes da data do pleito, haverá a **decretação da inelegibilidade do can-**

---

[3] Agravo Regimental no Mandado de Segurança nº 3.567/MG, rel. Min. Cezar Peluso, *DJ* de 12.2.2008.

didato beneficiado pelos abusos apurados, bem como dos quanto tenham contribuído para a sua ocorrência, para as eleições em andamento e as que se realizarem nos três anos subsequentes a esta, e a cassação do registro do candidato considerado inelegível.

Nesses casos, se a sentença transitar em julgado após a eleição, mas antes da diplomação, **o candidato eleito condenado não será diplomado**. E, quando o trânsito em julgado da decisão ocorrer após a diplomação, **há somente a declaração de inelegibilidade para os pleitos futuros que se sucederem nos próximos três anos**.

Nessa conjuntura, deve qualquer legitimado ingressar, no prazo de 15 dias da diplomação, com ação de impugnação do mandato eletivo, para não precluir o direito de postular a sua cassação.

Impõe-se observar, como bem acentua Rodrigo Nóbrega Farias, que *"a investigação judicial não possui qualquer relação de prejudicialidade com a ação de impugnação de mandato eletivo, nem mesmo se trata de pedidos conexos. Na realidade, são instrumentos que devem ser utilizados em conjuntos com o intuito de evitar a conquista do mandato eletivo de maneira abusiva"*.[4]

Por fim, caso a decisão tenha ocorrido somente depois da sessão de diplomação e não tenham ingressado os interessados, inclusive o Ministério Público, com recurso contra a diplomação ou ação de impugnação do mandato eletivo, **o candidato sancionado com inelegibilidade, pelo prazo de três anos contados da eleição, mantém o mandato, embora seja inelegível no futuro**.

Em síntese, a procedência da ação de investigação judicial que versar sobre hipótese de inelegibilidade causa sempre a declaração de inelegibilidade dos acionados, em qualquer momento em que a decisão transitar em julgado, antes ou depois da eleição em que se verificou o ilícito reconhecido pela Justiça Eleitoral. E, desde que o julgamento final ocorra antes da diplomação, acarretará também a cassação do registro do candidato que foi investigado e condenado, impedindo a sua participação no pleito ou a sua diplomação.

---

[4] FARIAS, Rodrigo Nóbrega. *Ação de impugnação de mandato eletivo*. Curitiba: Juruá, 2006. p. 43.

17.2 Ação de investigação judicial eleitoral (AIJE)

ELEIÇÕES DE 2010

RESUMO

Causa de Pedir	**Abuso** do poder econômico, político ou dos meios de comunicação social. **Arrecadação e gastos** ilícitos de recursos. **Captação** ilícita de sufrágio.
Objetivos	**Abuso**: decretação de inelegibilidade do candidato (e demais acionados) e cassação do registro de sua candidatura. **Arrecadação e gastos**: perda do mandato. **Captação**: cassação do registro ou diploma e multa.
Prazo	**Abuso e captação**: até a data da diplomação. **Arrecadação e gastos**: 15 dias da data da diplomação.
Procedimento	Art. 22 da LC nº 64/90.
Efeitos Abuso	Decisão transitada em julgado antes da diplomação: decretação da inelegibilidade do candidato investigado, pelo prazo de três anos subsequentes às eleições, e cassação do seu registro. Posterior à diplomação: decretação de inelegibilidade pelo prazo de três anos do pleito (cassação do diploma ou do mandato apenas mediante recurso contra a diplomação ou ação de impugnação de mandato eletivo).*
* *Nota*: Nas AIJES por prática de captação ilícita de sufrágio (art. 41-A da Lei nº 9.504/97) ou de arrecadação ou gastos ilícitos de recursos (art. 30-A da Lei nº 9.504/97), é possível, por não versarem sobre inelegibilidade, a imediata execução da decisão.	

18

Captação Ilícita de Sufrágio

Nos termos do art. 41-A da Lei nº 9.504/97, Lei das Eleições, constitui captação ilegal de sufrágio, ressalvado o disposto no art. 26 e seus incisos,[1] *"o candidato doar, oferecer, prometer, ou entregar, ao eleitor, com o fim de obter-lhe o voto, bem ou vantagem pessoal de qualquer natureza, inclusive emprego ou função pública, desde o registro da candidatura até o dia da eleição, inclusive, sob pena de multa de*

---

[1] *"Art. 26. São considerados gastos eleitorais, sujeitos a registro e aos limites fixados nesta Lei:*
I – confecção de material impresso de qualquer natureza e tamanho;
II – propaganda e publicidade direta ou indireta, por qualquer meio de divulgação, destinada a conquistar votos;
III – aluguel de locais para a promoção de atos de campanha eleitoral;
IV – despesas com transporte ou deslocamento de candidato e de pessoal a serviço das candidaturas;
V – correspondência e despesas postais;
VI – despesas de instalação, organização e funcionamento de Comitês e serviços necessários às eleições;
VII – remuneração ou gratificação de qualquer espécie a pessoal que preste serviços às candidaturas ou aos comitês eleitorais;
VIII – montagem e operação de carros de som, de propaganda e assemelhados;
IX – a realização de comícios ou eventos destinados à promoção de candidatura;
X – produção de programas de rádio, televisão ou vídeo, inclusive os destinados à propaganda gratuita;
XI – revogado pela Lei nº 11.300/06.
XII – realização de pesquisas ou testes pré-eleitorais;
XIII – revogado pela Lei nº 11.300/06.
XIV – aluguel de bens particulares para veiculação, por qualquer meio, de propaganda eleitoral;
XV – custos com a criação e inclusão de sítios na Internet;
XVI – multas aplicadas aos partidos ou candidatos por infração do disposto na legislação eleitoral."

mil a cinquenta mil UFIR, e cassação do registro ou diploma, observado o procedimento previsto no art. 22 da LC nº 64, de 18 de maio de 1990".[2]

Portanto, a captação ilícita de sufrágio consiste na doação, oferecimento, promessa ou entrega de vantagem pessoal de qualquer natureza ao eleitor com o fim de obter-lhe o voto.

É a corrupção eleitoral mediante doação, oferta ou a promessa de qualquer vantagem concreta ao eleitor tendo por contrapartida o seu sufrágio. **É o aliciamento espúrio de eleitores mediante a compra, direta ou dissimulada, de seus votos.**

Para a sua configuração é indispensável, em primeiro lugar, **que a vantagem ou benefício**, de qualquer espécie, **seja específica, concreta e se destine a eleitor individualizado**. Vale dizer, a vantagem oferecida ou prometida tem que ser de caráter pessoal, procurando estabelecer um nexo de cumplicidade entre o candidato e o eleitor para angariar o voto deste em favor daquele.

Assim, a oferenda e a distribuição de cestas básicas de alimentos, medicamentos, fardamentos esportivos, vales-combustível, material escolar, bolsas de estudo, empregos, sorteio de prêmios a eleitores, durante a campanha eleitoral, constitui captação ilícita de sufrágio. E o mesmo se diga das condutas de prestação ou de oferecimento de serviços médicos, odontológicos e jurídicos.

Entretanto, não caracterizam captação ilícita as meras promessas genéricas de campanha como, por exemplo, as feitas em palanques e programas de rádio ou televisão de ampliação de benefícios sociais à população carente do Município, de regularização de loteamentos clandestinos, de construção de obra de interesse comunitário.

Em segundo lugar, **que a doação, o oferecimento ou a promessa de bens ou outros benefícios particularizados seja feita pelo candidato ou por terceiros em seu nome.**

Vale dizer, é indispensável, também, à sua configuração, a prova de participação, direta ou indireta, do candidato representado, que inclusive pode se resumir na explícita anuência às práticas ilícitas objeto de apuração. Não basta, para caracterizá-la, portanto, mero argumento do proveito eleitoral que com esses expedientes tenha ele auferido ou a presunção que delas tivesse conhecimento.

Portanto, para a caracterização da captação ilícita de sufrágio, não é necessário que o ato de compra de votos tenha sido praticado diretamente pelo candidato, mostrando-se suficiente que haja sua participação, de qualquer forma, da captação ilícita, bastando que tenha consentido explicitamente nas condutas abusivas de aliciamento de votos feitas por terceiro em seu benefício. Basta, assim, o consentimento, a anuência do Candidato à atuação de captação ilícita de sufrágio empreendida pelos seus "cabos eleitorais".

---

[2] O valor da pena de multa, em moeda corrente nacional, é de R$ 1.064,10 a R$ 53.205,00.

Em terceiro lugar, **que o oferecimento ou a promessa de vantagem ao eleitor foi praticado com o fim de obter-lhe o voto.**

Exige-se, pois, a intenção dolosa, a vontade deliberada de "captação de sufrágio" por meio de oferta de bem ou outra vantagem ao eleitor, de "troca de voto" por benefícios pessoais de qualquer natureza (dolo específico), ou seja, que a vantagem ou benefício seja dado ou oferecido com expresso pedido de voto.

Nesse passo, cumpre transcrever o § 1º, acrescentado ao art. 41-A pela Lei nº 12.034/09:

> *"Para a caracterização da conduta ilícita, é desnecessário o pedido explícito de voto, bastando a evidência do dolo, consistente no especial fim de agir."*

Em resumo, configura-se a captação ilícita de sufrágio, na abordagem direta do eleitor, pelo candidato ou por seus parceiros, com oferta de qualquer vantagem, inclusive de emprego no governo futuro, com o intuito de angariar seu voto, feita no período eleitoral, o qual vai desde a data em que o registro da candidatura daquele foi requerida até o dia da eleição, inclusive.

18.1 Procedimento e efeitos

O meio processual para a apuração de captação ilícita de sufrágio é a ação de investigação judicial eleitoral (AIJE), estudada no capítulo anterior, que poderá ser ajuizada até a data da diplomação (art. 41, § 3º).

Destaco que, para a configuração de captação ilícita de sufrágio, não é relevante aferir a potencialidade lesiva da ação ou ações de aliciamento de votos. A prática dos atos de captação ilegal capitulados no art. 41-A da Lei nº 9.504/97, na forma ali descrita, é suficiente, pois tem aptidão para influenciar a vontade do eleitor, que é o bem protegido por essa norma eleitoral.

Assim, **não tem lugar, em sede de captação ilícita de sufrágio, a aferição da potencialidade do ilícito para influir no pleito ou desequilibrar a disputa eleitoral**, porque o interesse aqui tutelado é a livre vontade do eleitor e não a normalidade e o equilíbrio do pleito.

A jurisprudência do TSE está consolidada nesse aspecto:

> *"Quanto a captação ilícita de sufrágio, o TSE considera despicienda a potencialidade da conduta para influenciar no resultado do pleito"* (REsp nº 27.757/PI, rel. Min. José Delgado, DJ de 1.2.2008).[3]

---

[3] Precedente: REsp nº 26.118/MG, rel. Min. Gerardo Grossi, DJ de 28.3.2007; Ag nº 3.510/PB, rel. Min. Luiz Carlos Madeira, DJ de 23.5.2003; REsp nº 21.248/SC, rel. Min. Fernando Neves, DJ de 8.8.2003; REsp nº 21.264/AP, rel. Min. Carlos Velloso, DJ de 11.6.2004.

Por outro lado, **julgada procedente ação eleitoral que cuida da captação ilícita de sufrágio, serão aplicadas, cumulativamente, as sanções de multa e de cassação do registro do candidato corruptor ou do seu diploma, caso, por ocasião da sentença, já tenha sido expedido.**

Entretanto, não submete o candidato cassado à pena de inelegibilidade. Nesse sentido, já decidiu o STF que:

> "*As sanções da cassação de registro ou do diploma previstas no art. 41-A da Lei nº 9.504/97 não constituem novas hipóteses de inelegibilidade.* **A captação ilícita de sufrágio** *é apurada por meio de representação processada de acordo com o art. 22, inciso I a XIII, da LC nº 64/90, que não se confunde com* **a ação de investigação judicial eleitoral, nem com a ação de impugnação de mandato eletivo**, *pois não implica a declaração de inelegibilidade, mas apenas a cassação do registro ou do diploma.*
>
> *A representação para apurar a conduta prevista no art. 41-A da Lei nº 9.504/97 tem o objetivo de resguardar um bem jurídico específico: A vontade do eleitor*" (ADI nº 3.592, rel. Min. Gilmar Mendes, julgamento em 26.10.2006, *DJ* de 2.2.2007).

À luz dessa concepção, a punição decorrente da captação ilícita de sufrágio é restrita às eleições nas quais se verificou, não implicando o seu reconhecimento, por si mesmo, na inelegibilidade do candidato condenado.

Nessa perspectiva, a sentença que julgar procedente a representação por captação ilícita de sufrágio tem eficácia imediata, por não implicar em inelegibilidade, o que afasta a incidência da regra de exceção do art. 15 da LC nº 64/90, a qual condiciona ao trânsito em julgado da decisão a execução dos efeitos da decretação de inelegibilidade do candidato processado.

Portanto, o recurso eleitoral, interposto contra a sentença fundada no art. 41-A da Lei nº 9.504/97, no prazo de três dias, a contar da data da publicação do julgamento no DJe (art. 41-A, § 4º), observa a norma geral do art. 257 do Código Eleitoral, segundo a qual os recursos eleitorais não têm efeito suspensivo.

Daí por que a decisão, que reconhece a prática de captação ilícita de sufrágio, imputada a candidato, deve ser executada de imediato, mesmo que prolatada após a sua diplomação, o que irá resultar na cassação do seu diploma.

Registro que, excepcionalmente, o relator do recurso no tribunal eleitoral, em face de pedido cautelar do recorrente, pode conceder efeito suspensivo ao recurso interposto contra a decisão que reconheceu a prática de captação ilícita de sufrágio, de sorte a obstar sua executoriedade imediata, quando presentes os pressupostos do perigo na demora na prestação jurisdicional (*periculum in mora*) e da plausibilidade do direito (*fumus boni juris*).

A linha de jurisprudência do TSE é firme no sentido de que:

> "*as decisões fundadas no art. 41-A da Lei nº 9.504/97 merecem execução imediata. Entretanto, nada impede que a Corte Regional, usando de seu poder geral de cautela, defira liminar em cautelar e conceda efeito suspensivo ao recurso eleitoral*" (AgR-MS nº 4.191/SE, rel. Min. Marcelo Ribeiro, *DJE* de 20.5.2009).

Tal decisão, perante a própria natureza das medidas cautelares, é provisória, não se sujeita a preclusão, podendo o relator, a qualquer tempo, reconsiderá-la.

Em face da decisão, posterior às eleições governamentais ou presidenciais, que reconhece a violação ao art. 41-A da Lei nº 9.504/97, os votos obtidos pelo candidato infrator, diplomado ou empossado, e a ele computados nas eleições são anulados, sendo desconstituídos o seu mandato e o do vice da sua chapa.

Assinalo, neste ponto, que a jurisprudência do TSE "*consagrou como suscetíveis de anulação posterior, decorrente da aplicação dos arts. 41-A e 73 da Lei nº 9.504/97 e 222 do Código Eleitoral, os votos obtidos por candidato infrator e a ele computados no pleito eleitoral, por refletirem uma vontade orientada à escolha de um mandatário político. Para efeitos da aplicação do art. 224 do Código Eleitoral, não se inclui, in casu, o universo de votos nulos decorrentes de manifestação apolítica do eleitor no momento do escrutínio, seja ela deliberada ou decorrente de erro. Precedentes: AgRgMS nº 3.387/RS, rel. Min. Humberto Gomes de Barros, DJ de 17.2.2006; REsp nº 19.845/GO, rel. Min. Carlos Velloso, DJ de 19.9.2003; REsp nº 19.759/PR, rel. Min. Carlos Madeira, DJ de 14.2.2003*".[4]

Resulta, daí, na hipótese da nulidade atingir mais da metade dos votos válidos, a realização de novo pleito e, no caso de anulação de menos de 50% dos votos válidos, a posse do candidato a Governador ou Presidente segundo colocado na contagem de votos, com seu respectivo vice.

Entretanto, **da renovação do pleito (novo escrutínio) não poderá participar quem haja dado causa à nulidade das eleições**, pois os efeitos da nulidade de ato eleitoral não podem aproveitar aquele que lhe deu causa.

A jurisprudência do TSE é pacífica nesse sentido.[5]

Esta Corte já assinalou que:

> "*A ordem natural das coisas, o princípio básico segundo o qual não é dado lograr benefício, considerada a própria torpeza, a inviabilidade de reabrir-se o processo eleitoral, a impossibilidade de confundir-se eleição (o grande todo) com escrutínio e a razoabilidade excluem a participação de quem haja dado causa à nulidade do primeiro escrutínio no que se lhe segue*" (MS nº 3.413/GO, rel. Marco Aurélio, *DJ* de 19.6.2006).

---

4   MS nº 3.438/SC, rel. Min. José Delgado, *DJ* de 8.8.2006, p. 117.
5   REsp nº 25.805/RGS, *DJ* de 21.8.2007, e REsp nº 26.018/MG, *DJ* de 27.10.2006.

Nas eleições pelo sistema proporcional, os votos recebidos por candidato ao Parlamento, que teve o seu diploma cassado por captação ilícita de sufrágio, serão contados para o partido pelo qual tiver sido feito o seu registro (art. 175, § 4º, do Código Eleitoral).

18.2 Captação ilícita de sufrágio

ELEIÇÕES DE 2010

RESUMO

Objetivo	Cassação do registro ou diploma do candidato acionado e aplicação de multa.
Causa de Pedir	Doação, oferecimento, promessa ou entrega de bem ou vantagem pessoal de qualquer natureza ao eleitor com o fim de obter-lhe o voto – art. 41-A da Lei nº 9.504/97.
Prazo	Até a data da diplomação.
Legitimados	Candidato, partido ou coligação ou Ministério Público Eleitoral.
Procedimento	Representação – art. 22, I a XIII, da LC 64/90.
Prova	Vantagem específica a eleitor individualizado. E o fim de angariar seu voto.
Efeitos	Cassação do registro do candidato representado ou do seu diploma, caso já tenha sido expedido por ocasião da sentença, e sanção pecuniária. A desconstituição do diploma ou mandato do candidato a Presidente ou Governador eleito (e, em decorrência, do vice de sua chapa) implicará, caso tenha obtido mais da metade dos votos válidos, em novo pleito. Senão, na diplomação do candidato que alcançou o segundo lugar nas urnas, e de seu vice.

19

Recurso Contra a Expedição de Diploma (RCED)

A diplomação, última etapa do processo eleitoral, constitui ato jurídico declaratório, formalizado em sessão especial, pela Justiça Eleitoral, dos eleitos em determinado pleito, com a entrega do diploma aos candidatos eleitos e suplentes.

Portanto, como bem elucidam Stoco e Stoco,

> "a diplomação é o ato formal e solene através do qual a Justiça Eleitoral declara o candidato eleito e apto para o exercício do cargo. É o credenciamento do titular e do suplente, habilitando-os a assumir e exercer os respectivos mandatos. Tem-se então que a diplomação é pressuposto para a posse e o exercício do cargo".[1]

Nas eleições majoritárias, recebem seus diplomas o Presidente da República, Governadores de Estado e do Distrito Federal eleitos e seus respectivos vices. Quanto ao Senado da República, os Senadores eleitos e seus dois suplentes.

Nas eleições proporcionais, devem ser diplomados os candidatos aos Legislativos (Federal, Estadual ou Distrital), eleitos e suplentes mais votados por partido político, observado o quociente partidário.

Nas eleições estaduais, a competência para a diplomação é do tribunal regional eleitoral respectivo, cabendo ao seu presidente assinar os diplomas dos eleitos.

No pleito nacional, a atribuição é do TSE, incumbindo ao seu presidente a assinatura dos diplomas do Presidente da República e seu vice.

---

[1] STOCO, Rui; STOCO, Leandro de Oliveira. *Legislação eleitoral interpretada*. 2. ed. São Paulo: Revista dos Tribunais, 2006. p. 103.

Dos diplomas deverá constar o nome do candidato, a indicação da legenda do partido ou da coligação sob a qual concorreu, o cargo para o qual foi eleito ou a sua classificação como suplente.

Registre-se que não pode ser diplomado tanto nas eleições majoritárias quanto nas proporcionais o candidato que estiver com o seu registro indeferido, ainda que *sub judice*.

Nas eleições majoritárias, se, à data da respectiva posse, não houver candidato diplomado, caberá ao Presidente do Poder Legislativo assumir e exercer o cargo até que sobrevenha decisão favorável no processo de registro, ou, se já encerrado esse, realizarem-se novas eleições.

A convocação dos eleitos e de seus suplentes para a diplomação é feita na oportunidade da proclamação dos resultados das eleições. E a sessão de diplomação é pública e se consubstancia em um ato único.

Do ato de diplomação decorrem importantes efeitos jurídicos. Como bem anotam Carlos Mário da Silva Velloso e Walber de Mora Agra:

> *"A importância da diplomação não se restringe ao direito subjetivo de garantir a posse do eleito e o exercício de seu mandato. Ela também se configura um marco que produz algumas prerrogativas e vedações."*[2]

Assim, *v.g.*, desde a expedição do diploma os Deputados Federais e Senadores ostentam as seguintes prerrogativas constitucionais:

- são submetidos a julgamento perante o Supremo Tribunal Federal;
- não podem ser presos, salvo em flagrante de crime inafiançável;
- é passível de suspensão a ação penal por crime ocorrido após a diplomação (art. 53 da CF).

Mas, também, já ficam sujeitos desde a expedição do diploma às seguintes vedações constitucionais:

> *"a) firmar ou manter contrato com pessoa jurídica de direito público, autarquia, empresa pública, sociedade de economia mista ou empresa concessionária de serviço público, salvo quando o contrato obedecer a cláusulas uniformes;*
>
> *b) aceitar ou exercer cargo, função ou emprego remunerado, inclusive os de que sejam demissíveis* 'ad nutum', *nas entidades constantes da alínea anterior"* (art. 54, I, CF).

Portanto, o processo eleitoral se encerra com a diplomação dos candidatos eleitos. E a partir do ato judicial de diplomação, a legislação eleitoral somente

---

[2] VELLOSO, Carlos Mário da Silva; AGRA, Walber de Moura. *Elementos de direito eleitoral*. São Paulo: Saraiva, 2009. p. 242.

autoriza o ajuizamento de duas medidas judiciais concernentes às eleições findas, ou seja, recurso contra a expedição do diploma (RDC) e/ou ação de impugnação de mandato eletivo (AIME).

Pois bem, **a partir do ato de diplomação passa a correr o prazo de três dias para a propositura de recurso contra a expedição do diploma.**

A sessão de diplomação também é o *"termo a quo"* da ação de impugnação de mandato eletivo, que pode ser proposta mesmo se foi ajuizado o recurso, pois não se configura litispendência entre ambos.

O recurso contra a expedição de diploma é instrumento processual adequado à proteção de lisura do pleito, assim como o são a ação de investigação judicial eleitoral e ação de impugnação de mandato eletivo.

Todavia, consoante assentado pelo TSE:

> *"cada uma dessas ações constitui processo autônomo, dado possuírem causas de pedir próprias e consequências distintas, o que impede que o julgamento favorável ou desfavorável de algumas delas tenha influência no trâmite das outras"* (Embargos de declaração no RCED nº 698/TO, rel. Min. Félix Fischer, 8.9.2009).

19.1 Admissibilidade

Têm legitimidade para a interposição do recurso contra a expedição de diploma os candidatos, partidos ou coligações que participaram das eleições, assim como o Ministério Público Eleitoral.

O recurso pode ser impetrado tanto quando houver a diplomação quanto quando ela for denegada, desde que a pretensão recursal se enquadre em uma das hipóteses (*numerus clausulus*) previstas no art. 262 do CE:

I – inelegibilidade ou incompatibilidade do candidato;

II – errônea interpretação da lei quanto à aplicação do sistema de representação proporcional;

III – erro de direito ou de fato na apuração final, quanto à determinação do quociente eleitoral ou partidário, contagem de votos e classificação de candidato, ou a sua contemplação sob determinada legenda;

IV – concessão ou denegação do diploma em manifesta contradição com a prova dos autos quando houver votação viciada de falsidade, fraude, coação (art. 222 do CE) ou captação ilícita de sufrágio (art. 41-A da Lei nº 9.504/97).

As causas de **inelegibilidade e de incompatibilidade do candidato** estão previstas em norma constitucional ou na lei complementar que rege a matéria por delegação da Lei Maior (LC nº 64/90).[3]

As preexistentes ao pedido de registro de candidatura devem ser arguidas, no momento próprio, em sede de ação de impugnação de registro, sob pena de preclusão, excepcionando-se as causas constitucionais de inelegibilidade que não estão submetidas a tal efeito preclusivo.

De consequência, só podem ser objeto de recurso contra a expedição de diploma, em primeiro lugar, as causas de inelegibilidade e de incompatibilidade que aconteceram após a fase eleitoral de impugnação de registro de candidatura.

E, em segundo lugar, as causas de inelegibilidades constitucionais, mesmo preexistentes, expressamente reguladas no texto constitucional (arts. 14 e 15), não alcançando, pois, as infraconstitucionais estatuídas pela Lei Complementar nº 64/90.

19.2 Procedimento e efeitos

O recurso contra a diplomação deve ser ajuizado nos tribunais regionais eleitorais, nas eleições federais e estaduais.

O presidente do TRE competente abrirá vista ao recorrido para oferecimento de contrarrazões pelo prazo de três dias. E em seguida os autos são remetidos ao TSE, cabendo ao Relator o juízo de sua admissibilidade.

Têm legitimidade para impetrá-lo candidatos, partidos políticos ou coligações que participarem das eleições, assim como o Ministério Público Federal.

Diante da comunhão de interesses entre o candidato cuja diplomação esteja sendo impugnada e o partido político que lhe conferiu legenda, pois a cassação do diploma acarretará gravame político a este, máxime em se tratando de eleição para o Executivo, é imprescindível a formação de litisconsórcio necessário entre ambos, sob pena de nulidade do processo.

O prazo para recorrer é exíguo de três dias contados da data da sessão de diplomação.

Atualmente, nos termos da orientação predominante no TSE, são admissíveis, em sede de recurso contra expedição de diploma, todos os meios de prova admitidos em direito, notadamente o testemunhal, desde que indicados expressamente na petição de recurso, nos termos do art. 270 do Código Eleitoral, assegurando-se ao recorrido a contraprova pertinente.

Nesse sentido, o TSE, ao apreciar "questão de ordem em recurso contra expedição de diploma", decidiu que:

---

[3] A matéria foi examinada no Capítulo 3, ao qual remeto o leitor.

*"O recurso contra expedição de diploma deve admitir todos os meios de prova, **desde que particularizadamente indicados na petição inicial**.*

A amplitude probatória não retira as competências legais e regimentais dos relatores em rechaçar, motivadamente, todos os requerimentos que se mostrem desnecessários ou protelatórios (art. 130 do Código de Processo Civil).

A prova testemunhal fica limitada ao número máximo de 6 para cada parte, independentemente da quantidade de fatos e do número de recorrentes ou de recorridos (inciso V do art. 22 da Lei Complementar nº 64/90)."[4]

A diplomação não terá eficácia definitiva enquanto estiver em andamento recurso eleitoral ou qualquer ação que poderá cassar o diploma e, consequentemente, o mandato. E o diplomado, enquanto não houver decisão final do recurso, exerce o mandato para o qual foi eleito em toda a sua plenitude. Em outras palavras, o recurso não tem efeito suspensivo (art. 216 do Código Eleitoral).

O provimento do recurso implica na cassação do diploma e, no caso da eleição majoritária, na nulidade da eleição do Governador ou Presidente da República e também do Vice, por se tratar de uma relação jurídica de subordinação. Assim, o mandato do Vice-prefeito é desconstituído com a cassação do titular de sua chapa.

E, porque os tribunais eleitorais têm de decidir a lide de modo uniforme para o Presidente da República e o Vice, para o Governador e o Vice de sua chapa, é mister a citação do Vice para integrá-la na qualidade de litisconsorte passivo necessário.

No caso do pleito proporcional, os votos recebidos por candidato a Deputado, que teve o seu diploma cassado, são computados para a legenda que lhe deferiu o registro, assumindo em seu lugar o primeiro suplente desse partido. Tem incidência, na espécie, a regra do art. 175, § 4º, do Código Eleitoral.

Em síntese, **a realização de novo pleito** é de rigor, em sede de recurso contra expedição de diploma, assim como de ação de impugnação de registro de candidatura e de captação ilícita de sufrágio (art. 41-A), quando o trânsito em julgado da decisão somente ocorrer, em face de interposição de recursos, após a eleição majoritária estadual ou presidencial, **se mais de cinquenta por cento dos votos forem atingidos pela nulidade da cassação do diploma do candidato empossado** (art. 224 do Código Eleitoral).

Registro que, da decisão proferida pelo TRE em recurso contra a diplomação em eleições federais e estaduais, cabe recurso ordinário para o TSE (art. 276, II, *a*, Código Eleitoral).

Esse recurso, por expressa disposição da lei eleitoral (art. 216, Código Eleitoral), tem efeito suspensivo, garantindo que o diplomado exerça seu mandato

---

[4] Questão de Ordem no Recurso contra expedição de diploma nº 671/MA, rel. Min. Carlos Ayres Britto, *DJ* de 13.12.2007.

até decisão final transitada em julgado. Prestigia-se, assim, a vontade popular expressa nas urnas, condicionando-se a execução do acórdão do TRE à apreciação do recurso contra ele interposto no TSE.

19.3 Recurso contra a expedição do diploma (RDC)

ELEIÇÕES DE 2010

RESUMO

Objetivo	Cassação do diploma.
Causa de Pedir	Inelegibilidade ou incompatibilidade do candidato diplomado. Erro de direito ou de fato da Justiça Eleitoral na aplicação do sistema de representação proporcional. Concessão (ou denegação) do diploma em manifesta contradição com a prova dos autos quanto a abuso do poder econômico, político, fraude eleitoral ou captação ilícita de sufrágio.
Prazo	Ajuizamento no prazo de três dias da diplomação.
Legitimados	Candidato, partido ou coligação ou Ministério Público Eleitoral.
Procedimento	Arts. 268 a 276 do Código Eleitoral.
Prova	Todos os meios de prova indicados na petição de recurso.
Efeitos	Cassação do diploma do candidato eleito. Na eleição majoritária, a nulidade da diplomação do Governador ou Presidente, em conjunto com a do vice de sua chapa, pode ocasionar duas medidas: 1. realização de novo pleito se a nulidade afetar mais de 50% dos votos válidos; 2. posse do candidato, juntamente com o seu vice, segundo colocado na contagem dos votos, caso tenham sido atribuídos ao candidato, que teve seu diploma anulado, menos de 50% dos votos válidos. Na eleição proporcional, os votos recebidos pelo candidato ao Legislativo, que teve o diploma cancelado, são computados para o partido que o registrou, assumindo no seu lugar o primeiro suplente da agremiação.

20

Ação de Impugnação de Mandato Eletivo (AIME)

A ação de impugnação de mandato eletivo tem previsão constitucional:

> "O mandato eletivo poderá ser impugnado ante a Justiça Eleitoral no prazo de quinze dias contados da diplomação, instruída a ação com provas de abuso do poder econômico, corrupção ou fraude" (art. 14, § 10).

Em outras palavras, **a ação de impugnação de mandato eletivo tem em vista a cassação do mandato por vício na sua origem consistente em abuso do poder econômico, corrupção ou fraude.**

Como bem anotam Stoco e Stoco:

> "Inicialmente, é importante frisar que a Ação de Impugnação de Mandato Eletivo – de natureza cível e caráter público – eis que destinada a proteção de interesse difuso, tem como objetivo atacar o mandato e torná-lo insubsistente, quando demonstrado que foi obtido mediante fraude, corrupção ou abuso de poder econômico, mesmo que tais práticas tenham sido cometidas antes do registro do candidato por elas beneficiado. Não visa, assim, atingir diretamente o diploma do candidato, mas sim seu principal efeito, que consiste exatamente na habilitação para o exercício do mandato."[1]

Portanto, a ação de impugnação de mandato eletivo tem por fim, especificamente, apurar a prática de abuso de poder econômico, corrupção e fraude eleitoral.

---

[1] STOCO, Rui; STOCO, Leandro de Oliveira. *Legislação eleitoral interpretada*. 2. ed. São Paulo: Revista dos Tribunais, 2006. p. 103.

De consequência, não é possível a sua propositura com fundamento em abuso do poder político, que pode ser objeto de ação de investigação judicial eleitoral, nos termos do art. 22 da LC nº 64/90, ou da representação prevista no art. 96 da Lei nº 9.504/97, referente às condutas vedadas aos agentes públicos em campanha eleitoral, ou inclusive de recurso contra a expedição de diploma, segundo o disposto no art. 266, IV, do Código Eleitoral.

Igualmente, não tem cabimento quando o pedido se assentar exclusivamente em abuso de poder dos meios de comunicação social, do qual não resulte abuso do poder econômico.

Assinalo, todavia, que **pode ser ajuizada com fundamento no art. 41-A da Lei nº 9.504/97, posto que a captação ilícita de sufrágio se enquadra em corrupção**.

No tocante à corrupção, as ações corruptivas, praticadas no período eleitoral, que têm aptidão para subsidiar ação de impugnação de mandato eletivo, são análogas às que compõem a figura penal do art. 299 do Código Eleitoral, que trata do crime de corrupção eleitoral.[2]

A fraude eleitoral que pode ensejar o ajuizamento da ação de impugnação de mandato eletivo é o artifício, ardil ou engodo que tem reflexo na votação ou na apuração de votos tendente a comprometer a legitimidade da eleição.

Nas ações de impugnação de mandato do Presidente da República e de Governador de Estado ou Distrital, o vice respectivo deve figurar no polo passivo da demanda, posto que há litisconsórcio necessário entre os integrantes da chapa majoritária em virtude de sua indivisibilidade, o que poderá acarretar também a perda de seu mandato.

20.1 Procedimento e efeitos

A ação de impugnação do mandato eletivo de Governador, Vice-governador, Senador, Deputado Federal, Estadual e Distrital **deve ser interposta** perante o Tribunal Regional Eleitoral e do mandato eletivo do Presidente e Vice-presidente, perante o Tribunal Superior Eleitoral, **no prazo de 15 dias contados da diplomação**.

O **termo inicial** do prazo para a sua propositura é o dia seguinte à diplomação, ainda que esse dia seja recesso forense ou feriado, uma vez que se trata de prazo decadencial.

---

[2] Art. 299 do Código Eleitoral: *"Dar, oferecer, prometer, solicitar ou receber, para si ou para outrem, dinheiro, dádiva, ou qualquer outra vantagem, para obter ou dar voto e para conseguir ou prometer abstenção, ainda que a oferta não seja aceita:*
Pena – reclusão de 1 a 4 anos e pagamento de 5 a 15 dias-multa."

O **termo final** do prazo, na hipótese de cair em feriado ou em dia que não haja expediente normal, apesar de decadencial, prorroga-se para o primeiro dia útil seguinte.

O procedimento a ser seguido na sua tramitação, até a sentença, é o rito previsto na LC nº 64/90 para o registro de candidaturas (art. 3º). E, consoante determinação constitucional, tramitará em segredo de justiça, respondendo o autor, na forma da lei, se temerária ou de manifesta má-fé (art. 14, § 11).

Saliente-se que inexiste relação de pendência (litispendência) entre a ação de investigação judicial eleitoral e da impugnação de mandato eletivo.

Na lição de Carlos Mário da Silva Velloso e Walber de Moura Agra:

> "*A Ação de Impugnação de Mandato Eletivo não se confunde com a Ação de Investigação Judicial Eleitoral. A primeira tem a finalidade de desconstituir o diploma já expedido, e a segunda tem a função de cassar o registro eleitoral, bem como de declarar a inelegibilidade do réu. Ambas podem ser impetradas concomitantemente.*"[3]

Portanto, nada impede a interposição daquela a circunstância de esta se encontrar ainda em processamento.

A ação de impugnação de mandato eletivo tem espaço próprio para produção de provas.

Como bem pondera Vera Maria Nunes Michels:

> "*O que se exige para sua propositura é um início razoável de provas do alegado, que forneça ao autor o indispensável fumus bonis iuris para o recebimento da ação, essa a exegese que se extrai do § 10 do art. 14 da CF ao usar a expressão '...instruída a ação com provas do abuso do poder econômico, corrupção ou fraude'.*"[4]

A finalidade da ação de impugnação é destituir do mandato eletivo aquele que o conseguiu com o emprego de abuso do poder econômico, corrupção ou fraude.

Resulta daí a necessidade de ficar positivada a potencialidade dos fatos narrados na inicial, que configuram abuso do poder econômico, corrupção ou fraude, para desequilibrar a disputa dos candidatos e influir no resultado do pleito.

Portanto, **é imprescindível, em sede de ação de impugnação de mandato eletivo, a demonstração da potencialidade do ato abusivo, corruptivo ou**

---

[3] VELLOSO, Carlos Mário da Silva; AGRA, Walber de Moura. *Elementos do direito eleitoral*. São Paulo: Saraiva, 2009. p. 272.

[4] MICHELS, Vera Maria Nunes. *Direito eleitoral*. 5. ed. Porto Alegre: Livraria do Advogado, 2006. p. 151.

fraudulento, apontado no pedido, para influir no resultado do pleito ou prejudicar a lisura da disputa eleitoral. A perda do mandato é consequência do comprometimento da lisura eleitoral por vícios decorrentes de **abuso** do poder econômico, corrupção ou fraude.

O efeito primário da procedência da ação de impugnação de mandato eletivo, como intuitivo, é a **perda do mandato**.

Entretanto, de sua procedência poderá também resultar a inelegibilidade do acionado, que teve seu mandato desconstituído, por 3 (três) anos, que são contados da data do pleito em que foi eleito e diplomado.

De outra parte, tendo em vista que a ação de impugnação de mandato eletivo é dirigida contra o mandato, não tendo por finalidade a nulidade do pleito, a sua procedência não provoca anulação de votos e, pois, nova eleição majoritária, mas somente a desconstituição da diplomação do impugnado, devendo assumir o segundo colocado. E, no caso de eleições proporcionais, o suplente.

Entendo oportuno, neste ponto, assinalar as distinções básicas entre as ações e representações eleitorais examinadas neste livro:

1. **ação de impugnação de mandato eletivo (AIME)**, ajuizada, **no prazo de 15 (quinze) dias da data da diplomação**, para apuração de abuso de poder econômico, corrupção ou fraude, observa o rito do art. 14, §§ 10 e 11 da CF e do art. 3º da LC nº 64/90, **e tem por finalidade a cassação do mandato eletivo**;

2. **recurso contra a expedição de diploma (RCED)**, interposto, **no prazo de 3 (três) dias da data da diplomação**, para apuração de inelegibilidade ou incompatibilidade do candidato diplomado, de erro de direito ou de fato na aplicação do sistema de representação proporcional (no cálculo genuíno e na apuração final), e de concessão ou denegação de diploma em manifesta contradição com a prova dos autos sobre abuso do poder econômico, político ou de captação ilícita de sufrágio, segue, nos tribunais regionais eleitorais, nas eleições federais e estaduais, o procedimento recursal previsto no Código Eleitoral (arts. 268 a 276), **e tem por escopo a cassação do diploma**;

3. **ação de investigação judicial eleitoral (AIJE)**, instaurada, a partir do pedido de registro da candidatura **até a data da diplomação dos eleitos**, para apurar abusos dos poder econômico, político e administrativo e utilização indevida dos meios de comunicação social em favor de candidato ou partido político, segue o procedimento integral do art. 22 da LC nº 64/90 (incisos I a XV), e **tem em vista a declaração da inelegibilidade do candidato beneficiado pelos abusos demonstrados, bem**

assim dos quantos tenham contribuído para o seu cometimento, e a cassação do registro do candidato considerado inelegível;

4. **ação de investigação judicial eleitoral fundada no art. 41-A da Lei nº 9.504/97**, ajuizada para apurar captação ilícita de sufrágio, **desde o registro da candidatura até a data da diplomação**, segue rito dos incisos I a XIII do art. 22 da LC nº 64/90, e **tem por escopo a cassação do registro ou do diploma do candidato condenado e a imposição de multa**;

5. **representação ou ação de investigação judicial eleitoral por captação ou gastos ilícitos de recursos na campanha eleitoral**, com assento no art. 30-A da Lei nº 9.504/97, ajuizada no prazo de 15 dias da diplomação, segue o rito do art. 22 da LC nº 64/90, no que couber, e **tem por objetivo a perda do mandato**;

6. **representação ajuizada para apurar propaganda eleitoral irregular ou conduta vedada** (art. 73 da Lei nº 9.504/97), **até a data das eleições (inclusive)**, segue o rito previsto no art. 96 da Lei nº 9.504/97, e **tem por fim a sustação de propaganda irregular ou da conduta vedada e aplicação de sanção pecuniária**; e

7. **ação de impugnação ao pedido de registro de candidato (AIRC)**, ajuizada, **no prazo de 5 (cinco) dias da data da publicação do edital que dá ciência dos pedidos de registro**, segue o procedimento previsto na LC nº 64/90 (arts. 3º a 17), e **tem por objetivo impedir o registro do candidato impugnado** por ausência de condição de elegibilidade ou por existência de causa de inelegibilidade.

Retornando ao tema de ação de impugnação de mandato eletivo, a decisão que a julgar procedente segue a regra de **execução imediata do julgado**. Isto é, o recurso contra ela interposto não tem efeito suspensivo (art. 257 do Código Eleitoral) e a perda do mandato pode se dar antes que a decisão sobre o recurso transite em julgado.

Vale transcrever, quanto à execução imediata do julgado e a não renovação do pleito, a seguinte decisão do TSE:

"O TSE – para os processos atinentes ao pleito municipal – tem sido firme o entendimento de que são imediatos os efeitos das decisões proferidas pelos regionais em sede de ação de impugnação de mandato eletivo, especialmente quando fundada no art. 41-A da Lei nº 9.504/97. É de todo inconveniente a sucessividade de alterações na superior direção do Poder Executivo, pelo seu indiscutível efeito instabilizador na condução da máquina administrativa e no próprio quadro psicológico dos munícipes, tudo a acarretar descrédito para o Direito e a Justiça Eleitoral. Não se aplica a norma do art. 224 do Código Eleitoral nos casos de ação de impugnação de mandato eletivo. Diplomação

daquele que obteve o segundo lugar no pleito eleitoral. Nesse entendimento, o Tribunal negou provimento ao agravo regimental. Unânime."[5]

Ressalvo, por último, que, presentes circunstâncias que o justifiquem, pode ser concedido efeito suspensivo ao recurso eleitoral da sentença que julgar procedente a ação de impugnação de mandato eletivo.

Nesse particular, o TSE já decidiu que:

> *"Demonstrados o perigo na demora da prestação jurisdicional e a 'fumaça do bom direito', deve-se conceder efeito suspensivo a recurso especial, para que o prefeito eleito aguarde, no exercício do cargo, o julgamento do apelo."*[6]

20.2 Ação de impugnação de mandato eletivo (AIME)

ELEIÇÕES DE 2010

RESUMO

Objetivo	Cassação do mandato eletivo.
Causa de Pedir	Abuso do poder econômico. Corrupção (inclusive captação ilícita de sufrágio). Fraude eleitoral.
Prazo	Ajuizamento até 15 dias da data da diplomação.
Legitimados	Candidato, partido ou coligação ou Ministério Público Eleitoral.
Procedimento	Art. 14, §§ 10 e 11, da CF, e art. 3º, da LC 64/90.
Prova	Potencialidade do ato abusivo para influir no resultado do pleito ou para prejudicar a lisura da disputa eleitoral.
Efeitos	Perda do mandato e, quando for o caso, declaração de inelegibilidade por três anos.

---

[5] Agravo Regimental na Medida Cautelar nº 2.241/RN, rel. Min. Carlos Ayres Britto, em 20.11.2007.
[6] Agravo Regimental na Medida Cautelar nº 2.260/BA, rel. Min. Marcelo Ribeiro, *DJ* de 17.12.2007.

21

Recursos Eleitorais

21.1 Finalidade e conceito

O recurso tem por objeto o reexame de uma decisão judicial, que decide o mérito (lide) ou que encerra o processo sem resolução do mérito (terminativa), visando a correção integral ou parcial do julgado ou a sua anulação para que se renove o julgamento, ou o seu esclarecimento em razão de obscuridade, dúvida ou contradição, ou a sua integração, face à ocorrência de omissão.

Na precisa lição de Barbosa Moreira, o recurso é:

> "remédio voluntário e idôneo a ensejar a reforma, a invalidação, o esclarecimento ou a integração da decisão impugnada".[1]

21.2 Pressupostos de admissibilidade

Os pressupostos de admissibilidade dos recursos eleitorais são os seguintes:

1. cabimento;
2. tempestividade;
3. regularidade formal;

---

[1] MOREIRA, José Carlos Barbosa. *O novo processo civil brasileiro*. 22. ed. Rio de Janeiro: Forense, 2002. p. 178.

4. legitimidade para recorrer;
5. interesse recursal.

O **cabimento** do recurso, como bem anota Vicente Grecco Filho:

"significa a existência no sistema processual brasileiro do tipo de recurso que se pretende utilizar e a sua adequação, ou seja, a sua aplicabilidade à reforma da decisão impugnada, e também que a decisão seja recorrível. Assim, além de existir no sistema processual brasileiro como possível para determinada decisão, o recurso deve ser o próprio para atacar a decisão que gerou o gravame".[2]

No tocante à **tempestividade**, o recurso deve ser interposto no prazo que a lei assina para tal fim. Este prazo, que se conta da data em que o patrono do interessado é efetivamente intimado da decisão ou do acórdão, mediante publicação no *Diário da Justiça Eletrônico* (DJe) ou em sessão de julgamento, é fatal e improrrogável, causando o seu descumprimento a perda do direito de recorrer e, conforme o caso, a preclusão ou o trânsito em julgado da decisão.

O termo inicial do prazo é o dia da intimação, mas processa-se a contagem do prazo recursal excluindo-se o dia do começo e incluindo o dia do vencimento. E, quando este cair no sábado, domingo ou feriado, prorroga-se o prazo até o primeiro dia útil imediato.

A **regularidade formal** significa que é essencial para seu conhecimento que seja regularmente interposto por petição, perante o juízo *a quo*, acompanhada das razões do inconformismo (fundamentos de fato e de direito) e do pedido de nova decisão.

Neste tópico, é conveniente aduzir que no recurso civil, em geral, constitui também requisito da admissibilidade o preparo, que consiste no pagamento prévio, pelo recorrente, das custas referentes ao processamento do recurso, bem assim ao porte de remessa e de retorno dos autos ao tribunal *ad quem* (art. 511 do CPC).

No entanto, em matéria eleitoral, não é exigível preparo recursal.

Com respeito à **legitimidade recursal**, podem recorrer a parte vencida, integral ou parcialmente, o terceiro prejudicado e o Ministério Público (art. 499 do CPC).

Mas não basta a legitimação para recorrer, é indispensável que o recorrente tenha **interesse em recorrer**. Vale dizer, que o julgado tenha causado ao recorrente algum prejuízo ou sucumbência.

---

[2] GRECCO FILHO, Vicente. *Direito processual civil brasileiro*. 14. ed. São Paulo: Saraiva, 2000. v. 2, p. 273.

21.3 Efeitos devolutivo e suspensivo

Todo o recurso tem efeito devolutivo, pois devolve ao tribunal *ad quem* a matéria efetivamente impugnada pelo recorrente, nos limites traçados nas razões recursais (*tantum devolutum quantum appelatum*).

Alguns recursos, tais como a apelação civil e os embargos infringentes, apresentam também efeito suspensivo, ou seja, impedem a produção imediata dos efeitos da decisão impugnada.

No âmbito eleitoral, os recursos em geral não têm efeito suspensivo (art. 257 do Código Eleitoral).

As exceções estão previstas expressamente na legislação eleitoral.

Assim, por exemplo, no âmbito do recurso contra a expedição do diploma, a norma estabelece que, enquanto o tribunal *ad quem* não decidi-lo, o diplomado poderá exercer o mandato em toda a sua plenitude (art. 216 do CE).

Por outro lado, a Lei de Inelegibilidades dispõe que somente com trânsito em julgado da decisão que declarar a inelegibilidade do candidato poderá ser o seu registro negado ou cancelado ou declarado nulo o diploma, se já expedido (art. 15).

Além disso, os tribunais têm abrandado a regra da eficácia imediata da execução da sentença eleitoral, quando, em cautelar postulada pelo interessado, constatando a presença dos requisitos do *fumus boni iuris* e *periculum in mora* da medida, deferem o efeito suspensivo ao recurso eleitoral.

21.4 Recursos no Direito Eleitoral

No Direito Eleitoral, a impugnação das decisões judiciais é possível mediante a interposição dos seguintes recursos: recurso inominado, recurso contra a diplomação, recurso ordinário, agravos de instrumento e regimental, embargos declaratórios, recurso especial e recurso extraordinário.

Assinalo que, em matéria eleitoral, não se aplicam as regras do Código de Processo Civil que impliquem aumento de prazo para recurso.

21.4.1 Recurso inominado

Das decisões dos juízes auxiliares, designados pelos tribunais eleitorais para apreciar as reclamações e representações, cabe a impetração de recurso inominado, que será julgado pelo Plenário do Tribunal.

O prazo de interposição é de 24 horas nos casos de representação por propaganda irregular, propaganda extemporânea e pedido de resposta.

O prazo para recurso de decisões proferidas sob o rito do art. 22 da Lei de Inelegibilidades, ou seja, concernentes a captação ilícita de sufrágio (art. 41-A, § 4º), a conduta vedada a agente público em campanha (art. 72, § 13) e a descumprimento do limite de doação e contribuição por pessoa jurídica para as campanhas eleitorais (art. 81, § 4º), é de três dias contados da publicação no Diário de Justiça Eletrônico (DJe).

A teor do disposto no art. 96 da Lei das Eleições, tem legitimação para interpô-lo partido político, coligação ou candidato prejudicado pela decisão do juízo eleitoral, bem assim o Ministério Público Eleitoral. E deve ser dirigido à instância competente, isto é, aos tribunais regionais eleitorais, quanto às decisões dos juízes eleitorais, e ao TSE, atinente às dos tribunais regionais eleitorais. O procedimento vem previsto nos incisos do dispositivo acima.

21.4.2 Recurso contra a expedição de diploma (RCD)

O diploma eleitoral, como já assinalado, é o documento jurídico, expedido pela Justiça Eleitoral, que atesta o resultado das eleições e confere ao candidato eleito e diplomado o direito subjetivo de assumir o mandato.

Por se tratar de pronunciamento judicial, o recurso contra a diplomação, com suporte nos argumentos previstos no art. 262 do Código Eleitoral, visando a sua cassação, ostenta a natureza de recurso.[3]

21.4.3 Recurso ordinário

Nos termos do disposto no inciso II do art. 276 do Código Eleitoral, das decisões das cortes regionais é cabível a interposição de recurso ordinário para o TSE quando:

a) o tribunal *a quo* proferir decisão que versar sobre expedição de diplomas nas eleições federais e estaduais (letra *a*);

b) denegar *habeas corpus* ou mandado de segurança (letra *b*).

Enquadram-se na letra *a* os recursos contra as decisões dos tribunais regionais concernentes às eleições federais e estaduais que versarem sobre anulação

---

[3] O recurso contra a diplomação foi estudado, no Capítulo 19, por ocasião do exame das ações eleitorais (por questão didática), ao qual remeto o leitor.

de diploma expedido, decretação da perda de mandato eletivo ou de inelegibilidade (art. 121, § 4º, III e IV, da CF).

Nesse sentido, destaco o pronunciamento do TSE:

> "Se o feito versa sobre inelegibilidade ou envolve eventual possibilidade de cassação de diploma ou mandato atinente a eleições federais ou estaduais, a hipótese recursal contra a decisão dos tribunais regionais eleitorais é sempre de recurso ordinário, seja o acórdão regional pela procedência ou improcedência do pedido, ou mesmo que se tenha acolhido preliminar com a consequente extinção do processo" (Recurso Ordinário nº 1.498/ES, rel. Min. Arnaldo Versiani, em 19.3.2009).

O prazo para sua interposição é de três dias a contar da expedição do diploma ou da decisão que denegar *habeas corpus* ou mandado de segurança.

Entretanto, nos acórdãos referentes a representações previstas no art. 96 da Lei das Eleições, o prazo para interpô-lo é de 24 horas, que inclusive tem incidência no caso de captação ilícita de sufrágio (art. 41-A).

Nesse ponto, já afirmou o TSE que:

> "Embora a parte final do Art. 41-A da Lei das Eleições estabeleça que deva ser observado o procedimento previsto no art. 22 da Lei Complementar nº 64/90, essa disposição aplica-se apenas ao rito, incidindo para fins de recurso contra a decisão, a regra expressa do § 8º do art. 96 da Lei nº 9.504/97" (AC nº 3.222/RS, rel. Min. Arnaldo Versiani, *DJ* de 26.3.2009).[4]

No recurso ordinário, o efeito devolutivo é amplo, nos mesmos moldes do recurso inominado, compreendendo o exame de matérias de direito e de fato.

21.4.4 *Embargos de declaração*

No âmbito eleitoral, a interposição de embargos de declaração é possível nos seguintes casos:

1. quando há no acórdão obscuridade, contradição ou omissão;
2. quando for omitido ponto sobre que devia pronunciar-se o tribunal (art. 275 do CE).

Anote-se que, embora o art. 275 enumere a "dúvida" como causa de admissibilidade de embargos de declaração, o TSE tem assentado que nesta hipótese eles não são cabíveis, pois a dúvida apresenta caráter eminentemente subjetivo.

---

[4] No mesmo sentido: Agravo Regimental no Recurso Ordinário nº 1.500/GO, rel. Min. Ricardo Lewandoswski, em 22.10.2009.

Registre-se que a omissão no julgado que enseja a propositura de embargos declaratórios é aquela relativa às questões trazidas à apreciação do juízo eleitoral, excetuando as que já foram rejeitadas.

Conforme assentado pelo TSE:

> *"A emissão de juízo contrário aos interesses das partes não autoriza o manejo dos embargos de declaração, que não se prestam à reapreciação da causa.*
>
> *O julgador não está obrigado a se manifestar sobre todos os pontos suscitados pela parte, mas somente sobre aqueles que sejam suficientes para fundamentar seu convencimento"* (Embargos de Declaração no Agravo Regimental no Recurso Especial Eleitoral nº 35.531/SP, rel. Min. Marcelo Ribeiro, em 22.10.2009).

Com efeito, a teor do disposto no art. 535 do CPC, a rediscussão de matéria decidida não se enquadra no cabimento de embargos declaratórios.

Os embargos de declaração devem ser opostos dentro de três dias da data da publicação do acórdão, em petição dirigida ao relator, na qual tem que ser indicado o ponto obscuro, contraditório ou omisso.

De se ver que o prazo de oposição de embargos de declaração contra decisão, em sede de representação, é de 24 horas da publicação da decisão em cartório ou sessão.

Sobre o tema, este é o entendimento do TSE:

> *"1. O art. 96, § 8º, da Lei nº 9.504/97 dispõe que o recurso contra decisão, em sede de representação, deverá ser apresentado no prazo de 24 horas da publicação da decisão em cartório ou sessão.*
>
> *2. Conforme já decidiu este Tribunal, esse prazo incide, inclusive, em relação ao recurso dirigido à instância superior, entendimento que, consequentemente, se aplica aos embargos opostos em face da respectiva decisão.*
>
> *3. É de 24 horas o prazo para embargos opostos em face de acórdão de Tribunal Regional Eleitoral que aprecia recurso contra sentença em representação por propaganda eleitoral irregular"* (Agravo Regimental no Agravo de Instrumento nº 10.886/PR, Rel. Min. Arnaldo Versiani, *DJE* de 11.2.2010).

É possível a apresentação de segundos embargos de declaração, mas somente para sanar omissão, contradição ou obscuridade eventualmente existente no acórdão atinente aos primeiros embargos.

Assinalo que os embargos de declaração contra decisão monocrática e com pedido de efeitos modificativos, no âmbito do TSE, devem ser recebidos como agravo regimental (art. 369, § 8º, do RITSE).

Registre-se que os embargos declaratórios suspendem o prazo para a interposição de outros recursos, salvo se manifestamente protelatórios e assim declarados na decisão que os rejeitar (§ 4º do art. 275 do Código Eleitoral).

Entretanto, a oposição extemporânea de embargos de declaração na origem inviabiliza o conhecimento de recurso posterior em razão de sua intempestividade reflexa.

Anoto, por último, que o TSE admite embargos de declaração com efeitos modificativos, mas, para tanto, é necessário que estejam satisfeitos os pressupostos da obscuridade, contradição ou omissão, cujo reconhecimento implique logicamente na alteração do julgamento.

21.4.5 *Recurso especial eleitoral*

No Direito Eleitoral, é admissível a impetração de recurso especial contra decisão proferida por tribunal regional eleitoral para o TSE.

Estabelece o preceito constitucional que:

"Das decisões dos Tribunais Regionais Eleitorais somente caberá recurso quando:

I – forem proferidas contra disposição expressa desta Constituição ou de lei;

II – ocorrer divergência na interpretação de lei entre dois ou mais tribunais eleitorais;

III – versarem sobre inelegibilidade ou expedição de diplomas nas eleições federais ou estaduais;

IV – anularem diplomas ou decretarem a perda de mandatos eletivos federais ou estaduais;

V – denegarem habeas corpus, mandado de segurança, habeas data ou mandado de injunção" (art. 120, § 4º CF).

Nas duas primeiras hipóteses, cabe a impetração de recurso especial e nas demais, recurso ordinário.

O prazo de interposição, em regra, é de três dias.

Anoto que da decisão de tribunal regional eleitoral sobre condições de elegibilidade caberá recurso especial, no prazo de 3 dias, sendo dispensado, após a apresentação das contrarrazões ou transcorrido o prazo para apresentá-la (três dias da notificação por fac-símile), o juízo prévio de admissibilidade do recurso.

Igualmente, da decisão de tribunal regional eleitoral que versar sobre pedido de resposta caberá recurso especial, só que no prazo de 24 horas, dispensado também o juízo de admissibilidade.

O recurso especial eleitoral, tal qual o recurso extraordinário, exige o **prequestionamento explícito**.

Prequestionar significa provocar o tribunal *a quo* sobre a questão infraconstitucional, que fundamenta a interposição previamente a esta.

O prequestionamento pressupõe que as matérias veiculadas nas razões tenham sido previamente debatidas pelo tribunal *a quo*. Matéria não debatida nas instâncias ordinárias não pode ser analisada em sede de recurso especial.

No caso de omissão, ou seja, se não foi objeto da decisão, a parte prejudicada deverá opor embargos de declaração, instando o tribunal *a quo* a se manifestar sobre a matéria arguida que não foi objeto de debate.

É inadmissível recurso especial para reexame de matéria fática.

No tocante a divergência jurisprudencial (item II), ela somente se caracteriza com o cotejo analítico das teses dos acórdãos confrontados de dois ou mais tribunais eleitorais, com a demonstração da similitude fática entre os julgados.

Segundo orientação sedimentada do TSE:

> *"não há conhecer do recurso especial pela alínea b, inciso I, do art. 276 do CE, quando o recorrente limita-se a colacionar ementas de julgados paradigmas, não cuidando, todavia, de demonstrar a similitude fática e de realizar o necessário cotejo analítico com o acórdão recorrido"* (AgRespe nº 29.188/SP, rel. Min. Félix Fischer, sessão de 16.9.2008, e Ed-AgR-Respe nº 34.773/PI, sessão de 26.5.2009, da mesma relatoria).

O recurso especial é interposto no tribunal *a quo* e seu presidente tem 48 horas do recebimento dos autos para admitir, ou não, o recurso, quando a lei eleitoral não dispensar o juízo de admissibilidade.

No caso de juízo de admissibilidade positivo, abre-se o prazo de três dias ao recorrido para apresentar suas razões e, em seguida, os autos são remetidos ao TSE.

No caso de juízo de admissibilidade negativo, pode o recorrente interpor agravo de instrumento no prazo de três dias, sendo que o presidente do tribunal não poderá negar seguimento ao agravo, ainda que interposto fora do prazo legal (art. 279 do Código Eleitoral).

No TSE, a teor do art. 557 do CPC, o Relator tem a faculdade de decidir monocraticamente, entre outras hipóteses, que o recurso é manifestamente improcedente, tendo em respeito a celeridade processual. E contra essa decisão monocrática, que nega seguimento a recurso especial, é cabível **agravo regimental**, a ser interposto no prazo de três dias, nos termos do art. 36, § 8º, do Regimento Interno do TSE.

O agravo regimental deve infirmar especificamente os fundamentos da decisão agravada sob pena de subsistirem as conclusões da própria decisão.

O recurso especial não tem efeito suspensivo, ensejando a execução provisória do acórdão recorrido.

Entretanto, não está infenso ao poder de cautela e, presentes os pressupostos do *periculum in mora* e *fumus boni iuris*, pode lhe ser atribuído o efeito suspensivo.

21.4.6 Recurso extraordinário

As decisões dos tribunais regionais eleitorais e do TSE podem ser objeto de recurso extraordinário, para o STF, quando o acórdão recorrido:

a) contrariar dispositivo da Constituição;

b) declarar a inconstitucionalidade de tratado ou lei federal;

c) julgar válida lei ou ato de governo local contestado em face da Constituição;

d) julgar válida lei local contestada em face de lei federal (art. 102, III, CF).

Igualmente, da decisão do TSE denegatória de *habeas corpus* ou mandado de segurança é cabível o recurso ordinário para o STF previsto no art. 102, II, *a*, da CF.

O recurso extraordinário requer para sua admissibilidade o prequestionamento explícito.

O recurso extraordinário será interposto no tribunal regional eleitoral recorrido e, na hipótese de juízo de admissibilidade negativo, caberá agravo de instrumento, no prazo de dez dias, para o STF (art. 544 do CPC).

O recurso extraordinário é recebido apenas no efeito devolutivo. Mas, excepcionalmente, presentes o perigo de lesão irreversível e a aparência de bom direito, é possível o empréstimo de efeito suspensivo.

Segundo entendimento sumulado do STF, não cabe recurso extraordinário: para simples reexame de prova (nº 279) e por ofensa a direito local (nº 280). Igualmente é inadmissível: quando couber, na justiça de origem, recurso ordinário da decisão impugnada (nº 281); quando não ventilada, na decisão recorrida, a questão federal suscitada (nº 282); quando a decisão recorrida assenta em mais de um fundamento suficiente e o recurso não abrange todos eles (nº 283); e quando a deficiência na sua fundamentação não permitir a exata compreensão da controvérsia (nº 284), contra acórdão que defere medida liminar (nº 735).

Por outro lado, segundo o entendimento do STF também sumulado:

> "é de três dias o prazo para a interposição de recurso extraordinário contra decisão do Tribunal Superior Eleitoral, contando, quando for o caso, a par-

tir da publicação do acórdão, na própria sessão de julgamento, nos termos do art. 12 da Lei nº 6.055/74, que não foi revogado pela Lei nº 8.950/94" (nº 738).

21.4.7 Reclamação e ação rescisória

A **reclamação**, no âmbito do TSE, é cabível tão somente para preservar a competência desta Corte e garantir a autoridade de suas decisões.

A **ação rescisória**, no Direito Eleitoral, possui regramento específico e restringe-se à desconstituição de decisão que verse sobre inelegibilidade, inclusive não se prestando para discutir condição de elegibilidade. A competência do julgamento de ação rescisória, em matéria eleitoral, é do Tribunal Superior Eleitoral e somente pode ser intentada dentro do prazo de 120 dias de decisão irrecorrível (art. 22, I, do Código Eleitoral).

22

Crimes Eleitorais

A prática de infrações eleitorais previstas na Carta Magna, no Código Eleitoral (Lei nº 4.737/65), na Lei das Eleições (Lei nº 9.504/97) e na Lei Complementar de Inelegibilidades (LC nº 64/90), como foi visto nos capítulos anteriores, enseja a aplicação de sanções políticas, civis e administrativas aos seus autores.

Muitas delas, ademais, enquadram-se em tipos penais especiais, descritos naqueles diplomas legais e em outras leis extravagantes (p. ex., Lei nº 6.091/74), denominados crimes eleitorais, que são objeto de persecução criminal no âmbito da própria Justiça Eleitoral.

Na concepção lapidar do saudoso mestre Nelson Hungria *"são crimes eleitorais as infrações penalmente sancionadas, que dizem respeito às várias e diversas fases de formação do eleitorado e processo eleitoral"*.[1]

Assim, a legislação eleitoral tipifica como delituosas transgressões à ordem eleitoral, por ela consideradas graves, praticadas, mediante ação ou omissão, especialmente durante o transcurso do processo eleitoral, por candidatos, agentes públicos e demais eleitores nele envolvidos.

Como elucida Oscar Feltrin:

> *"Pode acontecer que um mesmo fato delituoso seja, em princípio incriminado por mais de uma lei penal, como se dá, por exemplo, com os crimes contra a honra, falsificação de documento público, reconhecimento de firma*

---

[1] HUNGRIA, Nelson. *Revista Eleitoral da Guanabara*, Rio de Janeiro. 1968. p. 129.

e outros, punidos tanto pelo Código Penal (arts. 138, 139, 140) como pelo Código Eleitoral (arts. 324, 325, 326), gerando o que se chama conflito aparente de normas. A norma geral do Código Penal, no caso, cede lugar à norma especial da Lei Eleitoral."[2]

Portanto, **é da competência da Justiça Eleitoral o processo e julgamento dos crimes eleitorais**, que, por ser especializada, prefere às demais.

A objetividade jurídica, nos crimes eleitorais, no dizer da jurista Suzana de Camargo Gomes,

"está centrada no livre exercício dos direitos políticos, do direito de votar e ser votado, e na garantia de um processo eleitoral legítimo, escoimado de vícios, sem máculas, sendo que o Estado possui total interesse na proteção dessas liberdades públicas, posto que fundamentais para a constituição e pleno desenvolvimento de suas funções institucionais".[3]

Ressalto que só excepcionalmente se dá a ampliação de sua competência para julgamento dos crimes comuns quando forem cometidos em conexão com os eleitorais (concurso de crimes).

A conexão entre crimes eleitorais e crimes comuns pode ocorrer nas hipóteses previstas na norma processual penal geral (art. 76 do CPP).

Nesse sentido, o TSE já decidiu que:

"De acordo com o art. 76, II do CPP, consideram-se conexas as infrações se, no mesmo caso, houverem sido umas praticadas para facilitar ou ocultar as outras, ou para conseguir impunidade ou vantagem em relação a qualquer delas. Verificada a conexão entre crime eleitoral e comum, a competência para processar e julgar ambos os delitos é da Justiça Eleitoral (CF, art. 109, IV, e CPP, art. 78, IV)."[4]

Como bem destaca Suzana de Camargo Gomes:

"a parte geral do Código Penal tem aplicação no que concerne à temática dos crimes eleitorais, posto conter as normas basilares que informam todo o sistema penal, além de que assim o determina o art. 287 do Código Eleitoral e o art. 12 do próprio Código Penal. Desta forma, toda a disciplina constante do Código Penal pertinente à aplicação da lei penal, as regras gerais relativas

---

[2] FELTRIN, Oscar. *Leis penais especiais e sua interpretação jurisprudencial.* 7. ed. São Paulo: Revista dos Tribunais, 2001. v. 1, p. 1488.
[3] GOMES, Suzana de Camargo. *Crimes eleitorais.* 2. ed. São Paulo: Revista dos Tribunais, 2006. p. 40.
[4] *Habeas Corpus* nº 567/SE, rel. Min. Marcelo Ribeiro, *DJ* de 18.3.2008.

ao crime, bem como no que concerne à exclusão da ilicitude, à imputabilidade penal, ao concurso de pessoas, à aplicação das penas, além da extinção da punibilidade, desde que não conflitantes, com as normas constantes da legislação eleitoral, tem sua incidência em se tratando de crimes eleitorais".[5]

As penas cominadas aos crimes eleitorais são as privativas de liberdade (reclusão e detenção) e a de multa.

Aplicam-se às penas previstas nos delitos eleitorais as normas penais relativas aos crimes comuns. E o Juiz Eleitoral, na fixação da sanção criminal eleitoral, deve observar as normas estipuladas no Código Penal para a cominação e a aplicação das penas (arts. 53 a 76).

Assim, **na individualização da pena, o Juiz Eleitoral**, depois de aferir as circunstâncias de natureza subjetiva (culpabilidade, antecedentes, conduta social e personalidade do agente) e as de natureza objetiva (motivos, circunstâncias e consequências do crime eleitoral), **fixará a pena aplicável dentre as cominadas e a sua quantidade, dentro dos limites estabelecidos no tipo legal de crime eleitoral que foi imputado ao agente, necessária e suficiente para reprovação e prevenção do delito** (art. 59 do CP).

Após a individualização da pena privativa de liberdade, o Juiz Eleitoral deve aferir a possibilidade de substituí-la por pena restritiva de direitos, examinando os pressupostos legais de substituição previstos no art. 44 do CP.[6]

---

[5] GOMES, Suzana de Camargo. *Crimes eleitorais*. 2. ed. São Paulo: Revista dos Tribunais, 2006. p. 30-31.

[6] *"Art. 44. As penas restritivas de direitos são autônomas e substituem as privativas de liberdade, quando:*

I – aplicada pena privativa de liberdade não superior a 4 (quatro) anos e o crime não for cometido com violência ou grave ameaça à pessoa ou, qualquer que seja a pena aplicada, se o crime for culposo;

II – o réu não for reincidente em crime doloso;

III – a culpabilidade, os antecedentes, a conduta social e a personalidade do condenado, bem como os motivos e as circunstâncias indicarem que essa substituição seja suficiente.

§ 1º Vetado.

§ 2º Na condenação igual ou inferior a um ano, a substituição pode ser feita por multa ou por uma pena restritiva de direitos; se superior a um ano, a pena privativa de liberdade pode ser substituída por uma pena restritiva de direitos e multa ou por duas restritivas de direitos.

§ 3º Se o condenado for reincidente, o juiz poderá aplicar a substituição, desde que, em face de condenação anterior, a medida seja socialmente recomendável e a reincidência não se tenha operado em virtude da prática do mesmo crime.

§ 4º A pena restritiva de direitos converte-se em privativa de liberdade quando ocorrer o descumprimento injustificado da restrição imposta. No cálculo da pena privativa de liberdade a executar será deduzido o tempo cumprido da pena restritiva de direitos, respeitado o saldo mínimo de 30 (trinta) dias de detenção ou reclusão.

§ 5º Sobrevindo condenação a pena privativa de liberdade, por outro crime, o juiz da execução penal decidirá sobre a conversão, podendo deixar de aplicá-la se for possível ao condenado cumprir a pena substitutiva anterior."

A substituição da pena de reclusão ou detenção por uma das penas restritivas de direito, ou seja, prestação pecuniária, perda de bens e valores, prestação de serviços à comunidade ou a entidades públicas, interdição temporária de direitos e limitação de fim de semana (art. 43 do CP), **quando o Juiz Eleitoral reconhecer a presença das circunstâncias legais, é obrigatória e, na sentença, deve ser especificada qual a espécie de restritiva escolhida.**

Ao contrário do previsto no Código Penal, **todos os crimes eleitorais são de ação penal pública incondicionada**, instaurada mediante denúncia do Ministério Público Eleitoral. E seguem o procedimento penal eleitoral previsto nos arts. 355 a 364 do Código Eleitoral, aplicando-se, como lei subsidiária ou supletiva, o Código de Processo Penal.

As esferas de responsabilização cível-eleitoral e criminal-eleitoral são independentes. Assim, os mesmos fatos que, de um lado, não foram suficientes para demonstrar prática ilícita em sede de ação de investigação judicial ou de impugnação do mandato eletivo podem ser idôneos, de outro, para a configuração de crime eleitoral e promoção da responsabilidade criminal do infrator.

Nesse sentido, já decidiu o TSE que: *"a improcedência de ação de impugnação de mandato eletivo não é circunstância apta a descaracterizar o delito previsto no art. 299 do Código Eleitoral nem obstar o prosseguimento de ação penal para apuração desse crime, ainda que ambos os processos se fundem nos mesmos fatos".*[7]

Mas essa independência não é absoluta.

Com efeito, haverá comprometimento de apuração e de persecução judicial dos mesmos acontecimentos referentes ao processo eleitoral, nas instâncias cível ou criminal, na hipótese da decisão, que julgou improcedente a ação cível eleitoral ou a denúncia, concluir pela inexistência da materialidade do ilícito (os fatos não são verdadeiros) ou pela negativa da autoria (os fatos não foram praticados pelo denunciado).

A seguir, serão catalogados os crimes eleitorais tipificados no Código Eleitoral, na Lei das Eleições e na Lei das Inelegibilidades.

---

[7] Embargos de Declaração no HC nº 545/SP, rel. Min. Caputo Bastos, *DJ* 6.3.2007, fl. 150.

22.1 Crimes eleitorais em espécie

22.1.1 Crimes eleitorais tipificados no Código Eleitoral – Lei nº 4.737/65

Artigo	Tipo	Pena
289	Inscrição fraudulenta de eleitor.	Reclusão de 1 a 5 anos e 5 a 15 dias-multa.
290	Induzimento à inscrição do eleitor.	Reclusão de 1 a 2 anos e 15 a 30 dias-multa.
291	Inscrição fraudulenta de eleitor efetuada pelo Juiz Eleitoral.	Reclusão de 1 a 5 anos e 5 a 15 dias-multa.
292	Negativa ou retardamento de inscrição eleitoral.	30 a 60 dias-multa.
293	Perturbação ou impedimento de alistamento.	Detenção de 15 dias a 6 meses **ou** 30 a 60 dias-multa.
295	Retenção de título eleitoral.	Detenção de 15 dias a 2 meses **ou** 30 a 60 dias-multa.
296	Promoção de desordem nos trabalhos eleitorais.	Detenção de 15 dias a 2 meses e 60 a 90 dias-multa.
297	Impedimento ou embaraço ao exercício do sufrágio.	Detenção de 15 dias a 6 meses e 60 a 100 dias-multa.
298	Prisão ou detenção ilegal antes e depois do encerramento da eleição.	Reclusão de 1 a 4 anos.
299	Corrupção eleitoral	Reclusão de 1 a 4 anos e 5 a 15 dias-multa.
300	Coação eleitoral praticada por servidor público.[8]	Detenção de 15 dias a 6 meses e 60 a 100 dias-multa.
301	Aliciamento de eleitor mediante violência ou grave ameaça.	Reclusão de 1 a 4 anos e 5 a 15 dias-multa.
302	Promover, no dia da eleição, a concentração irregular de eleitores, para impedir, embaraçar ou fraudar o exercício do voto e o fornecimento gratuito de alimento e transporte coletivo.[9]	Reclusão de 4 a 6 anos e 200 a 300 dias-multa.

---

[8] "Parágrafo único. Se o agente é membro ou funcionário da Justiça Eleitoral e comete o crime prevalecendo-se do cargo, a pena é agravada."

[9] Art. 11, III, Lei nº 6.091/74 (Transporte de eleitores).

Artigo	Tipo	Pena
303	Majoração de preços de utilidades e serviços necessários à realização das eleições.	250 a 300 dias-multa.
304	Ocultação, sonegação ou recusa de fornecimento de utilidades, alimentação e de meios de transporte no dia da eleição.	250 a 300 dias-multa.
305	Intervenção indevida de autoridade estranha junto à mesa receptora.	Detenção de 15 dias a 6 meses e 60 a 90 dias-multa.
306	Inobservância da ordem de chamamento dos eleitores.	15 a 30 dias-multa.
307	Fornecer ao eleitor cédula oficial já assinalada ou marcada.	Reclusão de 1 a 5 anos e 5 a 15 dias-multa.
308	Fornecer cédula oficial ao eleitor, fora do momento oportuno.	Reclusão de 1 a 5 anos e 60 a 90 dias-multa.
309	Votar ou tentar votar mais de uma vez ou no lugar de outrem.	Reclusão de 1 a 3 anos.
310	Prática de qualquer irregularidade que determine a anulação da votação.	Detenção de 1 a 6 meses **ou** 90 a 120 dias-multa.
311	Votar o eleitor em seção eleitoral onde não está inscrito. E permitir o presidente da mesa o lançamento do voto indevido.	Detenção de 15 dias a 1 mês **ou** 5 a 15 dias-multa para eleitor e 20 a 30 dias-multa para o presidente da mesa.
312	Violação do sigilo do voto.	Detenção de 15 dias a 2 anos.
313	Falta de expedição tempestiva de boletim de urna.	90 a 120 dias-multa.
314	Omissão no recolhimento das cédulas apuradas, no fechamento e lacração da urna.	Detenção de 15 dias a 2 meses **ou** 90 a 120 dias-multa.
315	Fraude, através de lançamento ou alteração nos mapas ou boletins de apuração, do número de votos obtidos por qualquer candidato.	Reclusão até 5 anos e 5 a 15 dias-multa.
316	Deixar de receber ou registrar os protestos ou de remetê-los à instância superior.	Reclusão de 1 a 5 anos e 5 a 15 dias-multa.
317	Violação do sigilo da urna ou dos invólucros.	Reclusão de 3 a 5 anos.
318	Contagem indevida de votos pela mesa receptora.	Detenção de 15 dias a 1 mês **ou** 30 a 60 dias-multa.
319	Subscrição de mais de uma ficha de filiação partidária.	Detenção de 15 dias a 1 mês **ou** 10 a 30 dias-multa.

Artigo	Tipo	Pena
320	Inscrição simultânea em 2 ou mais partidos políticos.	10 a 20 dias-multa.
321	Coleta de assinatura em mais de uma ficha de registro de partido.	Detenção de 15 dias a 2 meses **ou** 20 a 40 dias-multa.
323	Divulgação de propaganda de fatos inverídicos.	Detenção de 2 meses a 1 ano **ou** 120 a 150 dias-multa.
324	Calúnia na propaganda eleitoral.[10]	Detenção de 6 meses a 2 anos e 10 a 40 dias-multa.
325	Difamação na propaganda eleitoral.[10]	Detenção de 3 meses a 1 ano e 5 a 30 dias-multa.
326	Injúria na propaganda eleitoral.[10 e 11]	Detenção de 15 dias a 6 meses **ou** 30 a 60 dias-multa.
331	Inutilização, alteração ou perturbação de propaganda eleitoral.	Detenção de 15 dias a 6 meses **ou** 90 a 120 dias-multa.
332	Impedimento do exercício de propaganda.	Detenção de 15 dias a 6 meses e 30 a 60 dias-multa.
334	Utilização de organização comercial para propaganda ou aliciamento de eleitor.	Detenção de 6 meses a 1 ano e cassação do registro se o responsável for candidato.
335	Realização de propaganda eleitoral em língua estrangeira.	Detenção de 3 a 6 meses e 30 a 60 dias- multa.
337	Participação de pessoa que não esteja no gozo de direitos políticos em atividades partidárias e propaganda eleitoral.	Detenção de 15 dias a 6 meses e 90 a 120 dias-multa.

---

[10] *"Art. 327. As penas cominadas nos arts. 324, 325 e 326 aumentam-se de um terço, se qualquer dos crimes é cometido:*

I – contra o Presidente da República ou chefe de governo estrangeiro;

II – contra funcionário público, em razão de suas funções;

III – na presença de várias pessoas, ou por meio que facilita a divulgação da ofensa."

[11] *"§ 1º O juiz pode deixar de aplicar a pena:*

I – se o ofendido, de forma reprovável, provocou diretamente a injúria;

II – no caso de retorsão imediata, que consiste em outra injúria.

§ 2º Se a injúria consiste em violência ou vias de fato que, por sua natureza ou meio empregado, se considerem aviltantes:

Pena – detenção de 3 meses a 1 ano e 5 a 20 dias-multa, além das penas correspondentes à violência prevista no Código Penal."

Artigo	Tipo	Pena
338	Não concessão de prioridade postal.	30 a 60 dias-multa.
339	Destruição, supressão ou ocultação de urna contendo votos ou documentos eleitorais.	Reclusão de 2 a 6 anos e 5 a 15 dias-multa.
340	Fabricação, aquisição, fornecimento, subtração ou guarda de urnas e demais materiais de uso exclusivo da Justiça Eleitoral.	Reclusão de 1 a 3 anos e 3 a 15 dias-multa.
341	Retardar ou não publicar decisões, citações ou intimações da Justiça Eleitoral.	Detenção de 15 dias a 1 mês **ou** 30 a 60 dias-multa.
342	Deixar de oferecer denúncia ou de promover a execução de sentença condenatória, no prazo legal.	Detenção de 15 dias a 2 meses **ou** 60 a 90 dias-multa.
343	Deixar o Juiz Eleitoral de representar contra o Promotor de Justiça Eleitoral que não oferecer denúncia no prazo legal.	Detenção de 15 dias a 2 meses **ou** 60 a 90 dias-multa.
344	Recusar ou abandonar o serviço eleitoral.	Detenção de 15 dias a 2 meses **ou** 90 a 120 dias-multa.
345	Descumprir o Juiz Eleitoral e os funcionários da Justiça Eleitoral os deveres impostos pelo Código Eleitoral, se a infração não estiver sujeita a outra penalidade.	30 a 90 dias-multa.
346	Utilização de prédios ou serviços públicos em benefício de partido político.	Detenção de 15 dias a 6 meses e 30 a 60 dias-multa.
347	Desobediência a ordem judicial eleitoral.	Detenção de 3 meses a 1 ano e 10 a 20 dias-multa.
348	Falsificação de documento público para fins eleitorais.	Reclusão de 2 a 6 anos e 15 a 30 dias-multa.
349	Falsificação de documento particular para fins eleitorais.	Reclusão de 1 a 5 anos e 3 a 10 dias-multa.
350	Falsidade ideológica com finalidade eleitoral.	Reclusão de 1 a 5 anos e 5 a 15 dias-multa, se o documento é público, e reclusão de 1 a 3 anos e 3 a 10 dias-multa, se o documento é particular.

Artigo	Tipo	Pena
352	Reconhecimento indevido de firma ou letra para fins eleitorais.	Reclusão de 1 a 5 anos e 5 a 15 dias-multa, se o documento for público, e reclusão de 1 a 3 anos e 3 a 10 dias-multa, se o documento é particular.
353	Uso de documento falso para fins eleitorais.	Mesma pena cominada para a falsificação.
354	Obtenção de documento falso para fins eleitorais.	Mesma pena cominada para a falsificação.

22.1.2 Crimes eleitorais tipificados na Lei das Eleições – Lei nº 9.504/97

Artigo	Tipo	Pena
33, § 3º	Divulgação de pesquisa eleitoral irregular sem prévio registro.	Multa no valor de 50 a 100 mil UFIR.
33, § 4º	Divulgação de pesquisa eleitoral fraudulenta.	Detenção de 6 meses a 1 ano e multa no valor de 50 a 100 mil UFIR.
34, § 2º	Impedir ou dificultar a fiscalização de pesquisa eleitoral.	Detenção de 6 meses a 1 ano, com alternativa de prestação de serviços à comunidade pelo mesmo prazo, e multa de 10 a 20 mil UFIR.
39, § 5º	Realização de propaganda eleitoral no dia das eleições: uso de alto-falantes e amplificadores de som ou a promoção de comício ou carreata (I); arregimentação de eleitor ou propaganda de boca de urna (II); divulgação de qualquer espécie de propaganda de partidos ou de seus candidatos mediante publicações, cartazes, camisas, bonés, broches ou dísticos em vestuário (III).	Detenção de 6 meses a 1 ano, com a alternativa de prestação de serviços à comunidade pelo mesmo período, e multa de 5 a 15 mil UFIR.
40	Uso de símbolos, frases ou imagens governamentais ou que lhes sejam assemelhadas, em propaganda eleitoral.	Detenção de 6 meses a 1 ano, com a alternativa de prestação de serviços à comunidade pelo mesmo período, e multa de 10 a 20 mil UFIR.

Artigo	Tipo	Pena
68, § 2º	Omissão de entrega do boletim de urna.	Detenção de 1 a 3 meses, com a alternativa de prestação de serviço à comunidade pelo mesmo período, e multa de 1 a 5 mil UFIR.
72	Acesso indevido ao Sistema de Tratamento Automático de Dados da Justiça Eleitoral a fim de alterar a apuração ou a contagem de votos (I); Desenvolvimento de programa de computador ou Inserção de dados no Sistema de Tratamento Automático de Dados, com aptidão de destruir, apagar, eliminar, alterar, gravar ou transmitir dado ou de provocar qualquer outro resultado diverso do esperado (II); Danificar, no todo ou em parte, equipamento usado na votação ou na totalização de votos (III).	Reclusão de 5 a 10 anos.
87, §§ 2º e 4º	Inobservância dos direitos de fiscalização da apuração e de recebimento de cópia de boletim de apuração.	Detenção de 1 a 3 meses, com a alternativa de prestação de serviços à comunidade pelo mesmo período e multa, no valor de 1 mil a 5 mil UFIR.
91, parágrafo único	Retenção de título eleitoral ou do comprovante de alistamento.	Detenção de 1 a 3 meses, com a alternativa de prestação de serviços à comunidade por igual período, e multa de 5 a 10 mil UFIR.

22.1.3 Crime eleitoral tipificado na Lei de Inelegibilidades – LC nº 64/90

Artigo	Tipo	Pena
25	Arguição de inelegibilidade ou impugnação de registro de candidato temerária ou de manifesta má-fé.	Detenção de 6 meses a 2 anos, e multa.

Anexo A

Calendário Eleitoral 2010

CALENDÁRIO ELEITORAL[1]

OUTUBRO DE 2009
3 de outubro – sábado
(um ano antes)

1. Data até a qual todos os partidos políticos que pretendam participar das eleições de 2010 devem ter obtido registro de seus estatutos no Tribunal Superior Eleitoral (Lei nº 9.504/97, art. 4º).

2. Data até a qual os candidatos a cargo eletivo nas eleições de 2010 devem ter domicílio eleitoral na circunscrição na qual pretendem concorrer (Lei nº 9.504/97, art. 9º, *caput*).

3. Data até a qual os candidatos a cargo eletivo nas eleições de 2010 devem estar com a filiação deferida no âmbito partidário, desde que o estatuto partidário não estabeleça prazo superior (Lei nº 9.504/97, art. 9º, *caput*, e Lei nº 9.096/95, arts. 18 e 20, *caput*).

DEZEMBRO DE 2009
18 de dezembro – sexta-feira

1. Último dia para os tribunais eleitorais designarem os juízes auxiliares (Lei nº 9.504/97, art. 96, § 3º).

JANEIRO DE 2010
1º de janeiro – sexta-feira

1. Data a partir da qual as entidades ou empresas que realizarem pesquisas de opinião pública relativas às eleições ou aos candidatos ficam obrigadas a registrar no tribunal ao qual compete fazer o registro dos candidatos as informações previstas em lei e em instruções expedidas pelo Tribunal Superior Eleitoral (Lei nº 9.504/97, art. 33, *caput* e § 1º).

2. Data a partir da qual fica proibida a distribuição gratuita de bens, valores ou benefícios por parte da Administração Pública, exceto nos casos de calamidade pública, de estado de emergência ou de programas sociais autorizados em lei e já em execução orçamentária no exercício anterior, casos em que o Ministério Público poderá promover o acompanhamento de sua execução financeira e administrativa (Lei nº 9.504/97, art. 73, § 10 – acrescentado pela Lei nº 11.300/2006).

---

[1] Calendário eleitoral (eleições de 2010): Resolução TSE nº 23.089, de 1º de julho de 2009, rel. Min. Arnaldo Versiani, e suas alterações determinadas pela Resolução TSE nº 23.223, de 4 de março de 2010.

MARÇO DE 2010
5 de março – sexta-feira

1. Último dia para o Tribunal Superior Eleitoral expedir as instruções relativas às eleições de 2010 (Lei nº 9.504/97, art. 105, *caput*).

ABRIL DE 2010
3 de abril – sábado
(6 meses antes)

1. Data a partir da qual todos os programas de computador de propriedade do Tribunal Superior Eleitoral, desenvolvidos por ele ou sob sua encomenda, utilizados nas urnas eletrônicas e nos computadores da Justiça Eleitoral para os processos de votação, apuração e totalização, poderão ter suas fases de especificação e de desenvolvimento acompanhadas por técnicos indicados pelos partidos políticos, pela Ordem dos Advogados do Brasil e pelo Ministério Público (Lei nº 9.504/97, art. 66, § 1º).

6 de abril – terça-feira
(180 dias antes)

1. Último dia para o órgão de direção nacional do partido político publicar, no *Diário Oficial da União*, as normas para a escolha e substituição de candidatos e para a formação de coligações, na hipótese de omissão do estatuto (Lei nº 9.504/97, art. 7º, § 1º).

2. Data a partir da qual, até a posse dos eleitos, é vedado aos agentes públicos fazer, na circunscrição do pleito, revisão geral da remuneração dos servidores públicos que exceda a recomposição da perda de seu poder aquisitivo ao longo do ano da eleição (Lei nº 9.504/97, art. 73, VIII, e Resolução nº 22.252/2006).

MAIO DE 2010
5 de maio – quarta-feira
(151 dias antes)

1. Último dia para o eleitor requerer inscrição eleitoral ou transferência de domicílio (Lei nº 9.504/97, art. 91, *caput*).

2. Último dia para o eleitor que mudou de residência dentro do Município pedir alteração no seu título eleitoral (Código Eleitoral, art. 46, § 3º, II, c.c. o art. 91, *caput*, da Lei nº 9.504/97 e Resolução nº 20.166/98).

3. Último dia para o eleitor portador de necessidades especiais solicitar sua transferência para seção eleitoral especial (Lei nº 9.504/97, art. 91, *caput*, e Resolução nº 21.008/2002, art. 2º).

JUNHO DE 2010
5 de junho – sábado

1. Último dia para a Justiça Eleitoral enviar aos partidos políticos, na respectiva circunscrição, a relação de todos os devedores de multa eleitoral, a qual embasará a expedição das certidões de quitação eleitoral (Lei nº 9.504/97, art. 11, § 9º).

10 de junho – quinta-feira

1. Data a partir da qual é permitida a realização de convenções destinadas a deliberar sobre coligações e escolher candidatos a presidente e vice-presidente da República, governador e vice-governador, senador e respectivos suplentes, deputado federal, estadual ou distrital (Lei nº 9.504/97, art. 8º, *caput*).

2. Início do período de 10 a 30 de junho de 2010, a partir do qual, dependendo do dia em que os partidos políticos ou coligações escolherem seus candidatos, é vedado às emissoras de rádio e de televisão transmitir programa apresentado ou comentado por candidato escolhido em convenção (Lei nº 9.504/97, art. 45, § 1º).

3. Data a partir da qual os feitos eleitorais terão prioridade para a participação do Ministério Público e dos juízes de todas as justiças e instâncias, ressalvados os processos de *habeas corpus* e mandado de segurança (Lei nº 9.504/97, art. 94, *caput*).

4. Início do período para nomeação dos membros das mesas receptoras para o primeiro e eventual segundo turnos de votação (Resolução nº 21.726/2004).

5. Último dia para fixação, por lei, dos limites de gastos de campanha para os cargos em disputa, observadas as peculiaridades locais (Lei nº 9.504/97, art. 17-A).

11 de junho – sexta-feira

1. Data a partir da qual caberá a cada partido político fixar o limite de gastos de campanha para os cargos em disputa, comunicando à Justiça Eleitoral, que dará a essas informações ampla publicidade, desde que não fixado por lei (Lei nº 9.504/97, art. 17-A).

30 de junho – quarta-feira

1. Último dia para a realização de convenções destinadas a deliberar sobre coligações e escolher candidatos a presidente e vice-presidente da República, governador e vice-governador, senador e respectivos suplentes, deputado federal, estadual e distrital (Lei nº 9.504/97, art. 8º, *caput*).

JULHO DE 2010
1º de julho – quinta-feira

1. Último dia para a designação do juiz eleitoral responsável pela fiscalização da propaganda eleitoral nos municípios com mais de uma zona eleitoral.

2. Data a partir da qual não será veiculada a propaganda partidária gratuita prevista na Lei nº 9.096/95, nem será permitido nenhum tipo de propaganda política paga no rádio e na televisão (Lei nº 9.504/97, art. 36, § 2º).

3. Data a partir da qual é vedado às emissoras de rádio e de televisão, em programação normal e em noticiário (Lei nº 9.504/97, art. 45, I a VI):

I – transmitir, ainda que sob a forma de entrevista jornalística, imagens de realização de pesquisa ou de qualquer outro tipo de consulta popular de natureza eleitoral em que seja possível identificar o entrevistado ou em que haja manipulação de dados;

II – usar trucagem, montagem ou outro recurso de áudio ou vídeo, que, de qualquer forma, degradem ou ridicularizem candidato, partido político ou coligação, ou produzir ou veicular programa com esse efeito;

III – veicular propaganda política ou difundir opinião favorável ou contrária a candidato, partido político, coligação, a seus órgãos ou representantes;

IV – dar tratamento privilegiado a candidato, partido político ou coligação;

V – veicular ou divulgar filmes, novelas, minisséries ou qualquer outro programa com alusão ou crítica a candidato ou partido político, mesmo que dissimuladamente, exceto programas jornalísticos ou debates políticos;

VI – divulgar nome de programa que se refira a candidato escolhido em convenção, ainda quando preexistente, inclusive se coincidente com o nome de candidato ou com a variação nominal por ele adotada.

3 de julho – sábado
(três meses antes)

1. Data a partir da qual são vedadas aos agentes públicos as seguintes condutas (Lei nº 9.504/97, art. 73, V e VI, *a*):

I – nomear, contratar ou de qualquer forma admitir, demitir sem justa causa, suprimir ou readaptar vantagens ou por outros meios dificultar ou impedir o exercício funcional e, ainda, *ex officio*, remover, transferir ou exonerar servidor público, na circunscrição do pleito, até a posse dos eleitos, sob pena de nulidade de pleno direito, ressalvados os casos de:

a) nomeação ou exoneração de cargos em comissão e designação ou dispensa de funções de confiança;

b) nomeação para cargos do Poder Judiciário, do Ministério Público, dos Tribunais ou Conselhos de Contas e dos órgãos da Presidência da República;

c) nomeação dos aprovados em concursos públicos homologados até 3 de julho de 2010;

d) nomeação ou contratação necessária à instalação ou ao funcionamento inadiável de serviços públicos essenciais, com prévia e expressa autorização do chefe do Poder Executivo;

e) transferência ou remoção *ex officio* de militares, de policiais civis e de agentes penitenciários;

II – realizar transferência voluntária de recursos da União aos Estados e Municípios, e dos Estados aos Municípios, sob pena de nulidade de pleno direito, ressalvados os recursos destinados a cumprir obrigação formal preexistente para execução de obra ou de serviço em andamento e com cronograma prefixado, e os destinados a atender situações de emergência e de calamidade pública.

2. Data a partir da qual é vedado aos agentes públicos cujos cargos estejam em disputa na eleição (Lei nº 9.504/97, art. 73, VI, *b* e *c*, e § 3º):

I – com exceção da propaganda de produtos e serviços que tenham concorrência no mercado, autorizar publicidade institucional dos atos, programas, obras, serviços e campanhas dos órgãos públicos municipais, ou das respectivas entidades da administração indireta, salvo em caso de grave e urgente necessidade pública, assim reconhecida pela Justiça Eleitoral;

II – fazer pronunciamento em cadeia de rádio e de televisão, fora do horário eleitoral gratuito, salvo quando, a critério da Justiça Eleitoral, tratar-se de matéria urgente, relevante e característica das funções de governo.

3. Data a partir da qual é vedada, na realização de inaugurações, a contratação de *shows* artísticos pagos com recursos públicos (Lei nº 9.504/97, art. 75).

4. Data a partir da qual é vedado a qualquer candidato comparecer a inaugurações de obras públicas (Lei nº 9.504/97, art. 77).

5. Data a partir da qual órgãos e entidades da Administração Pública direta e indireta poderão, quando solicitados pelos Tribunais Eleitorais, ceder funcionários em casos específicos e de forma motivada pelo período de até 3 meses depois da eleição (Lei nº 9.504/97, art. 94-A).

5 de julho – segunda-feira

1. Último dia para os partidos políticos e coligações apresentarem no Tribunal Superior Eleitoral, até as dezenove horas, o requerimento de registro de candidatos a presidente e vice-presidente da República (Lei nº 9.504/97, art. 11, *caput*).

2. Último dia para os partidos políticos e coligações apresentarem nos tribunais regionais eleitorais, até as dezenove horas, o requerimento de registro de candidatos a governador e vice-governador, senador e respectivos suplentes, deputado federal, deputado estadual ou distrital (Lei nº 9.504/97, art. 11, *caput*).

3. Data a partir da qual permanecerão abertas aos sábados, domingos e feriados as secretarias dos tribunais eleitorais, em regime de plantão (Lei Complementar nº 64/90, art. 16).

4. Último dia para os tribunais e conselhos de contas tornarem disponível à Justiça Eleitoral relação daqueles que tiveram suas contas relativas ao exercício de cargos ou funções públicas rejeitadas por irregularidade insanável e por decisão irrecorrível do órgão competente, ressalvados os casos em que a questão estiver sendo submetida à apreciação do Poder Judiciário, ou que haja sentença judicial favorável ao interessado (Lei nº 9.504/97, art. 11, § 5º).

5. Último dia para o eleitor portador de necessidades especiais que tenha solicitado transferência para seção eleitoral especial comunicar ao juiz eleitoral, por escrito, suas restrições e necessidades, a fim de que a Justiça Eleitoral, se possível, providencie os meios e recursos destinados a facilitar-lhe o exercício do voto (Resolução nº 21.008/2002, art. 3º).

6 de julho – terça-feira

1. Data a partir da qual será permitida a propaganda eleitoral (Lei nº 9.504/97, art. 36, *caput*).

2. Data a partir da qual os partidos políticos registrados podem fazer funcionar, das 8 horas às 22 horas, alto-falantes ou amplificadores de som, nas suas sedes ou em veículos (Lei nº 9.504/97, art. 39, § 3º).

3. Data a partir da qual os candidatos, os partidos políticos e as coligações poderão realizar comícios e utilizar aparelhagem de sonorização fixa, das 8 horas às 24 horas (Lei nº 9.504/97, art. 39, § 4º).

4. Data a partir da qual, independentemente do critério de prioridade, os serviços telefônicos oficiais ou concedidos farão instalar, nas sedes dos diretórios devidamente registrados, telefones necessários, mediante requerimento do respectivo presidente e pagamento das taxas devidas (Código Eleitoral, art. 256, § 1º).

5. Data a partir da qual será permitida a propaganda eleitoral por meio da internet (Lei nº 9.504/97, art. 57-A).

7 de julho – quarta-feira

1. *Revogado*

8 de julho – quinta-feira

1. Data a partir da qual os tribunais eleitorais convocarão os partidos políticos e a representação das emissoras de televisão para elaborarem plano de mídia para uso da parcela do horário eleitoral gratuito a ser utilizado em inserções a que tenham direito (Lei nº 9.504/97, art. 52).

2. Último dia para a Justiça Eleitoral publicar lista com a relação dos pedidos de registro de candidatos apresentados pelos partidos políticos ou coligação.

3. Último dia para a Justiça Eleitoral encaminhar à Receita Federal os dados dos candidatos cujos pedidos de registro tenham sido requeridos por partido político ou coligação para efeito de emissão do número de inscrição no Cadastro Nacional da Pessoa Jurídica – CNPJ (Lei nº 9.504/97, art. 22-A, § 1º).

10 de julho – sábado

1. Último dia para os candidatos, escolhidos em convenção, requererem seus registros perante o Tribunal Superior Eleitoral e tribunais regionais eleitorais, até as 19 horas, caso os partidos políticos ou as coligações não os tenham requerido (Lei nº 9.504/97, art. 11, § 4º).

13 de julho – terça-feira

1. Último dia para a Justiça Eleitoral encaminhar à Receita Federal os dados dos candidatos cujos pedidos de registro tenham sido requeridos pelos próprios candidatos para efeito de emissão do número de inscrição no Cadastro Nacional da Pessoa Jurídica – CNPJ (Lei nº 9.504/97, art. 22-A, § 1º, c.c. art. 11, § 4º).

14 de julho – quarta-feira

1. Último dia para os partidos políticos constituírem os comitês financeiros, observado o prazo de 10 dias úteis após a escolha de seus candidatos em convenção (Lei nº 9.504/97, art. 19, *caput*).

15 de julho – quinta-feira

1. Data a partir da qual o eleitor que estiver ausente do seu domicílio eleitoral, em primeiro e/ou segundo turnos das eleições 2010, poderá requerer sua habilitação para votar em trânsito para Presidente e Vice-Presidente da República, com a indicação da capital do Estado onde estará presente, de passagem ou em deslocamento (Código Eleitoral, art. 233-A).

19 de julho – segunda-feira

1. Último dia para os partidos políticos registrarem perante o Tribunal Superior Eleitoral e tribunais regionais eleitorais os comitês financeiros, observado o prazo de até 5 dias após a respectiva constituição (Lei nº 9.504/97, art. 19, § 3º).

25 de julho – domingo
(70 dias antes)

1. Último dia para que os títulos dos eleitores que requereram inscrição ou transferência estejam prontos (Código Eleitoral, art. 114, *caput*).

2. Último dia para a publicação, no órgão oficial do estado, dos nomes das pessoas indicadas para compor as juntas eleitorais para o primeiro e eventual segundo turnos de votação (Código Eleitoral, art. 36, § 2º).

28 de julho – quarta-feira
(67 dias antes)

1. Último dia para os partidos políticos impugnarem, em petição fundamentada, os nomes das pessoas indicadas para compor as juntas eleitorais (Código Eleitoral, art. 36, § 2º).

30 de julho – sexta-feira
(65 dias antes)

1. Último dia para o juiz eleitoral anunciar a realização de audiência pública para a nomeação do presidente, primeiro e segundo mesários, secretários e suplentes que irão compor a Mesa Receptora (Código Eleitoral, arts. 35, XIV, e 120).

31 de julho – sábado

1. Data a partir da qual, até o dia do pleito, o Tribunal Superior Eleitoral poderá requisitar das emissoras de rádio e de televisão até 10 minutos diários, contínuos ou não, que poderão ser somados e usados em dias espaçados, para a divulgação de seus comunicados, boletins e instruções ao eleitorado (Lei nº 9.504/97, art. 93).

AGOSTO DE 2010
4 de agosto – quarta-feira
(60 dias antes)

1. Data a partir da qual é assegurada prioridade postal aos partidos políticos para a remessa da propaganda de seus candidatos registrados (Código Eleitoral, art. 239).

2. Último dia para os órgãos de direção dos partidos políticos preencherem as vagas remanescentes para as eleições proporcionais, no caso de as convenções para a escolha de candidatos não terem indicado o número máximo previsto no § 5º do art. 10 da Lei nº 9.504/97.

3. Último dia para o pedido de registro de candidatura às eleições proporcionais, na hipótese de substituição; o requerimento, todavia, somente será tempes-

tivo se observado o prazo de até 10 dias contados do fato ou da decisão judicial que deu origem à substituição (Lei nº 9.504/97, art. 13, § 1º e § 3º).

4. Último dia para o partido político ou coligação comunicar à Justiça Eleitoral as anulações de deliberações decorrentes de convenção partidária (Lei nº 9.504/97, art. 7º, § 3º).

5. Último dia para a designação da localização das mesas receptoras para o primeiro e eventual segundo turnos de votação (Código Eleitoral, arts. 35, XIII, e 135, *caput*).

6. Último dia para nomeação dos membros das mesas receptoras para o primeiro e eventual segundo turnos de votação (Código Eleitoral, art. 35, XIV).

7. Último dia para a nomeação dos membros das juntas eleitorais para o primeiro e eventual segundo turnos de votação (Código Eleitoral, art. 36, § 1º).

8. Último dia para que o juiz eleitoral mande publicar no jornal oficial, onde houver, e, não havendo, em cartório, as nomeações que tiver feito, fazendo constar da publicação a intimação dos mesários para constituírem as mesas no dia e lugares designados, às 7 horas (Código Eleitoral, art. 120, § 3º).

9. Último dia para o eleitor que estiver fora do seu domicílio requerer a segunda via do título eleitoral ao juiz da zona em que se encontrar, esclarecendo se vai recebê-la na sua zona ou naquela em que a requereu (Código Eleitoral, art. 53, *caput* e § 4º).

5 de agosto – quinta-feira

1. Data em que todos os pedidos originários de registro, inclusive os impugnados, deverão estar julgados e publicadas as respectivas decisões.

6 de agosto – sexta-feira

1. Data em que os partidos políticos, as coligações e os candidatos são obrigados, durante a campanha eleitoral, a divulgar, pela rede mundial de computadores (Internet), relatório discriminando os recursos em dinheiro ou estimáveis em dinheiro que tenham recebido para financiamento da campanha eleitoral e os gastos que realizarem, em sítio criado pela Justiça Eleitoral para esse fim, exigindo-se a indicação dos nomes dos doadores e os respectivos valores doados somente na prestação de contas final de que tratam os incisos III e IV do artigo 29 da Lei nº 9.504/97 (Lei nº 9.504/97, art. 28, § 4º).

9 de agosto – segunda-feira

1. Último dia para os partidos políticos reclamarem da nomeação dos membros das mesas receptoras (Lei nº 9.504/97, art. 63, *caput*).

2. Último dia para os membros das mesas receptoras recusarem a nomeação (Código Eleitoral, art. 120, § 4º).

11 de agosto – quarta-feira

1. Último dia para o juiz eleitoral decidir sobre as recusas e reclamações contra a nomeação dos membros das mesas receptoras (Lei nº 9.504/97, art. 63, *caput*).

14 de agosto – sábado
(50 dias antes)

1. Último dia para os responsáveis por todas as repartições, órgãos e unidades do serviço público oficiarem ao juiz eleitoral, informando o número, a espécie e a lotação dos veículos e embarcações de que dispõem para o primeiro e eventual segundo turnos de votação (Lei nº 6.091/74, art. 3º).

2. Último dia do prazo para os partidos políticos recorrerem da decisão do juiz eleitoral sobre a nomeação dos membros da mesa receptora (Lei nº 9.504/97, art. 63, § 1º).

15 de agosto – domingo

1. Último dia para os tribunais eleitorais realizarem sorteio para a escolha da ordem de veiculação da propaganda de cada partido político ou coligação no primeiro dia do horário eleitoral gratuito (Lei nº 9.504/97, art. 50).

2. Último dia para o eleitor que estiver ausente do seu domicílio eleitoral, em primeiro e/ou segundo turnos das eleições 2010, requerer sua habilitação para votar em trânsito para Presidente e Vice-Presidente da República, com a indicação da capital do Estado onde estará presente, de passagem ou em deslocamento (Código Eleitoral, art. 233-A).

17 de agosto – terça-feira
(47 dias antes)

1. Início do período da propaganda eleitoral gratuita no rádio e na televisão (Lei nº 9.504/97, art. 47, *caput*).

2. Último dia para os tribunais regionais eleitorais decidirem sobre os recursos interpostos contra a nomeação dos membros das mesas receptoras (Lei nº 9.504/97, art. 63, § 1º).

19 de agosto – quinta-feira
(45 dias antes)

1. Último dia do prazo para os tribunais regionais eleitorais tornarem disponíveis ao Tribunal Superior Eleitoral as informações sobre os candidatos às eleições majoritárias e proporcionais registrados, das quais constarão, obrigato-

riamente, a referência ao sexo e ao cargo a que concorrem, para fins de centralização e divulgação de dados (Lei nº 9.504/97, art. 16).

2. Data em que todos os recursos sobre pedido de registro de candidatos deverão estar julgados pelo Tribunal Superior Eleitoral e publicadas as respectivas decisões (Lei nº 9.504/97, art. 16, § 1º).

24 de agosto – terça-feira
(40 dias antes)

1. Último dia para os diretórios regionais dos partidos políticos indicarem integrantes da Comissão Especial de Transporte e Alimentação para o primeiro e eventual segundo turnos de votação (Lei nº 6.091/74, art. 15).

25 de agosto – quarta-feira

1. *Revogado*

2. *Revogado*

28 de agosto – sábado

1. Último dia para verificação das fotos e dados que constarão da urna eletrônica por parte dos candidatos, partidos políticos ou coligações (Resolução nº 22.156/2006, art. 55 e Resolução nº 22.717/2008, art. 68).

30 de agosto – segunda-feira

1. Último dia para os candidatos, partidos políticos ou coligações substituírem a foto que será utilizada na urna eletrônica (Resolução nº 22.156/2006, art. 55, § 1º e Resolução nº 22.717/2008, art. 68, § 1º).

SETEMBRO DE 2010
3 de setembro – sexta-feira
(30 dias antes)

1. Último dia para entrega dos títulos eleitorais resultantes dos pedidos de inscrição ou de transferência (Código Eleitoral, art. 69, *caput*).

2. Último dia para o juiz eleitoral comunicar ao tribunal regional eleitoral os nomes dos escrutinadores e dos componentes da junta nomeados e publicar, mediante edital, a composição do órgão (Código Eleitoral, art. 39).

3. Último dia para a instalação da Comissão Especial de Transporte e Alimentação (Lei nº 6.091/74, art. 14).

4. Último dia para a requisição de veículos e embarcações aos órgãos ou unidades do serviço público para o primeiro e eventual segundo turnos de votação (Lei nº 6.091/74, art. 3º, § 2º).

5. Último dia para os tribunais regionais eleitorais designarem, em sessão pública, a comissão de auditoria para verificação do funcionamento das urnas eletrônicas, por meio de votação paralela (Resolução nº 21.127/2002).

6. Último dia para publicação, pelos tribunais regionais eleitorais, para uso na votação e apuração, de lista organizada em ordem alfabética, formada pelo nome completo de cada candidato e pelo nome que deve constar da urna eletrônica, também em ordem alfabética, seguidos da respectiva legenda e número (Lei nº 9.504/97, § 5º, I e II, Resolução nº 21.607/2004, e Resolução nº 21.650/2004).

6 de setembro – segunda-feira

1. Último dia para os partidos políticos oferecerem impugnação motivada aos nomes dos escrutinadores e aos componentes da junta nomeados, constantes do edital publicado (Código Eleitoral, art. 39).

2. Último dia para os partidos políticos e coligações impugnarem a indicação de componente da comissão de auditoria para verificação do funcionamento das urnas eletrônicas, por meio de votação paralela (Resolução nº 21.217/2002).

3. Data em que os partidos políticos e os candidatos são obrigados, durante a campanha eleitoral, a divulgar, pela rede mundial de computadores (Internet), relatório discriminando os recursos em dinheiro ou estimáveis em dinheiro que tenham recebido para financiamento da campanha eleitoral e os gastos que realizarem, em sítio criado pela Justiça Eleitoral para esse fim, exigindo-se a indicação dos nomes dos doadores e os respectivos valores doados somente na prestação de contas final de que tratam os incisos III e IV do artigo 29 da Lei nº 9.504/97 (Lei nº 9.504/97, art. 28, § 4º).

13 de setembro – segunda-feira
(20 dias antes)

1. Último dia para o Tribunal Superior Eleitoral apresentar aos partidos políticos os programas de computador a serem utilizados nas eleições (Lei nº 9.504/97, art. 66, § 2º).

2. Último dia para a instalação da comissão de auditoria para verificação do funcionamento das urnas eletrônicas por meio de votação paralela (Resolução nº 21.127/2002).

18 de setembro – sábado
(15 dias antes)

1. Data a partir da qual nenhum candidato, membro de mesa receptora e fiscal de partido poderão ser detidos ou presos, salvo em flagrante delito (Código Eleitoral, art. 236, § 1º).

2. Último dia para os partidos políticos e coligações impugnarem os programas de computador a serem utilizados nas eleições (Lei nº 9.504/97, art. 66, § 3º).

3. Último dia para a requisição de funcionários e instalações destinados aos serviços de transporte e alimentação de eleitores no primeiro e eventual segundo turnos de votação (Lei nº 6.091/74, art. 1º, § 2º).

4. Data em que deve ser divulgado o quadro geral de percursos e horários programados para o transporte de eleitores para o primeiro e eventual segundo turnos de votação (Lei nº 6.091/74, art. 4º).

21 de setembro – terça-feira
(12 dias antes)

1. Último dia para a reclamação contra o quadro geral de percursos e horários programados para o transporte de eleitores no primeiro e eventual segundo turnos de votação (Lei nº 6.091/74, art. 4º, § 2º).

23 de setembro – quinta-feira
(10 dias antes)

1. Data em que todos os recursos sobre pedidos de registro de candidatos devem estar julgados pelo Tribunal Superior Eleitoral e publicadas as respectivas decisões (Lei Complementar nº 64/90, arts. 3º e seguintes).

2. Último dia para o eleitor requerer a segunda via do título eleitoral (Código Eleitoral, art. 52, *caput*).

3. Último dia para o juiz eleitoral comunicar aos chefes das repartições públicas e aos proprietários, arrendatários ou administradores das propriedades particulares a resolução de que serão os respectivos edifícios, ou parte deles, utilizados para o funcionamento das mesas receptoras no primeiro e eventual segundo turnos de votação (Código Eleitoral, art. 137).

24 de setembro – sexta-feira
(9 dias antes)

1. Último dia para o juiz eleitoral decidir as reclamações contra o quadro geral de percursos e horários para o transporte de eleitores, devendo, em seguida, divulgar, pelos meios disponíveis, o quadro definitivo (Lei nº 6.091/74, art. 4º, § 3º e § 4º).

28 de setembro – terça-feira
(5 dias antes)

1. Data a partir da qual, e até 48 horas depois do encerramento da eleição, nenhum eleitor poderá ser preso ou detido, salvo em flagrante delito, ou em virtude de sentença criminal condenatória por crime inafiançável, ou, ainda, por desrespeito a salvo-conduto (Código Eleitoral, art. 236, *caput*).

2. Último dia para os partidos políticos e coligações indicarem aos juízes eleitorais representantes para o Comitê Interpartidário de Fiscalização (Resolução nº 22.712, art. 93).

30 de setembro – quinta-feira
(3 dias antes)

1. Data em que o presidente do Tribunal Superior Eleitoral sorteará, entre os seus membros, o relator de cada um dos seguintes grupos, ao qual serão distribuídos todos os recursos e documentos da eleição presidencial na respectiva circunscrição para o primeiro e eventual segundo turnos de votação (Código Eleitoral, art. 206; RITSE, art. 86):

Grupo I – Amazonas, Alagoas, São Paulo e Tocantins;

Grupo II – Minas Gerais, Mato Grosso, Espírito Santo e Mato Grosso do Sul;

Grupo III – Ceará, Sergipe, Maranhão e Goiás;

Grupo IV – Rio de Janeiro, Paraná, Pará e Piauí;

Grupo V – Bahia, Pernambuco, Paraíba e Santa Catarina;

Grupo VI – Distrito Federal, Rio Grande do Sul, Rio Grande do Norte, Acre, Rondônia, Roraima e Amapá.

2. Data a partir da qual o juiz eleitoral ou o presidente da mesa receptora poderá expedir salvo-conduto em favor de eleitor que sofrer violência moral ou física na sua liberdade de votar (Código Eleitoral, art. 235, parágrafo único).

3. Último dia para a divulgação da propaganda eleitoral gratuita no rádio e na televisão (Lei nº 9.504/97, art. 47, *caput*).

4. *Revogado*

5. Último dia para propaganda política mediante reuniões públicas ou promoção de comícios e utilização de aparelhagem de sonorização fixa, entre as 8 horas e as 24 horas (Código Eleitoral, art. 240, parágrafo único, e Lei nº 9.504/97, art. 39, § 4º e § 5º, I).

6. Último dia para a realização de debates (Resolução nº 22.452/2006).

7. Último dia para o juiz eleitoral remeter ao presidente da mesa receptora o material destinado à votação (Código Eleitoral, art. 133).

8. Último dia para os partidos políticos e coligações indicarem, perante os juízos eleitorais, o nome das pessoas autorizadas a expedir as credenciais dos fiscais e delegados que estarão habilitados a fiscalizar os trabalhos de votação durante o pleito eleitoral.

OUTUBRO DE 2010
1º de outubro – sexta-feira
(2 dias antes)

1. Último dia para a divulgação paga, na imprensa escrita, e a reprodução na Internet do jornal impresso, de até 10 anúncios de propaganda eleitoral, por veículo, em datas diversas, para cada candidato, no espaço máximo, por edição, de 1/8 (um oitavo) de página de jornal padrão e de 1/4 (um quarto) de página de revista ou tabloide (Lei nº 9.504/97, art. 43).

2. Data em que o presidente da mesa receptora que não tiver recebido o material destinado à votação deverá diligenciar para o seu recebimento (Código Eleitoral, art. 133, § 2º).

2 de outubro – sábado
(1 dia antes)

1. Último dia para entrega da segunda via do título eleitoral (Código Eleitoral, art. 69, parágrafo único).

2. Último dia para a propaganda eleitoral mediante alto-falantes ou amplificadores de som, entre as 8 horas e as 22 horas (Lei nº 9.504/97, art. 39, § 3º e § 5º, I).

3. Último dia, até as 22 horas, para a distribuição de material gráfico e a promoção de caminhada, carreata, passeata ou carro de som que transite pela cidade divulgando *jingles* ou mensagens de candidatos (Lei nº 9.504/97, art. 39, § 9º).

3 de outubro – domingo
DIA DAS ELEIÇÕES
(Lei nº 9.504, art. 1º, *caput*)

Às 7 horas

Instalação da seção eleitoral (Código Eleitoral, art. 142).

Às 8 horas

Início da votação (Código Eleitoral, art. 144).

Às 17 horas

Encerramento da votação (Código Eleitoral, arts. 144 e 153).

Depois das 17 horas

Emissão do boletim de urna e início da apuração e da totalização dos resultados.

1. Possibilidade de funcionamento do comércio no dia da eleição, com a ressalva de que os estabelecimentos que funcionarem nesta data deverão proporcionar as condições para que seus funcionários possam exercer o direito/dever do voto (Resolução nº 22.963/2008).

2. Data em que é permitida a manifestação individual e silenciosa da preferência do eleitor por partido político, coligação ou candidato, revelada exclusivamente pelo uso de bandeiras, broches, dísticos e adesivos (Lei nº 9.504/97, art. 39-A, *caput*).

3. Data em que é vedada, até o término da votação, a aglomeração de pessoas portando vestuário padronizado, bem como bandeiras, broches, dísticos e adesivos que caracterizem manifestação coletiva, com ou sem utilização de veículos (Lei nº 9.504/97, art. 39-A, § 1º).

4. Data em que, no recinto das seções eleitorais e juntas apuradoras, é proibido aos servidores da Justiça Eleitoral, aos mesários e aos escrutinadores o uso de vestuário ou objeto que contenha qualquer propaganda de partido político, de coligação ou de candidato (Lei nº 9.504/97, art. 39-A, § 2º).

5. Data em que é vedado aos fiscais partidários, nos trabalhos de votação, o uso de vestuário padronizado, sendo-lhes permitido tão só o uso de crachás com o nome e a sigla do partido político ou coligação (Lei nº 9.504/97, art. 39-A, § 3º).

6. Data em que deverá ser afixada, na parte interna e externa das seções eleitorais e em local visível, cópia do inteiro teor do disposto no art. 39-A da Lei nº 9.504/97 (Lei nº 9.504/97, art. 39-A, § 4º).

7. Data em que é vedada qualquer espécie de propaganda de partidos políticos ou de seus candidatos (Lei nº 9.504/97, art. 39, § 5º, inciso III).

5 de outubro – terça-feira

1. Término do prazo, às 17 horas, do período de validade do salvo-conduto expedido pelo juiz eleitoral ou presidente da mesa receptora (Código Eleitoral, art. 235, parágrafo único).

2. Término do período, após as 17 horas, em que nenhum eleitor poderá ser preso ou detido, salvo em flagrante delito, ou em virtude de sentença criminal condenatória por crime inafiançável, ou, ainda, por desrespeito a salvo-conduto (Código Eleitoral, art. 236, *caput*).

3. Início da propaganda eleitoral do segundo turno (Código Eleitoral, art. 240, parágrafo único).

4. Data a partir da qual será permitida a propaganda eleitoral mediante alto-falantes ou amplificadores de som, entre as 8 horas e as 22 horas, bem como a promoção de comício ou utilização de aparelhagem de sonorização fixa, entre as 8 horas e as 24 horas (Código Eleitoral, art. 240, parágrafo único, c.c. Lei nº 9.504/97, art. 39, § 3º, § 4º e § 5º, I).

5. Data a partir da qual será permitida a promoção de carreata e distribuição de material de propaganda política (Código Eleitoral, art. 240, parágrafo único c.c. Lei nº 9.504/97, art. 39, § 5º, I e III).

6 de outubro – quarta-feira

1. Último dia para o mesário que abandonar os trabalhos durante a votação apresentar ao juiz eleitoral sua justificativa (Código Eleitoral, art. 124, § 4º).

13 de outubro – quarta-feira

1. Último dia para conclusão dos trabalhos de apuração pelas juntas eleitorais e remessa ao Tribunal Regional Eleitoral dos documentos a ela referentes.

14 de outubro – quinta-feira

1. Último dia para o Tribunal Superior Eleitoral divulgar o resultado da eleição para presidente e vice-presidente da República.

2. Último dia para os tribunais regionais eleitorais divulgarem o resultado da eleição para governador e vice-governador de Estado e do Distrito Federal.

16 de outubro – sábado
(15 dias antes)

1. Data a partir da qual nenhum candidato que participará do segundo turno de votação poderá ser detido ou preso, salvo no caso de flagrante delito (Código Eleitoral, art. 236, § 1º).

2. Data a partir da qual, nos estados em que não houver votação em segundo turno, as secretarias dos tribunais regionais eleitorais não mais permanecerão abertas aos sábados, domingos e feriados e as decisões, salvo as referentes às prestações de contas de campanha, não mais serão publicadas em sessão.

3. Data limite para o início do período de propaganda eleitoral gratuita, no rádio e na televisão, relativo ao segundo turno, tendo em conta o prazo final para a divulgação do resultado das eleições e proclamação dos eleitos pelo Tribunal Superior Eleitoral (Lei nº 9.504/97, art. 49, *caput*).

26 de outubro – terça-feira
(5 dias antes)

1. Data a partir da qual e até 48 horas depois do encerramento da eleição nenhum eleitor poderá ser preso ou detido, salvo em flagrante delito, ou em virtude de sentença criminal condenatória por crime inafiançável, ou, ainda, por desrespeito a salvo-conduto (Código Eleitoral, art. 236, *caput*).

28 de outubro – quinta-feira
(3 dias antes)

1. Início do prazo de validade do salvo-conduto expedido pelo juiz eleitoral ou presidente da mesa receptora (Código Eleitoral, art. 235, parágrafo único).

2. Último dia para propaganda política mediante reuniões públicas ou promoção de comícios e utilização de aparelhagem de sonorização fixa, entre as 8 horas e as 24 horas (Código Eleitoral, art. 240, p. único e Lei nº 9.504/97, art. 39, § 4º e § 5º, I).

3. Último dia para o juiz eleitoral remeter ao presidente da mesa receptora o material destinado à votação (Código Eleitoral, art. 133).

29 de outubro – sexta-feira
(2 dias antes)

1. Último dia para a divulgação da propaganda eleitoral gratuita no rádio e na televisão (Lei nº 9.504/97, art. 49, *caput*).

2. Último dia para a divulgação paga, na imprensa escrita, de propaganda eleitoral, no espaço máximo, por edição, para cada candidato, partido político ou coligação, de um oitavo de página de jornal padrão e um quarto de página de revista ou tabloide (Lei nº 9.504/97, art. 43, *caput*).

3. Último dia para a realização de debates (Resolução nº 22.452/2006).

4. Último dia para propaganda eleitoral em páginas institucionais na Internet (Resolução nº 22.460/2006).

5. Data em que o presidente da mesa receptora que não tiver recebido o material destinado à votação deverá diligenciar para o seu recebimento (Código Eleitoral, art. 133, § 2º).

30 de outubro – sábado
(1 dia antes)

1. Último dia para a propaganda eleitoral mediante alto-falantes ou amplificadores de som, entre as 8 horas e as 22 horas (Lei nº 9.504/97, art. 39, § 3º e § 5º, I).

2. Último dia para a promoção de carreata e distribuição de material de propaganda política (Lei nº 9.504/97, art. 39, § 5º, I e III).

31 de outubro – domingo
DIA DA ELEIÇÃO
(Lei nº 9.504/97, art. 2º, § 1º)

Às 7 horas

Instalação da seção eleitoral (Código Eleitoral, art. 142).

Às 8 horas

Início da votação (Código Eleitoral, art. 144).

Às 17 horas

Encerramento da votação (Código Eleitoral, arts. 144 e 153).

Depois das 17 horas

Emissão do boletim de urna e início da apuração e da totalização dos resultados.

1. Possibilidade de funcionamento do comércio no dia da eleição, com a ressalva de que os estabelecimentos que funcionarem nesta data deverão proporcionar as condições para que seus funcionários possam exercer o direito/dever do voto (Resolução nº 22.963/2008).

2. Data em que é permitida a manifestação individual e silenciosa da preferência do eleitor por partido político, coligação ou candidato, revelada exclusivamente pelo uso de bandeiras, broches, dísticos e adesivos (Lei nº 9.504/97, art. 39-A, *caput*).

3. Data em que é vedada, até o término da votação, a aglomeração de pessoas portando vestuário padronizado, bem como bandeiras, broches, dísticos e adesivos que caracterizem manifestação coletiva, com ou sem utilização de veículos (Lei nº 9.504/97, art. 39-A, § 1º).

4. Data em que, no recinto das seções eleitorais e juntas apuradoras, é proibido aos servidores da Justiça Eleitoral, aos mesários e aos escrutinadores o uso de vestuário ou objeto que contenha qualquer propaganda de partido político, de coligação ou de candidato (Lei nº 9.504/97, art. 39-A, § 2º).

5. Data em que é vedado aos fiscais partidários, nos trabalhos de votação, o uso de vestuário padronizado, sendo-lhes permitido tão só o uso de crachás com o nome e a sigla do partido político ou coligação (Lei nº 9.504/97, art. 39-A, § 3º).

6. Data em que deverá ser afixada, na parte interna e externa das seções eleitorais e em local visível, cópia do inteiro teor do disposto no art. 39-A da Lei nº 9.504/97 (Lei nº 9.504/97, art. 39-A, § 4º).

7. Data em que é vedada qualquer espécie de propaganda de partidos políticos ou de seus candidatos (Lei nº 9.504/97, art. 39, § 5º, inciso III).

NOVEMBRO DE 2010
2 de novembro – terça-feira

1. Término do prazo, às 17 horas, do período de validade do salvo-conduto expedido pelo juiz eleitoral ou pelo presidente da mesa receptora (Código Eleitoral, art. 235, parágrafo único).

2. Término do período, após as 17 horas, em que nenhum eleitor poderá ser preso ou detido, salvo em flagrante delito, ou em virtude de sentença criminal condenatória por crime inafiançável, ou, ainda, por desrespeito a salvo-conduto (Código Eleitoral, art. 236, *caput*).

3. Último dia para o mesário que faltou à votação de 3 de outubro apresentar justificativa ao juiz eleitoral (Código Eleitoral, art. 124).

4. Último dia para os candidatos, inclusive a vice e a suplentes, comitês financeiros e partidos políticos encaminharem à Justiça Eleitoral as prestações de contas referentes ao primeiro turno, salvo as dos candidatos que concorreram ao segundo turno das eleições (Lei nº 9.504/97, art. 29, III e IV).

5. Último dia para encaminhamento da prestação de contas pelos candidatos às eleições proporcionais que optarem por fazê-lo diretamente à Justiça Eleitoral (Lei nº 9.504/97, art. 29, § 1º).

6. Último dia para os candidatos, os partidos políticos e as coligações, nos Estados onde não houve segundo turno, removerem as propagandas relativas às eleições, com a restauração do bem, se for o caso (Resolução nº 22.718/2008, art. 78).

7. Último dia para o pagamento de aluguel de veículos e embarcações referente à votação de 1º de outubro, caso não tenha havido votação em segundo turno (Lei nº 6.091/74, art. 2º, parágrafo único).

3 de novembro – quarta-feira

1. Último dia para o mesário que abandonou os trabalhos durante a votação de 31 de outubro apresentar justificativa ao juiz eleitoral (Código Eleitoral, art. 124, § 4º).

5 de novembro – sexta-feira
(5 dias após o segundo turno)

1. Último dia em que os feitos eleitorais terão prioridade para a participação do Ministério Público e dos juízes de todas as justiças e instâncias, ressalvados os processos de *habeas corpus* e mandado de segurança (Lei nº 9.504/97, art. 94, *caput*).

10 de novembro – quarta-feira

1. Último dia para conclusão dos trabalhos de apuração pelas juntas eleitorais e remessa ao Tribunal Regional Eleitoral dos documentos a ela referentes.

11 de novembro – quinta-feira

1. Último dia para o Tribunal Superior Eleitoral divulgar o resultado da eleição presidencial, na hipótese de segundo turno.

2. Último dia para os tribunais regionais eleitorais divulgarem o resultado da eleição, na hipótese de segundo turno.

16 de novembro – terça-feira

1. Data a partir da qual as secretarias dos tribunais eleitorais, exceto a do Tribunal Superior Eleitoral, não mais permanecerão abertas aos sábados, domingos e feriados, e as decisões, salvo as relativas à prestação de contas de campanha, não mais serão publicadas em sessão.

30 de novembro – terça-feira
(30 dias após o segundo turno)

1. Último dia para os candidatos, os partidos políticos e as coligações, nos estados onde houve segundo turno, removerem as propagandas relativas às eleições, com a restauração do bem, se for o caso (Resolução nº 22.622/2007).

2. Último dia para os candidatos, inclusive a vice e a suplentes, comitês financeiros e partidos políticos encaminharem à Justiça Eleitoral as prestações de contas dos candidatos que concorreram ao segundo turno das eleições (Lei nº 9.504/97, art. 29, IV).

3. Último dia para o pagamento do aluguel de veículos e embarcações referente às eleições de 2010, nos estados onde tenha havido votação em segundo turno (Lei nº 6.091/74, art. 2º, parágrafo único).

4. Último dia para o mesário que faltou à votação de 31 de outubro apresentar justificativa ao juiz eleitoral (Código Eleitoral, art. 124).

DEZEMBRO DE 2010
2 de dezembro – quinta-feira

1. Último dia para o eleitor que deixou de votar nas eleições de 3 de outubro apresentar justificativa ao juiz eleitoral (Lei nº 6.091/74, art. 7º).

9 de dezembro – quinta-feira

1. Último dia do prazo para a publicação, em sessão, da decisão que julgar as contas dos candidatos eleitos (Redação dada pela Lei nº 11.300/2006, que alterou a Lei nº 9.504/97 – art. 30, § 1º).

17 de dezembro – sexta-feira

1. Último dia para a diplomação dos eleitos.

2. Último dia de atuação dos juízes auxiliares.

3. Data a partir da qual o Tribunal Superior Eleitoral não mais permanecerá aberto aos sábados, domingos e feriados, e as decisões não mais serão publicadas em sessão (Resolução nº 22.971/2008).

30 de dezembro – quinta-feira

1. Último dia para o eleitor que deixou de votar no dia 31 de outubro apresentar justificativa ao juiz eleitoral (Lei nº 6.091/74, art. 7º).

JUNHO DE 2011
30 de junho – quinta feira

1. Último dia para os tribunais regionais eleitorais concluírem os julgamentos das prestações de contas de campanha eleitoral dos candidatos não eleitos.

Anexo B

Resoluções do TSE

RESOLUÇÃO TSE Nº 23.221/10

ESCOLHA E REGISTRO DE CANDIDATOS

Eleições de 2010

O Tribunal Superior Eleitoral, usando das atribuições que lhe conferem o artigo 23, inciso IX, do Código Eleitoral e o artigo 105 da Lei nº 9.504, de 30 de setembro de 1997, resolve expedir a seguinte instrução:

CAPÍTULO I
DAS ELEIÇÕES

Art. 1º Serão realizadas, simultaneamente em todo o País, no dia 3 de outubro de 2010, eleições para Presidente e Vice-Presidente da República, Governador e Vice-Governador de Estado e do Distrito Federal, Senador e respectivos suplentes, Deputado Federal, Deputado Estadual e Deputado Distrital (Lei nº 9.504/97, art. 1º, parágrafo único, I).

CAPÍTULO II
DOS PARTIDOS POLÍTICOS E DAS COLIGAÇÕES

Art. 2º Poderá participar das eleições o partido político que, até 3 de outubro de 2009, tenha registrado seu estatuto no Tribunal Superior Eleitoral e tenha, até a data da respectiva convenção, órgão de direção constituído na circunscrição do pleito, devidamente anotado no Tribunal Eleitoral competente (Lei nº 9.504/97, art. 4º e Lei nº 9.096/95, art. 10, parágrafo único, II).

Art. 3º É assegurada aos partidos políticos autonomia para adotar os critérios de escolha e o regime de suas coligações eleitorais, sem obrigatoriedade de vinculação entre as candidaturas em âmbito nacional, estadual ou distrital (Constituição Federal, art. 17, § 1º).

Art. 4º Na chapa da coligação para as eleições proporcionais, podem inscrever-se candidatos filiados a qualquer partido político dela integrante (Lei nº 9.504/97, art. 6º, § 3º, I).

Art. 5º A coligação terá denominação própria, que poderá ser a junção de todas as siglas dos partidos políticos que a integram, sendo a ela atribuídas as prerrogativas e obrigações de partido político no que se refere ao processo eleitoral, devendo funcionar como um só partido político no relacionamento com a Justiça Eleitoral e no trato dos interesses interpartidários (Lei nº 9.504/97, art. 6º, § 1º).

§ 1º A denominação da coligação não poderá coincidir, incluir ou fazer referência a nome ou a número de candidato, nem conter pedido de voto para partido político (Lei nº 9.504/97, art. 6º, § 1-A).

§ 2º Os Tribunais Eleitorais decidirão as questões sobre identidade de denominação de coligações.

Art. 6º Na formação de coligações devem ser observadas as seguintes normas (Lei nº 9.504/97, art. 6º, § 3º, III e IV):

I – os partidos políticos integrantes da coligação devem designar um representante, que terá atribuições equivalentes às de presidente de partido político no trato dos interesses e na representação da coligação, no que se refere ao processo eleitoral;

II – a coligação será representada perante a Justiça Eleitoral pela pessoa designada na forma do inciso I deste artigo, ou por delegados indicados pelos partidos que a compõem, podendo nomear até:

a) três delegados perante o juízo eleitoral;

b) quatro delegados perante o Tribunal Regional Eleitoral;

c) cinco delegados perante o Tribunal Superior Eleitoral.

Art. 7º Da realização da convenção até o termo final do prazo para a impugnação do registro de candidatos, o partido político coligado somente possui legitimidade para atuar de forma isolada no processo eleitoral quando questionar a validade da própria coligação (Lei nº 9.504/97, art. 6º, § 4º).

CAPÍTULO III
DAS CONVENÇÕES

Art. 8º As convenções destinadas a deliberar sobre a escolha dos candidatos e a formação de coligações serão realizadas no período de 10 a 30 de junho de 2010, obedecidas as normas estabelecidas no estatuto partidário, encaminhando-se a respectiva ata digitada, devidamente assinada, ao Tribunal Eleitoral competente (Lei nº 9.504/97, arts. 7º, *caput*, e 8º, *caput*).

§ 1º Em caso de omissão do estatuto sobre normas para escolha e substituição dos candidatos e para a formação de coligações, caberá ao órgão de direção nacional do partido político estabelecê-las, publicando-as no Diário Oficial da União até 180 dias antes da eleição e encaminhando-as ao Tribunal Superior Eleitoral antes da realização das convenções (Lei nº 9.504/97, art. 7º, § 1º, e Lei nº 9.096/95, art. 10).

§ 2º Para a realização das convenções, os partidos políticos poderão usar gratuitamente prédios públicos, responsabilizando-se por danos causados com a realização do evento (Lei nº 9.504/97, art. 8º, § 2º).

§ 3º Para os efeitos do § 2º deste artigo, os partidos políticos deverão comunicar por escrito ao responsável pelo local, com antecedência mínima de 72 horas, a intenção de ali realizar a convenção; na hipótese de coincidência de datas, será observada a ordem de protocolo das comunicações.

Art. 9º As convenções partidárias previstas no artigo anterior sortearão, em cada circunscrição, os números com que cada candidato concorrerá, consignando na ata o resultado do sorteio, observado o que dispõe o art. 14 desta resolução (Código Eleitoral, art. 100, § 2º).

Art. 10. Se, na deliberação sobre coligações, a convenção partidária de nível inferior se opuser às diretrizes legitimamente estabelecidas pelo órgão de direção nacional, nos termos do respectivo estatuto, poderá esse órgão anular a deliberação e os atos dela decorrentes (Lei nº 9.504/97, art. 7º, § 2º).

§ 1º As anulações de deliberações dos atos decorrentes de convenção partidária, na condição acima estabelecida, deverão ser comunicadas à Justiça Eleitoral até 4 de agosto de 2010 (Lei nº 9.504/97, art. 7º, § 3º).

§ 2º Se da anulação decorrer a necessidade de escolha de novos candidatos, o pedido de registro deverá ser apresentado à Justiça Eleitoral nos 10 dias seguintes da deliberação de que trata o *caput* deste artigo, observado o disposto no art. 56 desta resolução (Lei nº 9.504/97, art. 7º, § 4º).

CAPÍTULO IV
DOS CANDIDATOS

Art. 11. Qualquer cidadão pode pretender investidura em cargo eletivo, respeitadas as condições constitucionais e legais de elegibilidade e desde que não incida em qualquer das causas de inelegibilidade (Código Eleitoral, art. 3º; LC nº 64/90, art. 1º).

§ 1º São condições de elegibilidade (Constituição Federal, art. 14, § 3º, I a VI, *a*, *b* e *c*):

I – a nacionalidade brasileira;

II – o pleno exercício dos direitos políticos;

III – o alistamento eleitoral;

IV – o domicílio eleitoral na circunscrição;

V – a filiação partidária;

VI – a idade mínima de:

a) trinta e cinco anos para Presidente e Vice-Presidente da República e Senador;

b) trinta anos para Governador e Vice-Governador de Estado e do Distrito Federal;

c) vinte e um anos para Deputado Federal, Deputado Estadual ou Distrital.

§ 2º A idade mínima constitucionalmente estabelecida como condição de elegibilidade é verificada tendo por referência a data da posse (Lei nº 9.504/97, art. 11, § 2º).

Art. 12. Para concorrer às eleições, o candidato deverá possuir domicílio eleitoral na respectiva circunscrição, desde 3 de outubro de 2009, e estar com a filiação deferida pelo partido na mesma data, desde que o estatuto partidário não estabeleça prazo superior (Lei nº 9.504/97, art. 9º, *caput*).

§ 1º Havendo fusão ou incorporação de partidos políticos após o prazo estipulado no *caput*, será considerada, para efeito de filiação partidária, a data de filiação do candidato ao partido de origem (Lei nº 9.504/97, art. 9º, parágrafo único).

§ 2º Nos Municípios criados até 31 de dezembro de 2009, o domicílio eleitoral será comprovado pela inscrição nas seções eleitorais que funcionem dentro dos limites territoriais do novo Município.

Art. 13. São inelegíveis:

I – os inalistáveis e os analfabetos (Constituição Federal, art. 14, § 4º);

II – no território de jurisdição do titular, o cônjuge e os parentes consanguíneos ou afins, até o segundo grau ou por adoção, do Presidente da República, de Governador de Estado, ou do Distrito Federal, ou de quem os haja substituído dentro dos seis meses anteriores ao pleito, salvo se já titular de mandato eletivo e candidato à reeleição (Constituição, art. 14, § 7º);

III – os que se enquadrarem nas hipóteses previstas na Lei Complementar nº 64/90.

CAPÍTULO V
DO NÚMERO DAS LEGENDAS PARTIDÁRIAS E DOS CANDIDATOS

Art. 14. Aos partidos políticos fica assegurado o direito de manter os números atribuídos à sua legenda na eleição anterior, e aos candidatos, nessa hipótese, o direito de manter os números que lhes foram atribuídos na eleição anterior para o mesmo cargo (Lei nº 9.504/97, art. 15, § 1º).

§ 1º Os detentores de mandato de Deputado Federal, Estadual ou Distrital, que não queiram fazer uso da prerrogativa de que trata o *caput*, poderão requerer novo número ao órgão de direção de seu partido, independentemente do sorteio a que se refere o § 2º do art. 100 do Código Eleitoral (Lei nº 9.504/97, art. 15, § 2º).

§ 2º Aos candidatos de partidos políticos resultantes de fusão será permitido:

I – manter os números que lhes foram atribuídos na eleição anterior para o mesmo cargo, desde que o número do novo partido político coincida com aquele ao qual pertenciam;

II – manter, para o mesmo cargo, os dois dígitos finais dos números que lhes foram atribuídos na eleição anterior para a Câmara dos Deputados e os três dígitos para as Assembleias Legislativas e Câmara Distrital, quando o número do novo partido político não coincidir com aquele ao qual pertenciam e desde que outro candidato não tenha preferência sobre o número que vier a ser composto.

§ 3º Os candidatos de coligações, nas eleições majoritárias, serão registrados com o número da legenda do respectivo partido e, nas eleições proporcionais, com o número da legenda do respectivo partido, acrescido do número que lhes couber (Lei nº 9.504/97, art. 15, § 3º).

Art. 15. A identificação numérica dos candidatos observará os seguintes critérios (Lei nº 9.504/97, art. 15, I a III):

I – os candidatos aos cargos de Presidente da República e Governador concorrerão com o número identificador do partido político ao qual estiverem filiados;

II – os candidatos ao cargo de Senador concorrerão com o número identificador do partido político ao qual estiverem filiados, seguido de um algarismo à direita;

III – os candidatos ao cargo de Deputado Federal concorrerão com o número identificador do partido político ao qual estiverem filiados, acrescido de dois algarismos à direita;

IV – os candidatos aos cargos de Deputado Estadual ou Distrital concorrerão com o número identificador do partido político ao qual estiverem filiados, acrescido de três algarismos à direita.

CAPÍTULO VI
DO REGISTRO DOS CANDIDATOS

Seção I
Do Número de Candidatos a Serem Registrados

Art. 16. Não é permitido registro de um mesmo candidato para mais de um cargo eletivo (Código Eleitoral, art. 88, *caput*).

Art. 17. Cada partido político ou coligação poderá requerer registro de (Constituição Federal, art. 46, §§ 1º a 3º e Código Eleitoral, art. 91, *caput* e § 1º):

a) um candidato a Presidente da República com seu respectivo vice;

b) um candidato a Governador em cada Estado e no Distrito Federal, com seus respectivos vices;

c) dois candidatos para o Senado Federal em cada unidade da Federação, com dois suplentes cada um.

Art. 18. Cada partido político poderá requerer o registro de candidatos para a Câmara dos Deputados, Câmara Legislativa e Assembleias Legislativas até cento e cinquenta por cento do número de lugares a preencher (Lei nº 9.504/97, art. 10, *caput*).

§ 1º No caso de coligação para as eleições proporcionais, independentemente do número de partidos políticos que a integrem, poderão ser registrados candidatos até o dobro do número de lugares a preencher (Lei nº 9.504/97, art. 10, § 1º).

§ 2º Nas unidades da Federação em que o número de lugares a preencher para a Câmara dos Deputados não exceder a vinte, cada partido político poderá requerer o registro de candidatos a Deputado Federal e a Deputado Estadual ou Distrital até o dobro das respectivas vagas; havendo coligação, estes números poderão ser acrescidos de até mais cinquenta por cento (Lei nº 9.504/97, art. 10, § 2º; Res.-TSE nº 20.046, de 9.12.97).

§ 3º O partido político, concorrendo por si ou coligado, poderá requerer o registro de até 100 candidatos ao cargo de deputado federal, em virtude do estabelecido no inciso II do art. 15 da Lei nº 9.504/97.

§ 4º No cálculo do número de lugares previsto no *caput* e no § 2º deste artigo, será sempre desprezada a fração, se inferior a meio, e igualada a um, se igual ou superior (Lei nº 9.504/97, art. 10, § 4º).

§ 5º Do número de vagas resultante das regras previstas neste artigo, cada partido político ou coligação preencherá o mínimo de trinta por cento e o máximo de setenta por cento para candidaturas de cada sexo (Lei nº 9.504/97, art. 10, § 3º).

§ 6º No cálculo de vagas previsto no § 5º deste artigo, qualquer fração resultante será igualada a um no cálculo do percentual mínimo estabelecido para um dos sexos e desprezada no cálculo das vagas restantes para o outro sexo (Ac.-TSE nº 22.764/2004).

§ 7º No caso de as convenções para a escolha de candidatos não indicarem o número máximo de candidatos previsto no *caput* e nos §§ 1º e 2º deste artigo, os órgãos de direção dos respectivos partidos políticos poderão preencher as vagas remanescentes, requerendo o registro, até 4 de agosto de 2010, com a observância dos limites mínimo e máximo para candidaturas de cada sexo constantes do § 5º deste artigo (Lei nº 9.504/97, art. 10, § 5º; Código Eleitoral, art. 101, § 5º).

Seção II
Do Pedido de Registro

Art. 19. Os partidos políticos e as coligações solicitarão aos Tribunais Eleitorais o registro de seus candidatos até as 19 horas do dia 5 de julho de 2010 (Lei nº 9.504/97, art. 11, *caput*).

Art. 20. Os candidatos a Presidente e Vice-Presidente da República serão registrados no Tribunal Superior Eleitoral; os candidatos a Governador e Vice-Governador, Senador e respectivos suplentes, e a Deputado Federal, Estadual ou

Distrital serão registrados nos Tribunais Regionais Eleitorais (Código Eleitoral, art. 89, I e II).

§ 1º O registro de candidatos a Presidente e Vice-Presidente e a Governador e Vice-Governador se fará sempre em chapa única e indivisível, ainda que resulte a indicação de coligação (Código Eleitoral, art. 91, *caput*).

§ 2º O registro de candidatos a Senador se fará com o dos dois respectivos suplentes em chapa única e indivisível (Código Eleitoral, art. 91, § 1º).

Art. 21. O pedido de registro deverá ser apresentado obrigatoriamente em meio magnético gerado pelo Sistema de Candidaturas – Módulo Externo (CANDex), desenvolvido pelo Tribunal Superior Eleitoral, acompanhado das vias impressas dos formulários Demonstrativo de Regularidade de Atos Partidários (DRAP) e Requerimento de Registro de Candidatura (RRC), emitidos pelo sistema e assinados pelos requerentes.

§ 1º O CANDex poderá ser obtido nos sítios do Tribunal Superior Eleitoral e dos Tribunais Regionais Eleitorais, ou, diretamente, nos próprios Tribunais Eleitorais, desde que fornecidas pelos interessados as respectivas mídias.

§ 2º O pedido será subscrito pelo presidente do diretório nacional ou regional, ou da respectiva comissão diretora provisória, ou por delegado autorizado.

§ 3º Na hipótese de coligação, o pedido de registro dos candidatos deverá ser subscrito pelos presidentes dos partidos políticos coligados, ou por seus delegados, ou pela maioria dos membros dos respectivos órgãos executivos de direção, ou por representante da coligação designado na forma do inciso I do art. 7º desta resolução (Lei nº 9.504/97, art. 6º, § 3º, II).

§ 4º Com o requerimento de registro, o partido político ou a coligação fornecerá, obrigatoriamente, o número de fac-símile no qual receberá intimações e comunicados e, no caso de coligação, deverá indicar, ainda, o nome da pessoa designada para representá-la perante a Justiça Eleitoral (Lei nº 9.504/97, art. 6º, § 3º, IV, *a*, *b* e *c* e art. 96-A).

Art. 22. Na hipótese de o partido político ou a coligação não requerer o registro de seus candidatos, estes poderão fazê-lo no prazo máximo de 48 horas seguintes à publicação da lista dos candidatos pelo Tribunal Eleitoral competente para receber e processar os pedidos de registro, apresentando o formulário Requerimento de Registro de Candidatura Individual (RRCI), na forma prevista no artigo anterior, com as informações e documentos previstos nos arts. 25 e 26 desta resolução (Lei nº 9.504/97, art. 11, § 4º).

Parágrafo único. Caso o partido político ou a coligação não tenha apresentado o formulário Demonstrativo de Regularidade de Atos Partidários (DRAP), o respectivo representante será intimado, pelo Tribunal Eleitoral competente, para fazê-lo no prazo de 72 horas; apresentado o DRAP, será formado o processo principal nos termos do inciso I do art. 33 desta resolução.

Art. 23. O formulário Demonstrativo de Regularidade de Atos Partidários (DRAP) deve ser preenchido com as seguintes informações:

I – nome e sigla do partido político;

II – na hipótese de coligação, seu nome e siglas dos partidos políticos que a compõem;

III – data da(s) convenção(ões);

IV – cargos pleiteados;

V – na hipótese de coligação, nome de seu representante e de seus delegados;

VI – endereço completo e telefones, inclusive de fac-símile;

VII – lista dos nomes, números e cargos pleiteados pelos candidatos;

VIII – valores máximos de gastos que o partido político fará por cargo eletivo em cada eleição a que concorrer, observando-se que:

a) no caso de coligação, cada partido político que a integra fixará o seu valor máximo de gastos (Lei nº 9.504/97, art. 18, *caput* e § 1º);

b) nas candidaturas de vices e suplentes de Senador os valores máximos de gastos serão incluídos naqueles pertinentes às candidaturas dos titulares e serão informados pelo partido político a que estes forem filiados.

Art. 24. A via impressa do formulário Demonstrativo de Regularidade de Atos Partidários (DRAP) deve ser apresentada com a cópia da ata, digitada, da convenção a que se refere o art. 8º, *caput*, da Lei nº 9.504/97 (Código Eleitoral, art. 94, § 1º, I e Lei nº 9.504/97, art. 11, § 1º, I).

Art. 25. O formulário Requerimento de Registro de Candidatura (RRC) conterá as seguintes informações:

I – autorização do candidato (Código Eleitoral, art. 94, § 1º, II; Lei nº 9.504/97, art. 11, § 1º, II);

II – número de fac-símile no qual o candidato receberá intimações, notificações e comunicados da Justiça Eleitoral (Lei nº 9.504/97, art. 96-A);

III – dados pessoais: título de eleitor, nome completo, data de nascimento, unidade da Federação e município de nascimento, nacionalidade, sexo, estado civil, número da carteira de identidade com órgão expedidor e unidade da Federação, número de registro no Cadastro de Pessoa Física (CPF) e números de telefone;

IV – dados do candidato: partido político, cargo pleiteado, número do candidato, nome para constar da urna eletrônica, se é candidato à reeleição, qual cargo eletivo ocupa e a quais eleições já concorreu.

Art. 26. A via impressa do formulário Requerimento de Registro de Candidatura (RRC) será apresentada com os seguintes documentos:

I – declaração atual de bens, preenchida no Sistema CANDex e assinada pelo candidato na via impressa pelo sistema (Lei nº 9.504/97, art. 11, § 1º, IV);

II – certidões criminais fornecidas (Lei nº 9.504/97, art. 11, § 1º, VII):

a) pela Justiça Federal de 1º e 2º graus onde o candidato tenha o seu domicílio eleitoral;

b) pela Justiça Estadual ou do Distrito Federal de 1º e 2º graus onde o candidato tenha o seu domicílio eleitoral;

c) pela Justiça Federal e pela Justiça do Distrito Federal da Capital da República de 1º e 2º graus, para qualquer candidato;

d) pelos Tribunais competentes quando os candidatos gozarem de foro especial. (*Inciso II e alíneas com redação dada pelo art. 1º da Res.-TSE nº 23.224/2010*)

III – fotografia recente do candidato, obrigatoriamente digitalizada e anexada ao CANDex, preferencialmente em preto e branco, observado o seguinte (Lei nº 9.504/97, art. 11, § 1º, VIII):

a) dimensões: 5 × 7cm, sem moldura;

b) papel fotográfico: fosco ou brilhante;

c) cor de fundo: uniforme, preferencialmente branca;

d) características: frontal (busto), trajes adequados para fotografia oficial e sem adornos, especialmente aqueles que tenham conotação de propaganda eleitoral ou que induzam ou dificultem o reconhecimento pelo eleitor;

IV – comprovante de escolaridade;

V – prova de desincompatibilização, quando for o caso;

VI – as propostas defendidas pelos candidatos a Presidente da República e a Governador de Estado ou do Distrito Federal, nas eleições majoritárias, deverão ser entregues em uma via impressa e outra digitalizada e anexada ao CANDex (Lei nº 9.504/97, art. 11, § 1º, IX).

§ 1º Os requisitos legais referentes à filiação partidária, domicílio e quitação eleitoral, e à inexistência de crimes eleitorais serão aferidos com base nas informações constantes dos bancos de dados da Justiça Eleitoral, sendo dispensada a apresentação dos documentos comprobatórios pelos requerentes (Lei nº 9.504/97, art. 11, § 1º, III, V, VI e VII).

§ 2º Quando as certidões criminais a que se refere o inciso II do *caput* deste artigo forem positivas, o Requerimento de Registro de Candidatura (RRC) também deverá ser instruído com as respectivas certidões de objeto e pé atualizadas de cada um dos processos indicados.

§ 3º As certidões de que tratam o inciso II e o parágrafo anterior deste artigo deverão ser apresentadas em uma via impressa e outra digitalizada e anexada ao CANDex. (*Parágrafo 3º com redação dada pelo art. 1º da Res.-TSE nº 23.224/2010*)

§ 4º A quitação eleitoral de que trata o § 1º deste artigo abrangerá exclusivamente a plenitude do gozo dos direitos políticos, o regular exercício do voto, o atendimento a convocações da Justiça Eleitoral para auxiliar os trabalhos relativos ao pleito, a inexistência de multas aplicadas, em caráter definitivo, pela Justiça Eleitoral e não remitidas, e a apresentação regular de contas de campanha eleitoral (Lei nº 9.504/97, art. 11, § 7º).

§ 5º Para fins de expedição da certidão de quitação eleitoral, serão considerados quites aqueles que (Lei nº 9.504/97, art. 11, § 8º, I e II):

I – condenados ao pagamento de multa, tenham, até a data da formalização do seu pedido de registro de candidatura, comprovado o pagamento ou o parcelamento da dívida regularmente cumprido;

II – pagarem a multa que lhes couber individualmente, excluindo-se qualquer modalidade de responsabilidade solidária, mesmo quando imposta concomitantemente com outros candidatos e em razão do mesmo fato.

§ 6º A Justiça Eleitoral enviará aos partidos políticos, na respectiva circunscrição, até 5 de junho de 2010, a relação de todos os devedores de multa eleitoral, a qual embasará a expedição das certidões de quitação eleitoral (Lei nº 9.504/97, art. 11, § 9º).

§ 7º As condições de elegibilidade e as causas de inelegibilidade devem ser aferidas no momento da formalização do pedido de registro da candidatura, ressalvadas as alterações, fáticas ou jurídicas, supervenientes ao pedido que afastem a inelegibilidade (Lei nº 9.504/97, art. 11, § 10).

§ 8º A Justiça Eleitoral observará, no parcelamento da dívida a que se refere o § 3º deste artigo, as regras de parcelamento previstas na legislação tributária federal (Lei nº 9.504/97, art. 11, § 11).

§ 9º A ausência do comprovante de escolaridade a que se refere o inciso IV do *caput* poderá ser suprida por declaração de próprio punho, podendo a exigência de alfabetização do candidato ser aferida por outros meios, desde que individual e reservadamente.

§ 10. Se a fotografia de que trata o inciso III do *caput* não estiver nos moldes exigidos, o relator determinará a apresentação de outra, e, caso não seja suprida a falha, o registro deverá ser indeferido.

Art. 27. Os formulários e todos os documentos que acompanham o pedido de registro são públicos e podem ser livremente consultados pelos interessados, que poderão obter cópia de suas peças, respondendo pelos respectivos custos e pela utilização que derem aos documentos recebidos (Lei nº 9.504/97, art. 11, § 6º).

Art. 28. O candidato será identificado pelo nome e número indicados no pedido de registro.

Art. 29. O nome indicado que será também utilizado na urna eletrônica terá no máximo trinta caracteres, incluindo-se o espaço entre os nomes, podendo ser o prenome, sobrenome, cognome, nome abreviado, apelido ou nome pelo qual o candidato é mais conhecido, desde que não se estabeleça dúvida quanto à sua identidade, não atente contra o pudor e não seja ridículo ou irreverente.

Parágrafo único. O candidato que, mesmo depois de intimado, não indicar o nome que deverá constar da urna eletrônica, concorrerá com seu nome próprio, o qual, no caso de homonímia ou de excesso no limite de caracteres, será adaptado pelo Juiz no julgamento do pedido de registro.

Art. 30. Verificada a ocorrência de homonímia, a Justiça Eleitoral procederá atendendo ao seguinte (Lei nº 9.504/97, art. 12, § 1º, I a V):

I – havendo dúvida, poderá exigir do candidato prova de que é conhecido pela opção de nome indicada no pedido de registro;

II – ao candidato que, até 5 de julho de 2010, estiver exercendo mandato eletivo, ou o tenha exercido nos últimos quatro anos, ou que, nesse mesmo prazo, se tenha candidatado com o nome que indicou, será deferido o seu uso, ficando outros candidatos impedidos de fazer propaganda com esse mesmo nome;

III – ao candidato que, por sua vida política, social ou profissional, seja identificado pelo nome que tiver indicado será deferido o seu uso, ficando outros candidatos impedidos de fazer propaganda com o mesmo nome;

IV – tratando-se de candidatos cuja homonímia não se resolva pelas regras dos incisos II e III deste artigo, a Justiça Eleitoral deverá notificá-los para que, em 2 dias, cheguem a acordo sobre os respectivos nomes a serem usados;

V – não havendo acordo no caso do inciso IV deste artigo, a Justiça Eleitoral registrará cada candidato com o nome e sobrenome constantes do pedido de registro.

§ 1º A Justiça Eleitoral poderá exigir do candidato prova de que é conhecido por determinado nome por ele indicado, quando seu uso puder confundir o eleitor (Lei nº 9.504/97, art. 12, § 2º).

§ 2º A Justiça Eleitoral indeferirá todo pedido de nome coincidente com nome de candidato à eleição majoritária, salvo para candidato que esteja exercendo mandato eletivo ou o tenha exercido nos últimos quatro anos, ou que, nesse mesmo prazo, tenha concorrido em eleição com o nome coincidente (Lei nº 9.504/97, art. 12, § 3º).

§ 3º Não havendo preferência entre candidatos que pretendam o registro da mesma variação nominal, será deferido o que primeiro o tenha requerido (Súmula-TSE nº 4).

Art. 31. Havendo qualquer falha ou omissão no pedido de registro, que possa ser suprida pelo candidato, partido político ou coligação, o relator converterá o julgamento em diligência para que o vício seja sanado, no prazo de 72 horas, contado da respectiva intimação por fac-símile (Lei nº 9.504/97, art. 11, § 3º).

Art. 32. No caso de ser requerido pelo mesmo partido político mais de um pedido de registro de candidatura com o mesmo número para o respectivo cargo, inclusive nos casos de dissidência partidária interna, a Secretaria Judiciária procederá à inclusão de todos os pedidos no Sistema de Candidaturas, certificando a ocorrência em cada um dos pedidos.

Parágrafo único. Na hipótese prevista no *caput*, serão observadas as seguintes regras:

I – os pedidos de registro serão distribuídos ao mesmo relator para processamento e julgamento em conjunto;

II – será inserido na urna eletrônica apenas o candidato vinculado ao DRAP que tenha sido julgado regular;

III – não sendo julgado regular nenhum dos DRAPs ou não havendo decisão até o fechamento do Sistema de Candidaturas, competirá ao Tribunal Eleitoral decidir, de imediato, qual dos candidatos com mesmo número que será inserido na urna eletrônica.

Seção III
Do Processamento do Pedido de Registro

Art. 33. Os pedidos de registro de candidatura serão autuados, adotando-se os seguintes procedimentos:

I – o formulário Demonstrativo de Regularidade de Atos Partidários (DRAP) e os documentos que o acompanham receberão um só número de protocolo e constituirão o processo principal do pedido de registro de candidatura;

II – cada formulário Requerimento de Registro de Candidatura (RRC) e os documentos que o acompanham receberão um só número de protocolo e constituirão o processo individual de cada candidato.

§ 1º Os processos individuais dos candidatos serão vinculados ao principal, referido no inciso I deste artigo.

§ 2º Os processos dos candidatos a Presidente e Vice-Presidente da República, a Governador e Vice-Governador e a Senador e respectivos suplentes, devem tramitar, respectivamente, apensados e ser analisados e julgados em conjunto.

§ 3º O apensamento dos processos subsistirá ainda que eventual recurso tenha por objeto apenas uma das candidaturas.

§ 4º A Secretaria Judiciária certificará, nos processos individuais dos candidatos, o número do processo principal (DRAP) ao qual eles estejam vinculados, bem como, no momento oportuno, o resultado do julgamento daquele processo.

Art. 34. Protocolados os pedidos de registro das candidaturas, a Secretaria providenciará:

I – a leitura, no Protocolo, dos arquivos magnéticos gerados pelo Sistema CANDex, com os dados constantes dos formulários do Requerimento de Registro de Candidatura (RRC) e Demonstrativo de Regularidade de Atos Partidários (DRAP), emitindo um recibo para o candidato e outro a ser encartado nos autos, sendo que, após confirmação da leitura, os dados serão encaminhados à Receita Federal para o fornecimento do número de registro do CNPJ;

II – a publicação de edital contendo os pedidos de registro para ciência dos interessados, no *Diário de Justiça Eletrônico* (Código Eleitoral, art. 97, § 1º).

§ 1º Da publicação do edital previsto no inciso II deste artigo, correrá o prazo de 48 horas para que o candidato escolhido em convenção requeira individualmente o registro de sua candidatura, caso o partido político e/ou a coligação não o tenha requerido, bem como o prazo de 5 dias para a impugnação dos pedidos de registro de candidatura requeridos pelos partidos políticos e/ou coligações (Lei nº 9.504/97, art. 11, § 4º e LC nº 64/90, art. 3º).

§ 2º Decorrido o prazo de 48 horas para os pedidos individuais de registro de candidatura de que trata o parágrafo anterior, novo edital será publicado, passando a correr, para esses pedidos, o prazo de impugnação previsto no art. 3º da Lei Complementar nº 64/90.

Art. 35. As impugnações ao pedido de registro, as questões referentes a homonímias e as notícias de inelegibilidade serão processadas nos próprios autos dos processos individuais dos candidatos.

Art. 36. Encerrado o prazo de impugnação ou, se for o caso, o de contestação, a Secretaria Judiciária imediatamente informará, nos autos, sobre a instrução do processo, para apreciação do relator.

§ 1º No processo principal (DRAP), a Secretaria deverá verificar e informar:

I – a comprovação da situação jurídica do partido político na circunscrição;

II – a legitimidade do subscritor para representar o partido político ou coligação;

III – a indicação dos valores máximos de gastos fixados pelos partidos.

§ 2º Nos processos individuais dos candidatos (RRCs e RRCIs), a Secretaria verificará e informará:

I – a regularidade do preenchimento do formulário Requerimento de Registro de Candidatura (RRC);

II – a regularidade da documentação do candidato.

Seção IV
Das Impugnações

Art. 37. Caberá a qualquer candidato, a partido político, a coligação ou ao Ministério Público, no prazo de 5 dias, contados da publicação do edital relativo ao pedido de registro, impugná-lo em petição fundamentada (LC nº 64/90, art. 3º, *caput*).

§ 1º A impugnação por parte do candidato, do partido político ou da coligação não impede a ação do Ministério Público no mesmo sentido (LC nº 64/90, art. 3º, § 1º).

§ 2º Não poderá impugnar o registro de candidato o representante do Ministério Público que, nos 2 anos anteriores, tenha disputado cargo eletivo, integrado diretório de partido político ou exercido atividade político-partidária (LC nº 64/90, art. 3º, § 2º; LC nº 75/93, art. 80).

§ 3º O impugnante especificará, desde logo, os meios de prova com que pretende demonstrar a veracidade do alegado, arrolando testemunhas, se for o caso, no máximo de seis (LC nº 64/90, art. 3º, § 3º).

Art. 38. Qualquer cidadão no gozo de seus direitos políticos poderá, no prazo de 5 dias contados da publicação do edital relativo ao pedido de registro, dar notícia de inelegibilidade ao Juiz Eleitoral, mediante petição fundamentada, apresentada em duas vias.

§ 1º A Secretaria Judiciária procederá à juntada de uma via aos autos do pedido de registro do candidato a que se refere a notícia e encaminhará a outra via ao Ministério Público.

§ 2º No que couber, será adotado na instrução da notícia de inelegibilidade o procedimento previsto para as impugnações.

Art. 39. Terminado o prazo para impugnação, o candidato, o partido político ou a coligação serão notificados por fac-símile, para, no prazo de 7 dias, contestá-la ou se manifestar sobre a notícia de inelegibilidade, juntar documentos, indicar rol de testemunhas e requerer a produção de outras provas, inclusive documentais, que se encontrarem em poder de terceiros, de repartições públicas ou em procedimentos judiciais ou administrativos, salvo os processos que estiverem tramitando em segredo de justiça (LC nº 64/90, art. 4º).

Art. 40. Decorrido o prazo para contestação, se não se tratar apenas de matéria de direito, e a prova protestada for relevante, o relator designará os 4 dias seguintes para inquirição das testemunhas do impugnante e do impugnado, as quais comparecerão por iniciativa das partes que as tiverem arrolado, após notificação (LC nº 64/90, art. 5º, *caput*).

§ 1º As testemunhas do impugnante e do impugnado serão ouvidas em uma só assentada (LC nº 64/90, art. 5º, § 1º).

§ 2º Nos 5 dias subsequentes, o relator procederá a todas as diligências que determinar, de ofício ou a requerimento das partes (LC nº 64/90, art. 5º, § 2º).

§ 3º No mesmo prazo, o relator poderá ouvir terceiros referidos pelas partes ou testemunhas, como conhecedores dos fatos e das circunstâncias que possam influir na decisão da causa (LC nº 64/90, art. 5º, § 3º).

§ 4º Quando qualquer documento necessário à formação da prova se achar em poder de terceiro, o relator poderá, ainda, no mesmo prazo de 5 dias, ordenar o respectivo depósito (LC nº 64/90, art. 5º, § 4º).

§ 5º Se o terceiro, sem justa causa, não exibir o documento, ou não comparecer a juízo, poderá o relator mandar prendê-lo e instaurar processo por crime de desobediência (LC nº 64/90, art. 5º, § 5º).

Art. 41. Encerrado o prazo da dilação probatória, as partes, inclusive o Ministério Público, poderão apresentar alegações no prazo comum de 5 dias, sendo os autos conclusos ao relator, no dia imediato, para julgamento pelo Tribunal (LC nº 64/90, arts. 6º e 7º, *caput*).

Seção V
Do Julgamento dos Pedidos de Registro perante os Tribunais Regionais Eleitorais

Art. 42. O pedido de registro será indeferido, ainda que não tenha havido impugnação, quando o candidato for inelegível ou não atender a qualquer das condições de elegibilidade.

Art. 43. O Tribunal formará sua convicção pela livre apreciação da prova, atendendo aos fatos e às circunstâncias constantes dos autos, ainda que não alegados pelas partes, mencionando, na decisão, os que motivaram seu convencimento (LC nº 64/90, art. 7º, parágrafo único).

Art. 44. O pedido de registro do candidato, a impugnação, a notícia de inelegibilidade e as questões relativas a homonímia serão julgados em uma só decisão.

Art. 45. O julgamento do processo principal (DRAP) precederá ao dos processos individuais de registro de candidatura, devendo o resultado daquele ser certificado nos autos destes.

Art. 46. Os processos dos candidatos às eleições majoritárias deverão ser julgados conjuntamente, com o exame individualizado de cada uma das candidaturas, e o registro da chapa somente será deferido se todos os candidatos forem considerados aptos, não podendo ser deferido o registro sob condição.

Parágrafo único. Se o relator indeferir o registro da chapa, deverá especificar qual dos candidatos não preenche as exigências legais e apontar o óbice existente, podendo o candidato, o partido político ou a coligação, por sua conta e risco, recorrer da decisão ou, desde logo, indicar substituto ao candidato que não for considerado apto, na forma do art. 57 desta resolução.

Art. 47. O pedido de registro, com ou sem impugnação, será julgado no prazo de 3 dias após a conclusão dos autos ao relator, independentemente de publicação de pauta (LC nº 64/90, art. 13, *caput*).

§ 1º Caso o Tribunal não se reúna no prazo previsto no *caput* deste artigo, o feito será julgado na primeira sessão subsequente.

§ 2º Só poderão ser apreciados em cada sessão os processos relacionados até o seu início.

Art. 48. Na sessão de julgamento, feito o relatório, será facultada a palavra às partes e ao Ministério Público pelo prazo regimental (LC nº 64/90, art. 11, *caput*, c.c. art. 13, parágrafo único).

§ 1º Havendo pedido de vista, o julgamento deverá ser retomado na sessão seguinte.

§ 2º Proclamado o resultado, o Tribunal se reunirá para a lavratura do acórdão, no qual serão indicados o direito, os fatos e as circunstâncias, com base nos fundamentos do voto proferido pelo relator ou do voto vencedor (LC nº 64/90, art. 11, § 1º).

§ 3º Terminada a sessão, será lido e publicado o acórdão, passando a correr dessa data o prazo para a interposição dos recursos cabíveis.

§ 4º O Ministério Público será pessoalmente intimado dos acórdãos, em sessão de julgamento, quando nela publicados.

Art. 49. Caberão os seguintes recursos para o Tribunal Superior Eleitoral, que serão interpostos, no prazo de 3 dias, em petição fundamentada (LC nº 64/90, art. 11, § 2º):

I – recurso ordinário quando versar sobre inelegibilidade (CF, art. 121, § 4º, III);

II – recurso especial quando versar sobre condições de elegibilidade (CF, art. 121, § 4º, I e II).

§ 1º O recorrido será notificado por fac-símile, para apresentar contrarrazões, no prazo de 3 dias (LC nº 64/90, art. 12, *caput*).

§ 2º Apresentadas as contrarrazões ou transcorrido o respectivo prazo, e dispensado o juízo prévio de admissibilidade do recurso, os autos serão remetidos ao Tribunal Superior Eleitoral imediatamente, inclusive por portador, correndo as despesas do transporte, nesse último caso, por conta do recorrente (LC nº 64/90, art. 8º, § 2º, c.c. art. 12, parágrafo único).

§ 3º Os recursos e as respectivas contrarrazões poderão ser enviados por fac-símile, dispensado o envio dos originais.

§ 4º A Secretaria do Tribunal Regional Eleitoral comunicará, imediatamente, à Secretaria do Tribunal Superior Eleitoral, por fac-símile ou correio eletrônico, a remessa dos autos, indicando o meio, a data e, se houver, o número do conhecimento.

Art. 50. Todos os pedidos originários de registro, inclusive os impugnados, deverão estar julgados e as respectivas decisões publicadas até 5 de agosto de 2010 (Lei nº 9.504/97, art. 16, § 1º).

§ 1º Após decidir os pedidos de registro, os Tribunais Eleitorais publicarão no *Diário de Justiça Eletrônico* relação dos nomes dos candidatos e respectivos números com os quais concorrerão nas eleições, inclusive daqueles cujos pedidos indeferidos se encontrem em grau de recurso.

§ 2º A publicação a que se refere o parágrafo anterior se dará por ocasião do fechamento do Sistema de Candidaturas.

Seção VI
Do Julgamento dos Pedidos de Registro perante o Tribunal Superior Eleitoral

Art. 51. Aplicam-se ao julgamento dos pedidos de registro dos candidatos a Presidente e Vice-Presidente da República perante o Tribunal Superior Eleitoral as disposições previstas na seção anterior, salvo quanto à dispensa de apresentação dos originais de petições enviadas por fac-símile, caso em que, em sendo interposto recurso extraordinário para o Supremo Tribunal Federal, os originais, assim como as respectivas contrarrazões, deverão ser apresentados, no prazo de 3 dias.

Seção VII
Do Julgamento dos Recursos pelo Tribunal Superior Eleitoral

Art. 52. Recebido o processo na Secretaria do Tribunal Superior Eleitoral, ele será autuado e apresentado no mesmo dia ao Presidente, que, também na mesma data, os distribuirá a relator e mandará abrir vista ao Ministério Público Eleitoral, pelo prazo de 2 dias (LC nº 64/90, art. 10, *caput*).

Parágrafo único. Findo o prazo, com ou sem parecer, os autos serão enviados ao relator, que os apresentará em mesa para julgamento, em 3 dias, independentemente de publicação de pauta (LC nº 64/90, art. 10, parágrafo único).

Art. 53. Na sessão de julgamento, feito o relatório, será facultada a palavra às partes e ao Ministério Público pelo prazo de 10 minutos (LC nº 64/90, art. 11, *caput*).

§ 1º Havendo pedido de vista, o julgamento deverá ser retomado na sessão seguinte.

§ 2º Proclamado o resultado, o Tribunal se reunirá para a lavratura do acórdão, no qual serão indicados o direito, os fatos e as circunstâncias, com base nos fundamentos contidos no voto do relator ou no do primeiro voto vencedor (LC nº 64/90, art. 11, § 1º).

§ 3º Terminada a sessão, será lido e publicado o acórdão, passando a correr dessa data o prazo de 3 dias para a interposição de recurso (LC nº 64/90, art. 11, § 2º).

§ 4º O Ministério Público será pessoalmente intimado dos acórdãos, em sessão de julgamento, quando nela publicados.

Art. 54. Havendo recurso para o Supremo Tribunal Federal, o recorrido será notificado por fac-símile, para apresentar contrarrazões, no prazo de 3 dias (LC nº 64/90, art. 12, *caput*).

Parágrafo único. Os recursos e as respectivas contrarrazões poderão ser enviados por fac-símile, com a apresentação posterior, no prazo de 3 dias, dos respectivos originais.

Art. 55. Todos os recursos sobre pedido de registro de candidatos deverão estar julgados pelo Tribunal Superior Eleitoral e publicadas as respectivas decisões até 19 de agosto de 2010 (Lei nº 9.504/97, art. 16, § 1º).

CAPÍTULO VII
DA SUBSTITUIÇÃO DE CANDIDATOS E DO CANCELAMENTO DE REGISTRO

Art. 56. É facultado ao partido político ou à coligação substituir candidato que tiver seu registro indeferido, inclusive por inelegibilidade, cancelado, ou cassado, ou, ainda, que renunciar ou falecer após o termo final do prazo do registro (Lei nº 9.504/97, art. 13, *caput;* LC nº 64/90, art. 17; Código Eleitoral, art. 101, § 1º).

§ 1º A escolha do substituto se fará na forma estabelecida no estatuto do partido político a que pertencer o substituído, devendo o pedido de registro ser requerido até 10 dias contados do fato ou da notificação do partido da decisão judicial que deu origem à substituição (Lei nº 9.504/97, art. 13, § 1º).

§ 2º Nas eleições majoritárias, a substituição poderá ser requerida a qualquer tempo antes do pleito, observado o prazo previsto no parágrafo anterior (Código Eleitoral, art. 101, § 2º).

§ 3º Nas eleições majoritárias, se o candidato for de coligação, a substituição deverá ser feita por decisão da maioria absoluta dos órgãos executivos de direção dos partidos políticos coligados, podendo o substituto ser filiado a qualquer partido dela integrante, desde que o partido político ao qual pertencia o substituído renuncie ao direito de preferência (Lei nº 9.504/97, art. 13, § 2º).

§ 4º Se ocorrer a substituição de candidatos a cargo majoritário após a geração das tabelas para elaboração da lista de candidatos e preparação das urnas, o substituto concorrerá com o nome, o número e, na urna eletrônica, com a fotografia do substituído, computando-se àquele os votos a este atribuídos.

§ 5º Na hipótese da substituição de que trata o parágrafo anterior, caberá ao partido político e/ou coligação do substituto dar ampla divulgação ao fato para esclarecimento do eleitorado, sem prejuízo da divulgação também por outros candidatos, partidos políticos e/ou coligações e, ainda, pela Justiça Eleitoral, inclusive nas próprias seções eleitorais, quando determinado ou autorizado pela autoridade eleitoral competente.

§ 6º Nas eleições proporcionais, a substituição só se efetivará se o novo pedido for apresentado até 60 dias antes do pleito, observado o prazo previsto no § 1º deste artigo (Lei nº 9.504/97, art. 13, § 3º; Código Eleitoral, art. 101, § 1º).

§ 7º Não será admitido o pedido de substituição de candidatos quando não respeitar os limites mínimo e máximo das candidaturas de cada sexo previstos no § 5º do art. 18 desta resolução.

§ 8º O ato de renúncia, datado e assinado, deverá ser expresso em documento com firma reconhecida por tabelião ou por duas testemunhas, e o prazo para substituição será contado da publicação da decisão que a homologar.

Art. 57. O pedido de registro de substituto, assim como o de novos candidatos, deverá ser apresentado por meio do Requerimento de Registro de Candidatura (RRC), contendo as informações e documentos previstos nos arts. 25 e 26 desta resolução, dispensada a apresentação daqueles já existentes nas respectivas Secretarias, certificando-se a sua existência em cada um dos pedidos.

Art. 58. O partido político poderá requerer, até a data da eleição, o cancelamento do registro do candidato que dele for expulso, em processo no qual seja assegurada ampla defesa, com observância das normas estatutárias (Lei nº 9.504/97, art. 14).

Art. 59. Os Tribunais Eleitorais deverão, de ofício, cancelar automaticamente o registro de candidato que venha a renunciar ou falecer, quando tiverem conhecimento do fato.

Art. 60. Recebida a comunicação de que foi anulada a deliberação sobre coligações e os atos dela decorrentes, objeto do § 1º do art. 10 desta resolução, os Tribunais Eleitorais deverão, de ofício, cancelar todos os pedidos de registro, para as eleições majoritárias e proporcionais, que tenham sido requeridos pela coligação integrada pelo respectivo partido político comunicante.

CAPÍTULO VIII
DA AUDIÊNCIA DE VERIFICAÇÃO E VALIDAÇÃO DE DADOS E FOTOGRAFIA

Art. 61. Decididos todos os pedidos de registro, os partidos políticos, as coligações e os candidatos serão notificados, por edital, publicado no *Diário de Justiça Eletrônico*, para a audiência de verificação das fotografias e dos dados que constarão da urna eletrônica, a ser realizada até 28 de agosto de 2010, anteriormente ao fechamento do sistema de candidaturas.

§ 1º O candidato poderá nomear procurador para os fins deste artigo, devendo a procuração ser individual e conceder poderes específicos para a validação dos dados, dispensado o reconhecimento de firma.

§ 2º Os dados sujeitos à validação a que se refere o *caput*, são os seguintes: o nome para urna, o cargo, o número, o partido, o sexo e a fotografia.

§ 3º Na hipótese de rejeição de quaisquer dos dados previstos no parágrafo anterior, o candidato ou seu procurador será intimado na audiência para apresentar, no prazo de 2 dias, os dados a serem alterados, em petição que será submetida à apreciação do relator.

§ 4º A alteração da fotografia somente será requerida quando constatado que a definição da foto digitalizada poderá dificultar o reconhecimento do candidato, devendo ser substituída no prazo e nos moldes previstos no parágrafo anterior.

§ 5º Se o novo dado não atender aos requisitos previstos nesta resolução, o requerimento será indeferido, permanecendo o candidato com o anteriormente apresentado.

§ 6º O não comparecimento dos interessados ou de seus representantes implicará aceite tácito, não podendo ser suscitada questão relativa a problemas de exibição em virtude da má qualidade da foto apresentada.

§ 7º Da audiência de verificação será lavrada ata, consignando as ocorrências e manifestações dos interessados.

CAPITULO IX
DISPOSIÇÕES FINAIS

Art. 62. A declaração de inelegibilidade do candidato à Presidência da República e aos Governos Estaduais e do Distrito Federal não atingirá o candidato a Vice-Presidente ou Vice-Governador, assim como a destes não atingirá aqueles.

Art. 63. Transitada em julgado a decisão que declarar a inelegibilidade, será negado o registro do candidato, ou cancelado, se já tiver sido feito, ou declarado nulo o diploma, se já expedido (LC nº 64/90, art. 15).

Art. 64. Constitui crime eleitoral a arguição de inelegibilidade ou a impugnação de registro de candidato feita por interferência do poder econômico, desvio ou abuso do poder de autoridade, deduzida de forma temerária ou de manifesta má-fé, incorrendo os infratores na pena de detenção de seis meses a dois anos e multa (LC nº 64/90, art. 25).

Art. 65. Os processos de registro de candidaturas terão prioridade sobre quaisquer outros, devendo a Justiça Eleitoral adotar as providências necessárias para o cumprimento dos prazos previstos nesta resolução, inclusive com a realização de sessões extraordinárias e a convocação dos juízes suplentes pelos Tribunais, sem prejuízo da eventual aplicação do disposto no art. 97 da Lei nº 9.504/97 (Lei nº 9.504/97, art. 16, § 2º).

Art. 66. Os prazos a que se refere esta resolução serão peremptórios e contínuos e não se suspenderão aos sábados, domingos e feriados, entre 5 de julho de 2010 e a data fixada no calendário eleitoral (LC nº 64/90, art. 16).

Parágrafo único. Os Tribunais Eleitorais divulgarão o horário de expediente para o período previsto no *caput*, expediente que não poderá ser encerrado antes das 19 horas locais.

Art. 67. Esta resolução entra em vigor na data de sua publicação.

RESOLUÇÃO TSE Nº 23.191/09

PROPAGANDA ELEITORAL E CONDUTAS VEDADAS EM CAMPANHA ELEITORAL

ELEIÇÕES DE 2010

O Tribunal Superior Eleitoral, usando das atribuições que lhe conferem o artigo 23, inciso IX, do Código Eleitoral e o artigo 105 da Lei nº 9.504, de 30 de setembro de 1997, resolve expedir a seguinte instrução:

CAPÍTULO I
DISPOSIÇÕES PRELIMINARES

Art. 1º A propaganda eleitoral nas eleições gerais de 2010, ainda que realizada pela Internet ou por outros meios eletrônicos de comunicação, obedecerá ao disposto nesta resolução.

Art. 2º A propaganda eleitoral somente será permitida a partir de 6 de julho de 2010 (Lei nº 9.504/97, art. 36, *caput* e § 2º).

§ 1º Ao postulante a candidatura a cargo eletivo é permitida a realização, na quinzena anterior à escolha pelo partido político, de propaganda intrapartidária com vista à indicação de seu nome, inclusive mediante a afixação de faixas e cartazes em local próximo da convenção, com mensagem aos convencionais, vedado o uso de rádio, televisão e *outdoor* (Lei nº 9.504/97, art. 36, § 1º).

§ 2º A propaganda de que trata o parágrafo anterior deverá ser imediatamente retirada após a respectiva convenção.

§ 3º A partir de 1º de julho de 2010, não será veiculada a propaganda partidária gratuita prevista na Lei nº 9.096/95, nem permitido qualquer tipo de propaganda política paga no rádio e na televisão (Lei nº 9.504/97, art. 36, § 2º).

§ 4º A violação do disposto neste artigo sujeitará o responsável pela divulgação da propaganda e o beneficiário, quando comprovado o seu prévio conhecimento, à multa no valor de R$ 5.000,00 (cinco mil reais) a R$ 25.000,00 (vinte e cinco mil reais) ou equivalente ao custo da propaganda, se este for maior (Lei nº 9.504/97, art. 36, § 3º).

Art. 3º Não será considerada propaganda eleitoral antecipada (Lei nº 9.504/97, art. 36-A, incisos I a IV):

I – a participação de filiados a partidos políticos ou de pré-candidatos em entrevistas, programas, encontros ou debates no rádio, na televisão e na internet, inclusive com a exposição de plataformas e projetos políticos, desde que não haja pedido de votos, observado pelas emissoras de rádio e de televisão o dever de conferir tratamento isonômico;

II – a realização de encontros, seminários ou congressos, em ambiente fechado e a expensas dos partidos políticos, para tratar da organização dos processos eleitorais, planos de governos ou alianças partidárias visando às eleições;

III – a realização de prévias partidárias e sua divulgação pelos instrumentos de comunicação intrapartidária; ou

IV – a divulgação de atos de parlamentares e debates legislativos, desde que não se mencione a possível candidatura, ou se faça pedido de votos ou de apoio eleitoral.

Art. 4º É vedada, desde 48 horas antes até 24 horas depois da eleição, a veiculação de qualquer propaganda política no rádio ou na televisão – incluídos, entre outros, as rádios comunitárias e os canais de televisão que operam em UHF, VHF e por assinatura –, e, ainda, a realização de comícios ou reuniões públicas (Código Eleitoral, art. 240, parágrafo único).

CAPÍTULO II
DA PROPAGANDA EM GERAL

Art. 5º A propaganda, qualquer que seja a sua forma ou modalidade, mencionará sempre a legenda partidária e só poderá ser feita em língua nacional, não devendo empregar meios publicitários destinados a criar, artificialmente, na opinião pública, estados mentais, emocionais ou passionais (Código Eleitoral, art. 242, *caput*).

Parágrafo único. Sem prejuízo do processo e das penas cominadas, a Justiça Eleitoral adotará medidas para impedir ou fazer cessar imediatamente a propaganda realizada com infração do disposto neste artigo (Código Eleitoral, art. 242, parágrafo único).

Art. 6º É permitido ao partido político utilizar na propaganda eleitoral de seus candidatos em âmbito regional, inclusive no horário eleitoral gratuito, a imagem e a voz de candidato ou militante de partido político que integre a sua coligação em âmbito nacional (Lei nº 9.504/97, art. 45, § 6º).

Art. 7º Na propaganda para eleição majoritária, a coligação usará, obrigatoriamente e de modo legível, sob sua denominação, as legendas de todos os partidos políticos que a integram; na propaganda para eleição proporcional, cada partido político usará apenas sua legenda sob o nome da coligação (Lei nº 9.504/97, art. 6º, § 2º).

Parágrafo único. A denominação da coligação não poderá coincidir, incluir ou fazer referência a nome ou número de candidato, nem conter pedido de voto para partido político (Lei nº 9.504/97, art. 6º, § 1º-A).

Art. 8º Da propaganda dos candidatos a presidente da República, a governador de estado ou do Distrito Federal e a senador, deverá constar, também, o nome do candidato a vice-presidente, a vice-governador e dos candidatos a suplente de senador, de modo claro e legível, em tamanho não inferior a 10% (dez por cento) do nome do titular (Lei nº 9.504/97, art. 36, § 4º).

Art. 9º A realização de qualquer ato de propaganda partidária ou eleitoral, em recinto aberto ou fechado, não depende de licença da polícia (Lei nº 9.504/97, art. 39, *caput*).

§ 1º O candidato, o partido político ou a coligação que promover o ato fará a devida comunicação à autoridade policial com, no mínimo, 24 horas de antecedência, a fim de que esta lhe garanta, segundo a prioridade do aviso, o direito contra quem pretenda usar o local no mesmo dia e horário (Lei nº 9.504/97, art. 39, § 1º).

§ 2º A autoridade policial tomará as providências necessárias à garantia da realização do ato e ao funcionamento do tráfego e dos serviços públicos que o evento possa afetar (Lei nº 9.504/97, art. 39, § 2º).

Art. 10. É assegurado aos partidos políticos e às coligações o direito de, independentemente de licença da autoridade pública e do pagamento de qualquer contribuição (Código Eleitoral, art. 244, I e II, e Lei nº 9.504/97, art. 39, §§ 3º e 5º):

I – fazer inscrever, na fachada de suas sedes e dependências, o nome que os designe, pela forma que melhor lhes parecer;

II – instalar e fazer funcionar, no período compreendido entre o início da propaganda eleitoral e a véspera da eleição, das 8 horas às 22 horas, alto-falantes ou amplificadores de som, nos locais referidos, assim como em veículos seus ou à sua disposição, em território nacional, com observância da legislação comum e dos §§ 1º e 2º deste artigo;

III – comercializar material de divulgação institucional, desde que não contenha nome e número de candidato, bem como cargo em disputa.

§ 1º São vedados a instalação e o uso de alto-falantes ou amplificadores de som em distância inferior a 200 metros (Lei nº 9.504/97, art. 39, § 3º, I a III):

I – das sedes dos Poderes Executivo e Legislativo da União, dos estados, do Distrito Federal e dos municípios, das sedes dos órgãos judiciais, dos quartéis e de outros estabelecimentos militares;

II – dos hospitais e casas de saúde;

III – das escolas, bibliotecas públicas, igrejas e teatros, quando em funcionamento;

§ 2º Pode ser utilizada a aparelhagem de sonorização fixa e trio elétrico durante a realização de comícios no horário compreendido entre as 8 horas e as 24 horas (Lei nº 9.504/97, art. 39, §§ 4º e 10).

§ 3º São vedadas na campanha eleitoral a confecção, utilização, distribuição por comitê, candidato, ou com a sua autorização, de camisetas, chaveiros, bonés, canetas, brindes, cestas básicas ou quaisquer outros bens ou materiais que possam proporcionar vantagem ao eleitor (Lei nº 9.504/97, art. 39, § 6º).

§ 4º São proibidas a realização de showmício e de evento assemelhado para promoção de candidatos e a apresentação, remunerada ou não, de artistas com a finalidade de animar comício e reunião eleitoral (Lei nº 9.504/97, art. 39, § 7º).

§ 5º A proibição de que trata o parágrafo anterior se estende aos candidatos profissionais da classe artística – cantores, atores e apresentadores – durante todo o período vedado.

§ 6º Até as 22 horas do dia que antecede a eleição, serão permitidos distribuição de material gráfico, caminhada, carreata, passeata ou carro de som que transite pela cidade divulgando *jingles* ou mensagens de candidatos (Lei nº 9.504/97, art. 39, § 9º).

Art. 11. Nos bens cujo uso dependa de cessão ou permissão do poder público, ou que a ele pertençam, e nos de uso comum, inclusive postes de iluminação pública e sinalização de tráfego, viadutos, passarelas, pontes, paradas de ônibus e outros equipamentos urbanos, é vedada a veiculação de propaganda de qualquer natureza, inclusive pichação, inscrição a tinta, fixação de placas, estandartes, faixas e assemelhados (Lei nº 9.504/97, art. 37, *caput*).

§ 1º Quem veicular propaganda em desacordo com o disposto no *caput* será notificado para, no prazo de 48 horas, removê-la e restaurar o bem, sob pena de multa no valor de R$ 2.000,00 (dois mil reais) a R$ 8.000,00 (oito mil reais), ou defender-se (Lei nº 9.504/97, art. 37, § 1º).

§ 2º Bens de uso comum, para fins eleitorais, são os assim definidos pelo Código Civil e também aqueles a que a população em geral tem acesso, tais como cinemas, clubes, lojas, centros comerciais, templos, ginásios, estádios, ainda que de propriedade privada (Lei nº 9.504/97, art. 37, § 4º).

§ 3º Nas árvores e nos jardins localizados em áreas públicas, bem como em muros, cercas e tapumes divisórios, não é permitida a colocação de propaganda eleitoral de qualquer natureza, mesmo que não lhes cause dano (Lei nº 9.504/97, art. 37, § 5º).

§ 4º É permitida a colocação de cavaletes, bonecos, cartazes, mesas para distribuição de material de campanha e bandeiras ao longo das vias públicas, desde que móveis e que não dificultem o bom andamento do trânsito de pessoas e veículos (Lei nº 9.504/97, art. 37, § 6º).

§ 5º A mobilidade referida no parágrafo anterior estará caracterizada com a colocação e a retirada dos meios de propaganda entre as 6 horas e as 22 horas (Lei nº 9.504/97, art. 37, § 7º).

§ 6º Nas dependências do Poder Legislativo, a veiculação de propaganda eleitoral ficará a critério da Mesa Diretora (Lei nº 9.504/97, art. 37, § 3º).

Art. 12. Em bens particulares, independe de obtenção de licença municipal e de autorização da Justiça Eleitoral a veiculação de propaganda eleitoral por meio da fixação de faixas, placas, cartazes, pinturas ou inscrições, desde que não excedam a 4 m² (quatro metros quadrados) e não contrariem a legislação eleitoral, sujeitando-se o infrator às penalidades previstas no § 1º do art. anterior (Lei nº 9.504/97, art. 37, § 2º).

Parágrafo único. A veiculação de propaganda eleitoral em bens particulares deve ser espontânea e gratuita, sendo vedado qualquer tipo de pagamento em troca de espaço para esta finalidade (Lei nº 9.504/97, art. 37, § 8º).

Art. 13. Independe da obtenção de licença municipal e de autorização da Justiça Eleitoral a veiculação de propaganda eleitoral pela distribuição de folhetos, volantes e outros impressos, os quais devem ser editados sob a responsabilidade do partido político, da coligação ou do candidato (Lei nº 9.504/97, art. 38).

Parágrafo único. Todo material impresso de campanha eleitoral deverá conter o número de inscrição no Cadastro Nacional da Pessoa Jurídica (CNPJ) ou o número de inscrição no Cadastro de Pessoas Físicas (CPF) do responsável pela confecção, bem como de quem a contratou, e a respectiva tiragem (Lei nº 9.504/97, art. 38, § 1º).

Art. 14. Não será tolerada propaganda (Código Eleitoral, art. 243, I a IX e Lei nº 5.700/71):

I – de guerra, de processos violentos para subverter o regime, a ordem política e social, ou de preconceitos de raça ou de classes;

II – que provoque animosidade entre as Forças Armadas ou contra elas, ou delas contra as classes e as instituições civis;

III – de incitamento de atentado contra pessoa ou bens;

IV – de instigação à desobediência coletiva ao cumprimento da lei de ordem pública;

V – que implique oferecimento, promessa ou solicitação de dinheiro, dádiva, rifa, sorteio ou vantagem de qualquer natureza;

VI – que perturbe o sossego público, com algazarra ou abuso de instrumentos sonoros ou sinais acústicos;

VII – por meio de impressos ou de objeto que pessoa inexperiente ou rústica possa confundir com moeda;

VIII – que prejudique a higiene e a estética urbana;

IX – que caluniar, difamar ou injuriar qualquer pessoa, bem como atingir órgãos ou entidades que exerçam autoridade pública;

X – que desrespeite os símbolos nacionais.

Art. 15. O ofendido por calúnia, difamação ou injúria, sem prejuízo e independentemente da ação penal competente, poderá demandar, no juízo cível, a reparação do dano moral, respondendo por este o ofensor e, solidariamente, o partido político deste, quando responsável por ação ou omissão, e quem quer que, favorecido pelo crime, haja de qualquer modo contribuído para ele (Código Eleitoral, art. 243, § 1º).

Art. 16. Aos juízes eleitorais designados pelos tribunais regionais eleitorais, nas capitais e nos municípios onde houver mais de uma zona eleitoral, e aos juízes eleitorais, nas demais localidades, competirá julgar as reclamações sobre a localização dos comícios e tomar providências sobre a distribuição equitativa dos locais aos partidos políticos e às coligações (Código Eleitoral, art. 245, § 3º).

Art. 17. O candidato cujo registro esteja *sub judice* poderá efetuar todos os atos relativos à sua campanha eleitoral, inclusive utilizar o horário eleitoral gratuito para sua propaganda, no rádio e na televisão (Lei nº 9.504/97, art. 16-A).

CAPÍTULO III
DA PROPAGANDA ELEITORAL EM *OUTDOOR*

Art. 18. É vedada a propaganda eleitoral por meio de *outdoors*, sujeitando-se a empresa responsável, os partidos, coligações e candidatos à imediata retirada da propaganda irregular e ao pagamento de multa no valor de R$ 5.320,50 (cinco mil trezentos e vinte reais e cinquenta centavos) a R$ 15.961,50 (quinze mil novecentos e sessenta e um reais e cinquenta centavos) (Lei nº 9.504/97, art. 39, § 8º).

CAPÍTULO IV
DA PROPAGANDA ELEITORAL NA INTERNET

Art. 19. É permitida a propaganda eleitoral na internet após o dia 5 de julho do ano da eleição (Lei nº 9.504/97, art. 57-A).

Art. 20. A propaganda eleitoral na internet poderá ser realizada nas seguintes formas (Lei nº 9.504/97, art. 57-B, incisos I a IV):

I – em sítio do candidato, com endereço eletrônico comunicado à Justiça Eleitoral e hospedado, direta ou indiretamente, em provedor de serviço de internet estabelecido no País;

II – em sítio do partido ou da coligação, com endereço eletrônico comunicado à Justiça Eleitoral e hospedado, direta ou indiretamente, em provedor de serviço de internet estabelecido no País;

III – por meio de mensagem eletrônica para endereços cadastrados gratuitamente pelo candidato, partido ou coligação;

IV – por meio de *blogs*, redes sociais, sítios de mensagens instantâneas e assemelhados, cujo conteúdo seja gerado ou editado por candidatos, partidos ou coligações ou de iniciativa de qualquer pessoa natural.

Art. 21. Na internet, é vedada a veiculação de qualquer tipo de propaganda eleitoral paga (Lei nº 9.504/97, art. 57-C, *caput*).

§ 1º É vedada, ainda que gratuitamente, a veiculação de propaganda eleitoral na internet, em sítios (Lei nº 9.504/97, art. 57-C, § 1º, I e II):

I – de pessoas jurídicas, com ou sem fins lucrativos;

II – oficiais ou hospedados por órgãos ou entidades da administração pública direta ou indireta da União, dos Estados, do Distrito Federal e dos Municípios.

§ 2º A violação do disposto neste artigo sujeita o responsável pela divulgação da propaganda e, quando comprovado seu prévio conhecimento, o beneficiário à multa no valor de R$ 5.000,00 (cinco mil reais) a R$ 30.000,00 (trinta mil reais) (Lei nº 9.504/97, art. 57-C, § 2º).

Art. 22. É livre a manifestação do pensamento, vedado o anonimato durante a campanha eleitoral, por meio da rede mundial de computadores – internet, assegurado o direito de resposta, nos termos das alíneas *a*, *b* e *c* do inciso IV do § 3º do art. 58 e do 58-A da Lei nº 9.504/97, e por outros meios de comunicação interpessoal mediante mensagem eletrônica (Lei nº 9.504/97, art. 57-D, § 2º).

Parágrafo único. A violação do disposto neste artigo sujeitará o responsável pela divulgação da propaganda e, quando comprovado seu prévio conhecimento, o beneficiário à multa no valor de R$ 5.000,00 (cinco mil reais) a R$ 30.000,00 (trinta mil reais).

Art. 23. São vedadas às pessoas relacionadas no art. 24 da Lei nº 9.504/97 a utilização, doação ou cessão de cadastro eletrônico de seus clientes, em favor de candidatos, partidos ou coligações (Lei nº 9.504/97, art. 57-E, *caput*).

§ 1º É proibida a venda de cadastro de endereços eletrônicos (Lei nº 9.504/97, art. 57-E, § 1º).

§ 2º A violação do disposto neste artigo sujeita o responsável pela divulgação da propaganda e, quando comprovado seu prévio conhecimento, o beneficiário à multa no valor de R$ 5.000,00 (cinco mil reais) a R$ 30.000,00 (trinta mil reais) (Lei nº 9.504/97, art. 57-E, § 2º).

Art. 24. Aplicam-se ao provedor de conteúdo e de serviços multimídia que hospeda a divulgação da propaganda eleitoral de candidato, de partido ou de coligação as penalidades previstas nesta resolução, se, no prazo determinado pela Justiça Eleitoral, contado a partir da notificação de decisão sobre a existência de propaganda irregular, não tomar providências para a cessação dessa divulgação (Lei nº 9.504/97, art. 57-F, *caput*).

§ 1º O provedor de conteúdo ou de serviços multimídia só será considerado responsável pela divulgação da propaganda se a publicação do material for comprovadamente de seu prévio conhecimento (Lei nº 9.504/97, art. 57-F, parágrafo único).

§ 2º O prévio conhecimento de que trata o parágrafo anterior poderá, sem prejuízo dos demais meios de prova, ser demonstrado por meio de cópia de notificação, diretamente encaminhada e entregue pelo interessado ao provedor de internet, na qual deverá constar de forma clara e detalhada a propaganda por ele considerada irregular.

Art. 25. As mensagens eletrônicas enviadas por candidato, partido ou coligação, por qualquer meio, deverão dispor de mecanismo que permita seu descadastramento pelo destinatário, obrigado o remetente a providenciá-lo no prazo de 48 horas (Lei nº 9.504/97, art. 57-G, *caput*).

Parágrafo único. Mensagens eletrônicas enviadas após o término do prazo previsto no *caput* sujeitam os responsáveis ao pagamento de multa no valor de R$ 100,00 (cem reais), por mensagem (Lei nº 9.504/97, art. 57-G, parágrafo único).

Art. 26. Sem prejuízo das demais sanções legais cabíveis, será punido, com multa de R$ 5.000,00 (cinco mil reais) a R$ 30.000,00 (trinta mil reais), quem realizar propaganda eleitoral na internet, atribuindo indevidamente sua autoria a terceiro, inclusive a candidato, partido ou coligação (Lei nº 9.504/97, art. 57-H).

CAPÍTULO V
DA PROPAGANDA ELEITORAL NA IMPRENSA

Art. 27. São permitidas, até a antevéspera das eleições, a divulgação paga, na imprensa escrita, e a reprodução na internet do jornal impresso, de até 10 (dez) anúncios de propaganda eleitoral, por veículo, em datas diversas, para cada candidato, no espaço máximo, por edição, de 1/8 (um oitavo) de página de jornal padrão e de 1/4 (um quarto) de página de revista ou tabloide (Lei nº 9.504/97, art. 43, *caput*).

§ 1º Deverá constar do anúncio, de forma visível, o valor pago pela inserção (Lei nº 9.504/97, art. 43, § 1º).

§ 2º A inobservância do disposto neste artigo sujeita os responsáveis pelos veículos de divulgação e os partidos, coligações ou candidatos beneficiados a multa no valor de R$ 1.000,00 (mil reais) a R$ 10.000,00 (dez mil reais) ou equivalente ao da divulgação da propaganda paga, se este for maior (Lei nº 9.504/97, art. 43, § 2º).

§ 3º Ao jornal de dimensão diversa do padrão e do tabloide aplica-se a regra do *caput*, de acordo com o tipo de que mais se aproxime.

§ 4º Não caracterizará propaganda eleitoral a divulgação de opinião favorável a candidato, a partido político ou a coligação pela imprensa escrita, desde que não seja matéria paga, mas os abusos e os excessos, assim como as demais formas de uso indevido do meio de comunicação, serão apurados e punidos nos termos do art. 22 da Lei Complementar nº 64/90.

§ 5º É autorizada a reprodução virtual das páginas do jornal impresso na internet, desde que seja feita no sítio do próprio jornal, independentemente do seu conteúdo, devendo ser respeitado integralmente o formato gráfico e o conteúdo editorial da versão impressa, atendido, nesta hipótese, o disposto no *caput* deste artigo. (Resolução nº 22.781, de 5.5.2008)

CAPÍTULO VI
DA PROGRAMAÇÃO NORMAL E DO NOTICIÁRIO NO RÁDIO E NA TELEVISÃO

Art. 28. A partir de 1º de julho de 2010, é vedado às emissoras de rádio e televisão, em sua programação normal e noticiário (Lei nº 9.504/97, art. 45, I a VI):

I – transmitir, ainda que sob a forma de entrevista jornalística, imagens de realização de pesquisa ou qualquer outro tipo de consulta popular de natureza eleitoral em que seja possível identificar o entrevistado ou em que haja manipulação de dados;

II – usar trucagem, montagem ou outro recurso de áudio ou vídeo que, de qualquer forma, degradem ou ridicularizem candidato, partido político ou coligação, bem como produzir ou veicular programa com esse efeito;

III – veicular propaganda política ou difundir opinião favorável ou contrária a candidato, partido político ou coligação, a seus órgãos ou representantes;

IV – dar tratamento privilegiado a candidato, partido político ou coligação;

V – veicular ou divulgar filmes, novelas, minisséries ou qualquer outro programa com alusão ou crítica a candidato ou partido político, mesmo que dissimuladamente, exceto programas jornalísticos ou debates políticos;

VI – divulgar nome de programa que se refira a candidato escolhido em convenção, ainda quando preexistente, inclusive se coincidente com o nome do candidato ou o nome por ele indicado para uso na urna eletrônica, e, sendo o nome do programa o mesmo que o do candidato, fica proibida a sua divulgação, sob pena de cancelamento do respectivo registro.

§ 1º A partir do resultado da convenção, é vedado, ainda, às emissoras transmitir programa apresentado ou comentado por candidato escolhido em convenção (Lei nº 9.504/97, art. 45, § 1º).

§ 2º Entende-se por trucagem todo e qualquer efeito realizado em áudio ou vídeo que degradar ou ridicularizar candidato, partido político ou coligação, ou que desvirtuar a realidade e beneficiar ou prejudicar qualquer candidato, partido político ou coligação (Lei nº 9.504/97, art. 45, § 4º).

§ 3º Entende-se por montagem toda e qualquer junção de registros de áudio ou vídeo que degradar ou ridicularizar candidato, partido político ou coligação, ou que desvirtuar a realidade e beneficiar ou prejudicar qualquer candidato, partido político ou coligação (Lei nº 9.504/97, art. 45, § 5º).

§ 4º Sem prejuízo do disposto no parágrafo único do art. 46 desta resolução, a inobservância do disposto neste artigo sujeita a emissora ao pagamento de multa no valor de R$ 21.282,00 (vinte e um mil duzentos e oitenta e dois reais) a R$ 106.410,00 (cento e seis mil quatrocentos e dez reais), duplicada em caso de reincidência (Lei nº 9.504/97, art. 45, § 2º).

Seção I
Dos Debates

Art. 29. O debate será realizado segundo as regras estabelecidas em acordo celebrado entre os partidos políticos e a pessoa jurídica interessada na realização do evento, dando-se ciência à Justiça Eleitoral (Lei nº 9.504/97, art. 46, § 4º).

§ 1º Para os debates que se realizarem no primeiro turno das eleições, serão consideradas aprovadas as regras que obtiverem a concordância de pelo menos 2/3 (dois terços) dos candidatos aptos no caso de eleição majoritária, e de pelo menos 2/3 (dois terços) dos partidos ou coligações com candidatos aptos, no caso de eleição proporcional (Lei nº 9.504/97, art. 46, § 5º).

§ 2º Considera-se candidato apto, para os fins previstos no parágrafo anterior, aquele cujo registro tenha sido requerido na Justiça Eleitoral.

Art. 30. Inexistindo acordo, o debate, inclusive os realizados na Internet ou em qualquer outro meio eletrônico de comunicação, deverão obedecer as seguintes regras (Lei nº 9.504/97, art. 46, I, *a* e *b*, II e III):

I – nas eleições majoritárias, a apresentação dos debates poderá ser feita:

a) em conjunto, estando presentes todos os candidatos;

b) em grupos, estando presentes, no mínimo, 3 candidatos;

II – nas eleições proporcionais, os debates deverão ser organizados de modo que assegurem a presença de número equivalente de candidatos de todos os partidos políticos e coligações a um mesmo cargo eletivo, podendo desdobrar-se em mais de 1 dia;

III – os debates deverão ser parte de programação previamente estabelecida e divulgada pela emissora, fazendo-se mediante sorteio a escolha do dia e da ordem de fala de cada candidato.

§ 1º Na hipótese deste artigo, é assegurada a participação de candidatos dos partidos políticos com representação na Câmara dos Deputados, e facultada a dos demais.

§ 2º Para efeito do disposto no parágrafo anterior, considera-se a representação de cada partido político na Câmara dos Deputados a resultante da eleição.

Art. 31. Em qualquer hipótese, deverá observar o seguinte:

I – É admitida a realização de debate sem a presença de candidato de algum partido político ou de coligação, desde que o veículo de comunicação responsável comprove tê-lo convidado com a antecedência mínima de 72 horas da realização do debate (Lei nº 9.504/97, art. 46, § 1º).

II – É vedada a presença de um mesmo candidato à eleição proporcional em mais de um debate da mesma emissora (Lei nº 9.504/97, art. 46, § 2º).

III – O horário destinado à realização de debate poderá ser destinado à entrevista de candidato, caso apenas este tenha comparecido ao evento (Acórdão nº 19.433, de 25.6.2002).

IV – O debate não poderá ultrapassar o horário de meia-noite dos dias 30 de setembro de 2010, primeiro turno, e 29 de outubro de 2010, no caso de segundo turno (Resolução nº 22.452, de 17.10.2006).

Art. 32. O descumprimento do disposto nesta Seção sujeita a empresa infratora à suspensão, por 24 horas, da sua programação e à transmissão a cada 15 minutos da informação de que se encontra fora do ar por desobediência à legislação eleitoral; em cada reiteração de conduta, o período de suspensão será duplicado (Lei nº 9.504/97, art. 46, § 3º, e art. 56, §§ 1º e 2º).

CAPÍTULO VII
DA PROPAGANDA ELEITORAL GRATUITA NO RÁDIO E NA TELEVISÃO

Art. 33. A propaganda eleitoral no rádio e na televisão restringir-se-á ao horário gratuito, vedada a veiculação de propaganda paga, respondendo o candidato, o partido político e a coligação pelo seu conteúdo (Lei nº 9.504/97, art. 44).

§ 1º A propaganda eleitoral gratuita na televisão deverá utilizar a Linguagem Brasileira de Sinais (Libras) ou o recurso de legenda, que deverão constar obrigatoriamente do material entregue às emissoras (Lei nº 9.504/97, art. 44, § 1º).

§ 2º No horário reservado para a propaganda eleitoral, não se permitirá utilização comercial ou propaganda realizada com a intenção, ainda que disfarçada ou subliminar, de promover marca ou produto.

§ 3º Será punida, nos termos do § 1º do art. 37 da Lei nº 9.504/97, a emissora que, não autorizada a funcionar pelo poder competente, veicular propaganda eleitoral (Lei nº 9.504/97, art. 44, § 3º).

Art. 34. As emissoras de rádio, inclusive as rádios comunitárias, as emissoras de televisão que operam em VHF e UHF e os canais de televisão por assinatura sob a responsabilidade do Senado Federal, da Câmara dos Deputados, das Assembleias Legislativas e da Câmara Legislativa do Distrito Federal reservarão, no período de 17 de agosto a 30 de setembro de 2010, horário destinado à divulgação, em rede, da propaganda eleitoral gratuita, a ser feita da seguinte forma (Lei nº 9.504/97, art. 47, § 1º, I e II, *a* e *b*, III a V, *c* e *d*, e art. 57):

I – na eleição para presidente da República, às terças e quintas-feiras e aos sábados:

a) das 7h às 7h25 e das 12h às 12h25, no rádio;

b) das 13h às 13h25 e das 20h30 às 20h55, na televisão;

II – nas eleições para deputado federal, às terças e quintas-feiras e aos sábados:

a) das 7h25 às 7h50 e das 12h25 às 12h50, no rádio;

b) das 13h25 às 13h50 e das 20h55 às 21h20, na televisão;

III – nas eleições para governador de estado e do Distrito Federal, às segundas, quartas e sextas-feiras:

a) das 7h às 7h18 e das 12h às 12h18, no rádio;

b) das 13h às 13h18 e das 20h30 às 20h48, na televisão;

IV – nas eleições para deputado estadual e deputado distrital, às segundas, quartas e sextas-feiras:

a) das 7h18 às 7h35 e das 12h18 às 12h35, no rádio;

b) das 13h18 às 13h35 e das 20h48 às 21h05, na televisão;

V – na eleição para senador, às segundas, quartas e sextas-feiras:

a) das 7h35 às 7h50 e das 12h35 às 12h50, no rádio;

b) das 13h35 às 13h50 e das 21h05 às 21h20, na televisão.

Parágrafo único. Na veiculação da propaganda eleitoral gratuita, será considerado o horário de Brasília-DF.

Art. 35. O Tribunal Superior Eleitoral e os tribunais regionais eleitorais distribuirão os horários reservados à propaganda de cada eleição entre os partidos políticos e as coligações que tenham candidato, observados os seguintes critérios (Lei nº 9.504/97, art. 47, § 2º, I e II; Ac.-TSE nº 8.427, de 30.10.86):

I – um terço, igualitariamente;

II – dois terços, proporcionalmente ao número de representantes na Câmara dos Deputados, considerado, no caso de coligação, o resultado da soma do número de representantes de todos os partidos políticos que a integrarem.

§ 1º Para efeito do disposto neste artigo, a representação de cada partido político na Câmara dos Deputados é a resultante da eleição (Lei nº 9.504/97, art. 47, § 3º).

§ 2º O número de representantes de partido político que tenha resultado de fusão ou a que se tenha incorporado outro corresponderá à soma dos representantes que os partidos políticos de origem possuíam na data mencionada no parágrafo anterior (Lei nº 9.504/97, art. 47, § 4º).

§ 3º Se o candidato a presidente, a governador ou a senador deixar de concorrer, em qualquer etapa do pleito, e não havendo substituição, será feita nova distribuição do tempo entre os candidatos remanescentes (Lei nº 9.504/97, art. 47, § 5º).

§ 4º As coligações sempre serão tratadas como um único partido político.

§ 5º Para fins de divisão do tempo reservado à propaganda, não serão consideradas as frações de segundo, e as sobras que resultarem desse procedimento serão adicionadas no programa de cada dia ao tempo destinado ao último partido político ou coligação.

§ 6º Aos partidos políticos e às coligações que, após a aplicação dos critérios de distribuição referidos no *caput*, obtiverem direito a parcela do horário eleitoral inferior a 30 segundos será assegurado o direito de acumulá-lo para uso em tempo equivalente (Lei nº 9.504/97, art. 47, § 6º).

§ 7º A Justiça Eleitoral, os representantes das emissoras de rádio e televisão e os representantes dos partidos políticos, por ocasião da elaboração do plano de mídia, compensarão sobras e excessos, respeitando-se o horário reservado para propaganda eleitoral gratuita.

Art. 36. Se houver segundo turno, as emissoras de rádio, inclusive as rádios comunitárias, as emissoras de televisão que operam em VHF e UHF e os canais de televisão por assinatura sob a responsabilidade do Senado Federal, da Câmara dos Deputados, das Assembleias Legislativas e da Câmara Legislativa do Distrito Federal reservarão, a partir de 48 horas da proclamação dos resultados do primeiro turno e até 29 de outubro de 2010, horário destinado à divulgação da propaganda eleitoral gratuita, dividido em dois períodos diários de 20 minutos para cada eleição, inclusive aos domingos, iniciando-se às 7h e às 12h, no rádio, e às 13h e às 20h30, na televisão, horário de Brasília (Lei nº 9.504/97, art. 49, *caput*).

§ 1º Em circunscrição onde houver segundo turno para Presidente e Governador, o horário reservado à propaganda deste se inicia imediatamente após o término do horário reservado ao primeiro (Lei nº 9.504/97, art. 49, § 1º).

§ 2º O tempo de cada período diário será dividido igualitariamente entre os candidatos (Lei nº 9.504/97, art. 49, § 2º).

Art. 37. O Tribunal Superior Eleitoral e os tribunais regionais eleitorais efetuarão, até 15 de agosto de 2010, o sorteio para a escolha da ordem de veiculação da propaganda de cada partido político ou coligação no primeiro dia do horário eleitoral gratuito; a cada dia que se seguir, a propaganda veiculada por último, na véspera, será a primeira, apresentando-se as demais na ordem do sorteio (Lei nº 9.504/97, art. 50).

Art. 38. Durante os períodos mencionados nos arts. 35 e 37 desta resolução, as emissoras de rádio, inclusive as rádios comunitárias, as emissoras de televisão que operam em VHF e UHF e os canais de televisão por assinatura sob a responsabilidade do Senado Federal, da Câmara dos Deputados, das Assembleias Legislativas e da Câmara Legislativa do Distrito Federal reservarão, ainda, 30 minutos diários, inclusive aos domingos, para a propaganda eleitoral gratuita, a serem usados em inserções de até 60 segundos, a critério do respectivo partido político ou coligação, assinadas obrigatoriamente pelo partido político ou coligação, e distribuídas, ao longo da programação veiculada entre as 8 horas e as 24 horas, nos termos do art. 36 desta resolução, obedecido o seguinte (Lei nº 9.504/97, art. 51, I, III e IV e art. 57):

I – o tempo será dividido em partes iguais – 6 minutos para cada cargo – para a utilização nas campanhas dos candidatos às eleições majoritárias e proporcionais, bem como de suas legendas partidárias ou das que componham a coligação, quando for o caso;

II – a distribuição levará em conta os blocos de audiência entre as 8 horas e as 12 horas; as 12 horas e as 18 horas; as 18 horas e as 21 horas; as 21 horas e as 24 horas, de modo que o número de inserções seja dividido igualmente entre eles;

III – na veiculação das inserções, são vedadas a utilização de gravações externas, montagens ou trucagens, computação gráfica, desenhos animados e efeitos especiais, e a veiculação de mensagens que possam degradar ou ridicularizar candidato, partido político ou coligação.

§ 1º As inserções no rádio e na televisão serão calculadas à base de 30 segundos e poderão ser divididas em módulos de 15 segundos, ou agrupadas em módulos de 60 segundos, a critério de cada partido político ou coligação; em qualquer caso é obrigatória a identificação do partido político ou da coligação (Resolução nº 20.698, de 15.8.2000).

§ 2º As emissoras de rádio e televisão deverão evitar a veiculação de inserções idênticas no mesmo intervalo da programação normal.

§ 3º Se houver segundo turno, o tempo diário reservado às inserções será de 30 minutos diários, sendo 15 minutos para campanha de presidente da República e 15 minutos para campanha de governador, divididos igualitariamente entre os candidatos; se, após proclamados os resultados, não houver segundo turno para presidente da República, o tempo será integralmente destinado à eleição de governador, onde houver (Resolução nº 20.377, de 6.10.98).

Art. 39. A partir do dia 8 de julho de 2010, o Tribunal Superior Eleitoral e os tribunais regionais eleitorais convocarão os partidos políticos e a representação das emissoras de televisão e de rádio para elaborarem o plano de mídia, nos termos do artigo anterior, para o uso da parcela do horário eleitoral gratuito a que tenham direito, garantida a todos participação nos horários de maior e menor audiência (Lei nº 9.504/97, art. 52).

Parágrafo único. Caso os representantes dos partidos políticos e das emissoras não cheguem a acordo, a Justiça Eleitoral deverá elaborar o plano de mídia, utilizando o sistema desenvolvido pelo Tribunal Superior Eleitoral (Resolução nº 21.725, de 27.4.2004).

Art. 40. Os partidos políticos e as coligações deverão apresentar mapas de mídia diários ou periódicos às emissoras, observados os seguintes requisitos (Resolução nº 20.329, de 25.8.98):

I – nome do partido político ou da coligação;

II – título ou número do filme a ser veiculado;

III – duração do filme;

IV – dias e faixas de veiculação;

V – nome e assinatura de pessoa credenciada pelos partidos políticos e pelas coligações para a entrega das fitas com os programas que serão veiculados.

§ 1º Sem prejuízo do prazo para a entrega das fitas, os mapas de mídia deverão ser apresentados até as 14 horas da véspera de sua veiculação.

§ 2º Para as transmissões previstas para sábados, domingos e segundas-feiras, os mapas deverão ser apresentados até as 14 horas da sexta-feira imediatamente anterior.

§ 3º As emissoras ficam eximidas de responsabilidade decorrente de transmissão de programa em desacordo com os mapas de mídia apresentados, quando não observado o prazo estabelecido nos §§ 1º e 2º deste artigo.

§ 4º Os partidos políticos e as coligações deverão comunicar ao Tribunal Superior Eleitoral, aos tribunais regionais eleitorais e às emissoras, previamente, as pessoas autorizadas a apresentar o mapa de mídia e as fitas com os programas que serão veiculados, bem como informar o número de telefone em que poderão ser encontradas em caso de necessidade, devendo a substituição das pessoas indicadas ser feita com 24 horas de antecedência.

§ 5º As emissoras estarão desobrigadas do recebimento de mapas de mídia e material que não forem encaminhados pelas pessoas credenciadas.

§ 6º As emissoras deverão fornecer à Justiça Eleitoral, aos partidos políticos e às coligações, previamente, a indicação dos endereços, telefones, números de fac-símile e os nomes das pessoas responsáveis pelo recebimento de fitas e mapas de mídia, após a comunicação de que trata o § 4º deste artigo.

Art. 41. Os programas de propaganda eleitoral gratuita deverão ser gravados em meio de armazenamento compatível com as condições técnicas da emissora geradora.

§ 1º As gravações deverão ser conservadas pelo prazo de 20 dias depois de transmitidas pelas emissoras de até 1 quilowatt e pelo prazo de 30 dias pelas demais (Lei nº 4.117/62, art. 71, § 3º, com alterações do Decreto-lei nº 236, de 28.2.67).

§ 2º As emissoras e os partidos políticos ou coligações acordarão, sob a supervisão do tribunal eleitoral, sobre a entrega das gravações, obedecida a antecedência mínima de 4 horas do horário previsto para o início da transmissão de programas divulgados em rede, e de 12 horas do início do primeiro bloco no caso de inserções, sempre no local da geração.

§ 3º A propaganda eleitoral a ser veiculada no programa de rádio que for ao ar às 7 horas deve ser entregue até as 22 horas do dia anterior.

§ 4º Em cada fita a ser encaminhada à emissora, o partido político ou a coligação deverá incluir a denominada claquete, na qual deverão estar registradas as informações constantes dos incisos I a IV do *caput* do artigo anterior, que servirão para controle interno da emissora, não devendo ser veiculada ou computada no tempo reservado para o programa eleitoral.

§ 5º A fita para a veiculação da propaganda eleitoral deverá ser entregue à emissora geradora pelo representante legal do partido ou da coligação, ou por pessoa por ele indicada, a quem será dado recibo após a verificação da qualidade técnica da fita.

§ 6º Caso o material e/ou o mapa de mídia não sejam entregues no prazo ou pelas pessoas credenciadas, as emissoras veicularão o último material por elas exibido, independentemente de consulta prévia ao partido político ou à coligação.

§ 7º Durante os períodos mencionados no § 1º deste artigo, as gravações ficarão no arquivo da emissora, mas à disposição da autoridade eleitoral competente, para servir como prova dos abusos ou dos crimes porventura cometidos.

§ 8º A inserção cuja duração ultrapasse o estabelecido no plano de mídia terá a sua parte final cortada.

§ 9º Na propaganda em bloco, as emissoras deverão cortar de sua parte final o que ultrapasse o tempo determinado e, caso a duração seja insuficiente, o tempo será completado pela emissora geradora com a veiculação dos seguintes dizeres: "Horário reservado à propaganda eleitoral gratuita – Lei nº 9.504/97".

Art. 42. Não serão admitidos cortes instantâneos ou qualquer tipo de censura prévia nos programas eleitorais gratuitos (Lei nº 9.504/97, art. 53, *caput*).

§ 1º É vedada a veiculação de propaganda que possa degradar ou ridicularizar candidatos, sujeitando-se o partido político ou a coligação infratores à perda do direito à veiculação de propaganda no horário eleitoral gratuito do dia seguinte ao da decisão (Lei nº 9.504/97, art. 53, § 1º).

§ 2º Sem prejuízo do disposto no parágrafo anterior, a requerimento de partido político, coligação ou candidato, a Justiça Eleitoral impedirá a reapresentação de propaganda ofensiva à honra de candidato, à moral e aos bons costumes (Lei nº 9.504/97, art. 53, § 2º).

§ 3º A reiteração de conduta que já tenha sido punida pela Justiça Eleitoral poderá ensejar a suspensão temporária do programa.

Art. 43. É vedado aos partidos políticos e às coligações incluir no horário destinado aos candidatos às eleições proporcionais propaganda das candidaturas a eleições majoritárias, ou vice-versa, ressalvada a utilização, durante a exibição do programa, de legendas com referência aos candidatos majoritários, ou, ao fundo, de cartazes ou fotografias desses candidatos (Lei nº 9.504/97, art. 53-A, *caput*).

§ 1º É facultada a inserção de depoimento de candidatos a eleições proporcionais no horário da propaganda das candidaturas majoritárias e vice-versa, registrados sob o mesmo partido ou coligação, desde que o depoimento consista exclusivamente em pedido de voto ao candidato que cedeu o tempo (Lei nº 9.504/97, art. 53-A, § 1º).

§ 2º É vedada a utilização da propaganda de candidaturas proporcionais como propaganda de candidaturas majoritárias e vice-versa (Lei nº 9.504/97, art. 53-A, § 2º).

§ 3º O partido político ou a coligação que não observar a regra contida neste artigo perderá, em seu horário de propaganda gratuita, tempo equivalente no horário reservado à propaganda da eleição disputada pelo candidato beneficiado (Lei nº 9.504/97, art. 53-A, § 3º).

Art. 44. Dos programas de rádio e televisão destinados à propaganda eleitoral gratuita de cada partido político ou coligação poderá participar, em apoio aos candidatos, qualquer cidadão não filiado a outro partido político ou a partido político integrante de outra coligação, sendo vedada a participação de qualquer pessoa mediante remuneração (Lei nº 9.504/97, art. 54, *caput*).

Parágrafo único. No segundo turno das eleições, não será permitida, nos programas de que trata este artigo, a participação de filiados a partidos políticos que tenham formalizado apoio a outros candidatos (Lei nº 9.504/97, art. 54, parágrafo único).

Art. 45. Na propaganda eleitoral gratuita, aplicam-se ao partido político, coligação ou candidato as seguintes vedações (Lei nº 9.504/97, art. 55, *caput*, c.c. o art. 45, I e II):

I – transmitir, ainda que sob a forma de entrevista jornalística, imagens de realização de pesquisa ou qualquer outro tipo de consulta popular de natureza eleitoral em que seja possível identificar o entrevistado ou em que haja manipulação de dados;

II – usar trucagem, montagem ou outro recurso de áudio ou vídeo que, de alguma forma, degradem ou ridicularizem candidato, partido político ou coligação, ou produzir ou veicular programa com esse efeito.

Parágrafo único. A inobservância do disposto neste artigo sujeita o partido político ou a coligação à perda de tempo equivalente ao dobro do usado na prática do ilícito, no período do horário gratuito subsequente, dobrada a cada reincidência, devendo, no mesmo período, exibir-se a informação de que a não veiculação do programa resulta de infração da Lei nº 9.504/97 (Lei nº 9.504/97, art. 55, parágrafo único).

Art. 46. Durante toda a transmissão pela televisão, em bloco ou em inserções, a propaganda deverá ser identificada pela legenda "propaganda eleitoral gratuita".

Parágrafo único. A identificação de que trata o *caput* deste artigo é de responsabilidade dos partidos políticos e das coligações.

Art. 47. Competirá aos partidos políticos e às coligações distribuir entre os candidatos registrados os horários que lhes forem destinados pela Justiça Eleitoral.

Art. 48. Na divulgação de pesquisas no horário eleitoral gratuito devem ser informados, com clareza, o período de sua realização e a margem de erro, não sendo obrigatória a menção aos concorrentes, desde que o modo de apresentação dos resultados não induza o eleitor em erro quanto ao desempenho do candidato em relação aos demais.

CAPÍTULO VIII
DAS PERMISSÕES E VEDAÇÕES NO DIA DA ELEIÇÃO

Art. 49. É permitida, no dia das eleições, a manifestação individual e silenciosa da preferência do eleitor por partido político, coligação ou candidato, revelada exclusivamente pelo uso de bandeiras, broches, dísticos e adesivos (Lei nº 9.504/97, art. 39-A, *caput*).

§ 1º São vedados, no dia do pleito, até o término do horário de votação, a aglomeração de pessoas portando vestuário padronizado e os instrumentos de propaganda referidos no *caput*, de modo a caracterizar manifestação coletiva, com ou sem utilização de veículos (Lei nº 9.504/97, art. 39-A, § 1º).

§ 2º No recinto das seções eleitorais e juntas apuradoras, é proibido aos servidores da Justiça Eleitoral, aos mesários e aos escrutinadores o uso de vestuário ou objeto que contenha qualquer propaganda de partido político, de coligação ou de candidato (Lei nº 9.504/97, art. 39-A, § 2º).

§ 3º Aos fiscais partidários, nos trabalhos de votação, só é permitido que, de seus crachás, constem o nome e a sigla do partido político ou coligação a que sirvam, vedada a padronização do vestuário (Lei nº 9.504/97, art. 39-A, § 3º).

§ 4º No dia da eleição, serão afixadas cópias deste artigo em lugares visíveis nas partes interna e externa das seções eleitorais (Lei nº 9.504/97, art. 39-A, § 4º).

§ 5º A violação dos §§ 1º a 3º deste artigo configurará divulgação de propaganda, nos termos do inciso III, § 5º, do art. 39 da Lei nº 9.504/97.

CAPÍTULO IX
DAS CONDUTAS VEDADAS AOS AGENTES PÚBLICOS EM CAMPANHA ELEITORAL

Art. 50. São proibidas aos agentes públicos, servidores ou não, as seguintes condutas tendentes a afetar a igualdade de oportunidades entre candidatos nos pleitos eleitorais (Lei nº 9.504/97, art. 73, I a VIII):

I – ceder ou usar, em benefício de candidato, partido político ou coligação, bens móveis ou imóveis pertencentes à administração direta ou indireta da

União, dos estados, do Distrito Federal, dos territórios e dos municípios, ressalvada a realização de convenção partidária;

II – usar materiais ou serviços, custeados pelos governos ou casas legislativas, que excedam as prerrogativas consignadas nos regimentos e normas dos órgãos que integram;

III – ceder servidor público ou empregado da administração direta ou indireta federal, estadual ou municipal do Poder Executivo, ou usar de seus serviços, para comitês de campanha eleitoral de candidato, partido político ou coligação, durante o horário de expediente normal, salvo se o servidor ou o empregado estiver licenciado;

IV – fazer ou permitir uso promocional em favor de candidato, partido político ou coligação, de distribuição gratuita de bens e serviços de caráter social custeados ou subvencionados pelo poder público;

V – nomear, contratar ou de qualquer forma admitir, demitir sem justa causa, suprimir ou readaptar vantagens ou por outros meios dificultar ou impedir o exercício funcional e, ainda, *ex officio*, remover, transferir ou exonerar servidor público, na circunscrição do pleito, a partir de 3 de julho de 2010 até a posse dos eleitos, sob pena de nulidade de pleno direito, ressalvadas:

a) a nomeação ou exoneração de cargos em comissão e designação ou dispensa de funções de confiança;

b) a nomeação para cargos do Poder Judiciário, do Ministério Público, dos tribunais ou conselhos de contas e dos órgãos da Presidência da República;

c) a nomeação dos aprovados em concursos públicos homologados até o início daquele prazo;

d) a nomeação ou contratação necessária à instalação ou ao funcionamento inadiável de serviços públicos essenciais, com prévia e expressa autorização do chefe do Poder Executivo;

e) a transferência ou remoção *ex officio* de militares, policiais civis e de agentes penitenciários;

VI – a partir de 3 de julho de 2010 até a realização do pleito:

a) realizar transferência voluntária de recursos da União aos estados e municípios, e dos estados aos municípios, sob pena de nulidade de pleno direito, ressalvados os recursos destinados a cumprir obrigação formal preexistente para a execução de obra ou serviço em andamento e com cronograma prefixado, e os destinados a atender situações de emergência e de calamidade pública;

b) com exceção da propaganda de produtos e serviços que tenham concorrência no mercado, autorizar publicidade institucional dos atos, programas, obras, serviços e campanhas dos órgãos públicos ou das respectivas entidades da administração indireta, salvo em caso de grave e urgente necessidade pública, assim reconhecida pela Justiça Eleitoral;

c) fazer pronunciamento em cadeia de rádio e televisão fora do horário eleitoral gratuito, salvo quando, a critério da Justiça Eleitoral, tratar-se de matéria urgente, relevante e característica das funções de governo;

VII – realizar, em ano de eleição, antes do prazo fixado no inciso anterior, despesas com publicidade dos órgãos públicos ou das respectivas entidades da administração indireta, que excedam a média dos gastos nos 3 últimos anos que antecedem o pleito ou do último ano imediatamente anterior à eleição, prevalecendo o que for menor;

VIII – fazer, na circunscrição do pleito, revisão geral da remuneração dos servidores públicos que exceda a recomposição da perda de seu poder aquisitivo ao longo do ano da eleição, a partir de 6 de abril de 2010 até a posse dos eleitos.

§ 1º Reputa-se agente público, para os efeitos deste artigo, quem exerce, ainda que transitoriamente ou sem remuneração, por eleição, nomeação, designação, contratação ou qualquer outra forma de investidura ou vínculo, mandato, cargo, emprego ou função nos órgãos ou entidades da administração pública direta, indireta ou fundacional (Lei nº 9.504/97, art. 73, § 1º).

§ 2º A vedação do inciso I deste artigo não se aplica ao uso, em campanha, de transporte oficial pelo presidente da República, obedecido o disposto no art. 92 desta resolução, nem ao uso, em campanha, pelos candidatos à reeleição de Presidente e Vice-Presidente da República, de governador e vice-governador de estado e do Distrito Federal, de suas residências oficiais, com os serviços inerentes à sua utilização normal, para realização de contatos, encontros e reuniões pertinentes à própria campanha, desde que não tenham caráter de ato público (Lei nº 9.504/97, art. 73, § 2º).

§ 3º As vedações do inciso VI, alíneas *b* e *c* deste artigo, aplicam-se apenas aos agentes públicos das esferas administrativas cujos cargos estejam em disputa na eleição (Lei nº 9.504/97, art. 73, § 3º).

§ 4º O descumprimento do disposto neste artigo acarretará a suspensão imediata da conduta vedada, quando for o caso, e sujeitará os agentes responsáveis à multa no valor de R$ 5.320,50 (cinco mil trezentos e vinte reais e cinquenta centavos) a R$ 106.410,00 (cento e seis mil quatrocentos e dez reais), sem prejuízo de outras sanções de caráter constitucional, administrativo ou disciplinar fixadas pelas demais leis vigentes (Lei nº 9.504/97, art. 73, § 4º, c.c. o art. 78).

§ 5º Nos casos de descumprimento dos incisos do *caput* e do estabelecido no § 9º, sem prejuízo do disposto no § 4º deste artigo, o candidato beneficiado, agente público ou não, ficará sujeito à cassação do registro ou do diploma, ressalvada outras sanções de caráter constitucional, administrativo ou disciplinar fixadas pelas demais leis vigentes (Lei nº 9.504/97, art. 73, § 5º, c.c. o art. 78).

§ 6º As multas de que trata este artigo serão duplicadas a cada reincidência (Lei nº 9.504/97, art. 73, § 6º).

§ 7º As condutas enumeradas no *caput* caracterizam, ainda, atos de improbidade administrativa, a que se refere o art. 11, inciso I, da Lei nº 8.429, de 2 de junho de 1992, e sujeitam-se às disposições daquele diploma legal, em especial, às cominações do art. 12, inciso III (Lei nº 9.504/97, art. 73, § 7º).

§ 8º Aplicam-se as sanções do § 4º deste artigo aos agentes públicos responsáveis pelas condutas vedadas e aos partidos políticos, às coligações e aos candidatos que delas se beneficiarem (Lei nº 9.504/97, art. 73, § 8º).

§ 9º No ano em que se realizar eleição, fica proibida a distribuição gratuita de bens, valores ou benefícios por parte da administração pública, exceto nos casos de calamidade pública, de estado de emergência ou de programas sociais autorizados em lei e já em execução orçamentária no exercício anterior, casos em que o Ministério Público poderá promover o acompanhamento de sua execução financeira e administrativa (Lei nº 9.504/97, art. 73, § 10).

§ 10. Nos anos eleitorais, os programas sociais de que trata o parágrafo anterior não poderão ser executados por entidade nominalmente vinculada a candidato ou por esse mantida (Lei nº 9.504/97, art. 73, § 11).

Art. 51. A publicidade dos atos, programas, obras, serviços e campanhas dos órgãos públicos deverá ter caráter educativo, informativo ou de orientação social, dela não podendo constar nomes, símbolos ou imagens que caracterizem promoção pessoal de autoridades ou servidores públicos (Constituição Federal, art. 37, § 1º).

Parágrafo único. Configura abuso de autoridade, para os fins do disposto no art. 22 da Lei Complementar nº 64/90, a infringência do disposto no *caput*, ficando o responsável, se candidato, sujeito ao cancelamento do registro de sua candidatura ou do diploma (Lei nº 9.504/97, art. 74).

Art. 52. A partir de 3 de julho de 2010, na realização de inaugurações é vedada a contratação de *shows* artísticos pagos com recursos públicos (Lei nº 9.504/97, art. 75).

Parágrafo único. Nos casos de descumprimento do disposto neste artigo, sem prejuízo da suspensão imediata da conduta, o candidato beneficiado, agente público ou não, ficará sujeito à cassação do registro ou do diploma (Lei nº 9.504/97, art. 75, parágrafo único).

Art. 53. É proibido a qualquer candidato comparecer, a partir de 3 de julho de 2010, a inaugurações de obras públicas (Lei nº 9.504/97, art. 77, *caput*).

Parágrafo único. A inobservância do disposto neste artigo sujeita o infrator à cassação do registro ou do diploma (Lei nº 9.504/97, art. 77, parágrafo único).

CAPÍTULO X
DISPOSIÇÕES PENAIS

Art. 54. Constitui crime, no dia da eleição, punível com detenção de 6 meses a 1 ano, com a alternativa de prestação de serviços à comunidade pelo mesmo período, e multa no valor de R$ 5.320,50 (cinco mil trezentos e vinte reais e cinquenta centavos) a R$ 15.961,50 (quinze mil novecentos e sessenta e um reais e cinquenta centavos) (Lei nº 9.504/97, art. 39, § 5º, I a III):

I – o uso de alto-falantes e amplificadores de som ou a promoção de comício ou carreata;

II – a arregimentação de eleitor ou a propaganda de boca-de-urna;

III – a divulgação de qualquer espécie de propaganda de partidos políticos ou de seus candidatos.

Art. 55. Constitui crime, punível com detenção de 6 meses a 1 ano, com a alternativa de prestação de serviços à comunidade pelo mesmo período, e multa no valor de R$ 10.641,00 (dez mil seiscentos e quarenta e um reais) a R$ 21.282,00 (vinte e um mil duzentos e oitenta e dois reais), o uso, na propaganda eleitoral, de símbolos, frases ou imagens, associadas ou semelhantes às empregadas por órgão de governo, empresa pública ou sociedade de economia mista (Lei nº 9.504/97, art. 40).

Art. 56. Constitui crime, punível com detenção de 2 meses a 1 ano ou pagamento de 120 a 150 dias-multa, divulgar, na propaganda, fatos que se sabem inverídicos, em relação a partidos ou a candidatos, capazes de exercerem influência perante o eleitorado (Código Eleitoral, art. 323, *caput*).

Parágrafo único. A pena é agravada se o crime é cometido pela imprensa, rádio ou televisão (Código Eleitoral, art. 323, p. único).

Art. 57. Constitui crime, punível com detenção de 6 meses a 2 anos e pagamento de 10 a 40 dias-multa, caluniar alguém, na propaganda eleitoral ou visando a fins de propaganda, imputando-lhe falsamente fato definido como crime (Código Eleitoral, art. 324, *caput*).

§ 1º Nas mesmas penas incorre quem, sabendo falsa a imputação, a propala ou a divulga (Código Eleitoral, art. 324, § 1º).

§ 2º A prova da verdade do fato imputado exclui o crime, mas não é admitida (Código Eleitoral, art. 324, § 2º, I a III):

I – se, constituindo o fato imputado crime de ação privada, o ofendido não foi condenado por sentença irrecorrível;

II – se o fato é imputado ao presidente da República ou a chefe de governo estrangeiro;

III – se do crime imputado, embora de ação pública, o ofendido foi absolvido por sentença irrecorrível.

Art. 58. Constitui crime, punível com detenção de 3 meses a 1 ano e pagamento de 5 a 30 dias-multa, difamar alguém, na propaganda eleitoral ou visando a fins de propaganda, imputando-lhe fato ofensivo à sua reputação (Código Eleitoral, art. 325, *caput*).

Parágrafo único. A exceção da verdade somente se admite se o ofendido é funcionário público e a ofensa é relativa ao exercício de suas funções (Código Eleitoral, art. 325, parágrafo único).

Art. 59. Constitui crime, punível com detenção de até 6 meses ou pagamento de 30 a 60 dias-multa, injuriar alguém, na propaganda eleitoral ou visando a fins de propaganda, ofendendo-lhe a dignidade ou o decoro (Código Eleitoral, art. 326, *caput*).

§ 1º O juiz pode deixar de aplicar a pena (Código Eleitoral, art. 326, § 1º, I e II):

I – se o ofendido, de forma reprovável, provocou diretamente a injúria;

II – no caso de retorsão imediata que consista em outra injúria.

§ 2º Se a injúria consiste em violência ou em vias de fato, que, por sua natureza ou meio empregado, se considerem aviltantes, a pena será de detenção de 3 meses a 1 ano e pagamento de 5 a 20 dias-multa, além das penas correspondentes à violência, prevista no Código Penal (Código Eleitoral, art. 326, § 2º).

Art. 60. As penas cominadas nos arts. 56, 57 e 58 serão aumentadas em um terço, se qualquer dos crimes for cometido (Código Eleitoral, art. 327, I a III):

I – contra o presidente da República ou chefe de governo estrangeiro;

II – contra funcionário público, em razão de suas funções;

III – na presença de várias pessoas, ou por meio que facilite a divulgação da ofensa.

Art. 61. Constitui crime, punível com detenção de até 6 meses ou pagamento de 90 a 120 dias-multa, inutilizar, alterar ou perturbar meio de propaganda devidamente empregado (Código Eleitoral, art. 331).

Art. 62. Constitui crime, punível com detenção de até 6 meses e pagamento de 30 a 60 dias-multa, impedir o exercício de propaganda (Código Eleitoral, art. 332).

Art. 63. Constitui crime, punível com detenção de 6 meses a 1 ano e cassação do registro se o responsável for candidato, utilizar organização comercial de vendas, distribuição de mercadorias, prêmios e sorteios para propaganda ou aliciamento de eleitores (Código Eleitoral, art. 334).

Art. 64. Constitui crime, punível com detenção de 3 a 6 meses e pagamento de 30 a 60 dias-multa, fazer propaganda, qualquer que seja a sua forma, em língua estrangeira (Código Eleitoral, art. 335).

Parágrafo único. Além da pena cominada, a infração ao presente artigo importa a apreensão e a perda do material utilizado na propaganda (Código Eleitoral, art. 335, parágrafo único).

Art. 65. Constitui crime, punível com detenção de até 6 meses e pagamento de 90 a 120 dias-multa, participar o estrangeiro ou brasileiro que não estiver no gozo dos seus direitos políticos de atividades partidárias, inclusive comícios e atos de propaganda em recintos fechados ou abertos (Código Eleitoral, art. 337, *caput*).

Parágrafo único. Na mesma pena incorrerá o responsável pelas emissoras de rádio ou televisão que autorizar transmissões de que participem as pessoas mencionadas neste artigo, bem como o diretor de jornal que lhes divulgar os pronunciamentos (Código Eleitoral, art. 337, parágrafo único).

Art. 66. Constitui crime, punível com o pagamento de 30 a 60 dias-multa, não assegurar o funcionário postal a prioridade prevista no art. 239 do Código Eleitoral (Código Eleitoral, art. 338).

Art. 67. Constitui crime, punível com reclusão de até 4 anos e pagamento de 5 a 15 dias-multa, dar, oferecer, prometer, solicitar ou receber, para si ou para outrem, dinheiro, dádiva, ou qualquer outra vantagem, para obter ou dar voto e para conseguir ou prometer abstenção, ainda que a oferta não seja aceita (Código Eleitoral, art. 299).

Art. 68. Aplicam-se aos fatos incriminados no Código Eleitoral e na Lei nº 9.504/97 as regras gerais do Código Penal (Código Eleitoral, art. 287 e Lei nº 9.504/97, art. 90, *caput*).

Art. 69. As infrações penais aludidas nesta resolução são puníveis mediante ação pública, e o processo seguirá o disposto nos arts. 357 e seguintes do Código Eleitoral (Código Eleitoral, art. 355 e Lei nº 9.504/97, art. 90, *caput*).

Art. 70. Na sentença que julgar ação penal pela infração de qualquer dos arts. 57, 58, 59, 60, 62, 63, 64 e 65 desta resolução, deve o juiz verificar, de acordo com o seu livre convencimento, se o diretório local do partido político, por qualquer dos seus membros, concorreu para a prática de delito, ou dela se beneficiou conscientemente (Código Eleitoral, art. 336, *caput*).

Parágrafo único. Nesse caso, o juiz imporá ao diretório responsável pena de suspensão de sua atividade eleitoral pelo prazo de 6 a 12 meses, agravada até o dobro nas reincidências (Código Eleitoral, art. 336, parágrafo único).

Art. 71. Todo cidadão que tiver conhecimento de infração penal prevista na legislação eleitoral deverá comunicá-la ao juiz da zona eleitoral onde ela se verificou (Código Eleitoral, art. 356, *caput*).

§ 1º Quando a comunicação for verbal, mandará a autoridade judicial reduzi-la a termo, assinado pelo comunicante e por duas testemunhas, e remetê-la-á ao órgão do Ministério Público local, que procederá na forma do Código Eleitoral (Código Eleitoral, art. 356, § 1º).

§ 2º Se o Ministério Público julgar necessários maiores esclarecimentos e documentos complementares ou outros elementos de convicção, deverá requisitá-los diretamente de quaisquer autoridades ou funcionários que possam fornecê-los (Código Eleitoral, art. 356, § 2º).

Art. 72. Para os efeitos da Lei nº 9.504/97, respondem penalmente pelos partidos políticos e pelas coligações os seus representantes legais (Lei nº 9.504/97, art. 90, § 1º).

Art. 73. Nos casos de reincidência no descumprimento dos arts. 55 e 56 desta resolução, as penas pecuniárias serão aplicadas em dobro (Lei nº 9.504/97, art. 90, § 2º).

CAPÍTULO XI
DISPOSIÇÕES FINAIS

Art. 74. A representação relativa à propaganda irregular deve ser instruída com prova da autoria ou do prévio conhecimento do beneficiário, caso este não seja por ela responsável (Lei nº 9.504/97, art. 40-B).

§ 1º A responsabilidade do candidato estará demonstrada se este, intimado da existência da propaganda irregular, não providenciar, no prazo de 48 horas, sua retirada ou regularização e, ainda, se as circunstâncias e as peculiaridades do caso específico revelarem a impossibilidade de o beneficiário não ter tido conhecimento da propaganda (Lei nº 9.504/97, art. 40-B, parágrafo único).

§ 2º A intimação de que trata o parágrafo anterior poderá ser realizada por qualquer cidadão, candidato, partido político, coligação ou pelo Ministério Público diretamente ao responsável ou beneficiário da propaganda, devendo dela constar a precisa identificação da propaganda apontada como irregular.

Art. 75. A comprovação do cumprimento das determinações da Justiça Eleitoral relacionadas a propaganda realizada em desconformidade com o disposto na Lei nº 9.504/97 poderá ser apresentada no Tribunal Superior Eleitoral, no caso de candidatos a Presidente e Vice-Presidente da República, nas sedes dos respectivos Tribunais Regionais Eleitorais, no caso de candidatos a Governador, Vice-Governador, Deputado Federal, Senador da República, Deputados Estadual e Distrital (Lei nº 9.504/97, art. 36, § 5º).

Parágrafo único. A comprovação de que trata o *caput* poderá ser apresentada diretamente ao juiz eleitoral que determinou a regularização ou retirada da propaganda eleitoral.

Art. 76. A propaganda exercida nos termos da legislação eleitoral não poderá ser objeto de multa nem cerceada sob alegação do exercício do poder de polícia ou de violação de postura municipal, casos em que se deve proceder na forma prevista no art. 40 da Lei nº 9.504/97 (Lei nº 9.504/97, art. 41, *caput*).

§ 1º O poder de polícia sobre a propaganda eleitoral será exercido pelos juízes eleitorais e pelos juízes designados pelos tribunais regionais eleitorais (Lei nº 9.504/97, art. 41, § 1º).

§ 2º O poder de polícia se restringe às providências necessárias para inibir práticas ilegais, vedada a censura prévia sobre o teor dos programas a serem exibidos na televisão, no rádio ou na internet (Lei nº 9.504/97, art. 41, § 2º).

§ 3º No caso de condutas sujeitas a penalidades, o juiz eleitoral delas cientificará o Ministério Público, para os fins previstos nesta resolução.

Art. 77. Ressalvado o disposto no art. 26 e seus incisos da Lei nº 9.504/97, constitui captação ilegal de sufrágio o candidato doar, oferecer, prometer, ou entregar, ao eleitor, com o fim de obter-lhe o voto, bem ou vantagem pessoal de qualquer natureza, inclusive emprego ou função pública, desde o registro da candidatura até o dia da eleição, inclusive, sob pena de multa de R$ 1.064,10 (mil e sessenta e quatro reais e dez centavos) a R$ 53.205,00 (cinquenta e três mil duzentos e cinco reais) e cassação do registro ou do diploma, observado o procedimento previsto nos incisos I a XIII do art. 22 da Lei Complementar nº 64/90 (Lei nº 9.504/97, art. 41-A).

§ 1º Para a caracterização da conduta ilícita, é desnecessário o pedido explícito de votos, bastando a evidência do dolo, consistente no especial fim de agir (Lei nº 9.504/97, art. 41-A, § 1º).

§ 2º As sanções previstas no *caput* aplicam-se contra quem praticar atos de violência ou grave ameaça a pessoa, com o fim de obter-lhe o voto (Lei nº 9.504/97, art. 41-A, § 2º).

Art. 78. Ninguém poderá impedir a propaganda eleitoral nem inutilizar, alterar ou perturbar os meios lícitos nela empregados, bem como realizar propaganda eleitoral vedada por lei ou por esta resolução (Código Eleitoral, art. 248).

Art. 79. A requerimento do interessado, a Justiça Eleitoral adotará as providências necessárias para coibir, no horário eleitoral gratuito, a propaganda que se utilize de criação intelectual sem autorização do respectivo autor ou titular.

Parágrafo único. A indenização pela violação do direito autoral deverá ser pleiteada perante a Justiça Comum.

Art. 80. Aos partidos políticos, coligações e candidatos será vedada a utilização de simulador de urna eletrônica na propaganda eleitoral (Resolução nº 21.161/2002).

Art. 81. As disposições desta resolução aplicam-se às emissoras de rádio e de televisão comunitárias, às emissoras de televisão que operam em VHF e UHF, aos provedores de internet e aos canais de televisão por assinatura sob a responsabilidade do Senado Federal, da Câmara dos Deputados, das assembleias legislativas, da Câmara Legislativa do Distrito Federal ou das câmaras municipais (Lei nº 9.504/97, art. 57 e art. 57-A).

Parágrafo único. Aos canais de televisão por assinatura não compreendidos no *caput* deste artigo será vedada a veiculação de qualquer propaganda eleitoral, salvo a retransmissão integral do horário eleitoral gratuito e a realização de debates, observadas as disposições legais.

Art. 82. Não se aplica a vedação constante do parágrafo único do art. 240 do Código Eleitoral, à propaganda eleitoral veiculada gratuitamente na internet, no sítio eleitoral, blog, sítio interativo ou social, ou outros meios eletrônicos de comunicação do candidato, ou no sítio do partido ou coligação, nas formas previstas no art. 57-B da Lei nº 9.504/97 (Lei nº 12.034/2009, art. 7º).

Art. 83. As emissoras de rádio e televisão terão direito à compensação fiscal pela cessão do horário gratuito previsto nesta resolução (Lei nº 9.504/97, art. 99).

Art. 84. A requerimento de partido político, coligação, candidato ou do Ministério Público, a Justiça Eleitoral poderá determinar a suspensão por 24 horas da programação normal de emissora de rádio ou televisão ou do acesso a todo o conteúdo informativo dos sítios da internet, quando deixarem de cumprir as disposições da Lei nº 9.504/97, observado o rito do art. 96 dessa mesma Lei (Lei nº 9.504/97, art. 56 e 57-I).

§ 1º No período de suspensão, a emissora transmitirá, a cada 15 minutos, a informação de que se encontra fora do ar e o responsável pelo sítio na internet informará que se encontra temporariamente inoperante, por desobediência à lei eleitoral (Lei nº 9.504/97, art. 56, § 1º e art. 57-I, § 2º).

§ 2º A cada reiteração de conduta, o período de suspensão será duplicado (Lei nº 9.504/97, art. 56, § 2º e art. 57-I, § 1º).

Art. 85. O Tribunal Superior Eleitoral poderá requisitar das emissoras de rádio e televisão, no período compreendido entre 31 de julho de 2010 e o dia do pleito, até 10 minutos diários, contínuos ou não, que poderão ser somados e usados em dias espaçados, para a divulgação de seus comunicados, boletins e instruções ao eleitorado (Lei nº 9.504/97, art. 93).

Parágrafo único. O Tribunal Superior Eleitoral, a seu juízo exclusivo, poderá ceder parte do tempo referido no *caput* para utilização por tribunal regional eleitoral.

Art. 86. As autoridades administrativas federais, estaduais e municipais proporcionarão aos partidos políticos e às coligações, em igualdade de condições, as facilidades permitidas para a respectiva propaganda (Código Eleitoral, art. 256).

Parágrafo único. A partir de 6 de julho de 2010, independentemente do critério de prioridade, os serviços telefônicos oficiais ou concedidos farão instalar, nas sedes dos diretórios nacionais, regionais e municipais devidamente registrados, telefones necessários, mediante requerimento do respectivo presidente e pagamento das taxas devidas (Código Eleitoral, art. 256, § 1º).

Art. 87. O serviço de qualquer repartição federal, estadual ou municipal, autarquia, fundação pública, sociedade de economia mista, entidade mantida ou subvencionada pelo poder público, ou que realize contrato com este, inclusive o respectivo prédio e suas dependências, não poderá ser utilizado para beneficiar partido político ou coligação (Código Eleitoral, art. 377, *caput*).

Parágrafo único. O disposto no *caput* será tornado efetivo, a qualquer tempo, pelo órgão competente da Justiça Eleitoral, conforme o âmbito nacional, regional ou municipal do órgão infrator, mediante representação fundamentada de autoridade pública, de representante partidário ou de qualquer eleitor (Código Eleitoral, art. 377, parágrafo único).

Art. 88. Aos partidos políticos e às coligações é assegurada a prioridade postal a partir de 4 de agosto de 2010, para a remessa de material de propaganda de seus candidatos (Código Eleitoral, art. 239 e Lei nº 9.504/97, art. 36, *caput*).

Art. 89. No prazo de até 30 dias após a eleição, os candidatos, os partidos políticos e as coligações deverão remover a propaganda eleitoral, com a restauração do bem em que fixada, se for o caso.

Parágrafo único. O descumprimento do que determinado no *caput* sujeitará os responsáveis às consequências previstas na legislação comum aplicável.

Art. 90. O material da propaganda eleitoral gratuita deverá ser retirado das emissoras 60 dias após a respectiva divulgação, sob pena de sua destruição.

Art. 91. O ressarcimento das despesas com o uso de transporte oficial pelo presidente da República e sua comitiva em campanha ou evento eleitoral será de responsabilidade do partido político ou da coligação a que esteja vinculado (Lei nº 9.504/97, art. 76, *caput*).

§ 1º O ressarcimento de que trata este artigo terá por base o tipo de transporte usado e a respectiva tarifa de mercado cobrada no trecho correspondente, ressalvado o uso do avião presidencial, cujo ressarcimento corresponderá ao aluguel de uma aeronave de propulsão a jato do tipo táxi aéreo (Lei nº 9.504/97, art. 76, § 1º).

§ 2º Serão considerados como integrantes da comitiva de campanha eleitoral todos os acompanhantes que não estiverem em serviço oficial.

§ 3º No transporte do presidente em campanha ou evento eleitoral, serão excluídas da obrigação de ressarcimento as despesas com o transporte dos servidores indispensáveis à sua segurança e atendimento pessoal, que não podem desempenhar atividades relacionadas com a campanha, bem como a utilização de equipamentos, veículos e materiais necessários à execução daquelas atividades, que não podem ser empregados em outras.

§ 4º O vice-presidente da República, o governador ou o vice-governador de estado ou do Distrito Federal em campanha eleitoral não poderão utilizar transporte oficial, que, entretanto, poderá ser usado exclusivamente pelos servidores indispensáveis à sua segurança e atendimento pessoal, sendo-lhes vedado desempenhar atividades relacionadas com a campanha.

§ 5º No prazo de 10 dias úteis após a realização da eleição, em primeiro turno, ou segundo, se houver, o órgão competente de controle interno procederá *ex officio* à cobrança dos valores devidos nos termos dos §§ 1º ao 4º deste artigo (Lei nº 9.504/97, art. 76, § 2º).

§ 6º A falta do ressarcimento, no prazo estipulado, implicará a comunicação do fato ao Ministério Público Eleitoral, pelo órgão de controle interno (Lei nº 9.504/97, art. 76, § 3º).

Art. 92. Esta resolução entra em vigor na data de sua publicação.

RESOLUÇÃO TSE Nº 23.190/09

PESQUISAS ELEITORAIS

ELEIÇÕES DE 2010

O Tribunal Superior Eleitoral, usando das atribuições que lhe conferem o art. 23, inciso IX, do Código Eleitoral e o art. 105 da Lei nº 9.504, de 30 de setembro de 1997, resolve expedir a seguinte instrução:

CAPÍTULO I
DISPOSIÇÕES PRELIMINARES

Art. 1º A partir de 1º de janeiro de 2010, as entidades e empresas que realizarem pesquisas de opinião pública relativas às eleições ou aos candidatos, para conhecimento público, são obrigadas, para cada pesquisa, a registrar no tribunal eleitoral ao qual compete fazer o registro dos candidatos, com no mínimo 5 dias de antecedência da divulgação, as seguintes informações (Lei nº 9.504/97, art. 33, I a VII, e § 1º):

I – quem contratou a pesquisa;

II – valor e origem dos recursos despendidos no trabalho;

III – metodologia e período de realização da pesquisa;

IV – plano amostral e ponderação quanto a sexo, idade, grau de instrução e nível econômico do entrevistado; área física de realização do trabalho, intervalo de confiança e margem de erro;

V – sistema interno de controle e verificação, conferência e fiscalização da coleta de dados e do trabalho de campo;

VI – questionário completo aplicado ou a ser aplicado;

VII – nome de quem pagou pela realização do trabalho;

VIII – contrato social, estatuto social ou inscrição como empresário, que comprove o regular registro da empresa, com a qualificação completa dos responsáveis legais, razão social ou denominação, número de inscrição no Cadastro Nacional da Pessoa Jurídica (CNPJ), endereço, número de fac-símile em que receberão notificações e comunicados da Justiça Eleitoral;

IX – nome do estatístico responsável pela pesquisa – e o número de seu registro no competente Conselho Regional de Estatística –, que assinará o plano amostral de que trata o inciso IV retro e rubricará todas as folhas (Decreto nº 62.497/68, art. 11);

X – número do registro da empresa responsável pela pesquisa no Conselho Regional de Estatística, caso o tenham.

§ 1º Até 24 horas contadas da divulgação do respectivo resultado, o pedido de registro será complementado pela entrega dos dados relativos aos municípios e bairros abrangidos pela pesquisa; na ausência de delimitação do bairro, será identificada a área em que foi realizada a pesquisa.

§ 2º O arquivamento da documentação a que se refere o inciso VIII deste artigo, na secretaria judiciária do tribunal eleitoral competente, dispensa a sua apresentação a cada pedido de registro de pesquisa, sendo, entretanto, obrigatória a informação de qualquer alteração superveniente.

§ 3º As entidades e empresas deverão informár, no ato do registro, o valor de mercado das pesquisas que realizarão por iniciativa própria.

Art. 2º A contagem do prazo de que cuida o *caput* do art. 1º desta resolução far-se-á excluindo o dia de começo e incluindo o do vencimento (Código de Processo Civil, art. 184).

Parágrafo único. Os pedidos de registro enviados após às 19 horas ou, no período eleitoral, após o horário de encerramento do protocolo geral do tribunal eleitoral competente, serão considerados como enviados no dia seguinte.

Art. 3º A partir de 5 de julho de 2010, das pesquisas realizadas mediante apresentação da relação de candidatos ao entrevistado, deverá constar o nome de todos aqueles que tenham solicitado registro de candidatura.

CAPÍTULO II
DO REGISTRO DAS PESQUISAS ELEITORAIS

Seção I
Do Sistema Informatizado de Registro de Pesquisas Eleitorais

Art. 4º Para o registro de que trata o art. 1º desta resolução, deverá ser utilizado o Sistema Informatizado de Registro de Pesquisas Eleitorais disponível nos sítios dos tribunais eleitorais.

§ 1º Para a utilização do sistema as entidades e empresas deverão cadastrar-se por meio eletrônico, não permitido mais de um registro por número de inscrição no Cadastro Nacional da Pessoa Jurídica (CNPJ), sendo elementos obrigatórios do cadastro o nome dos responsáveis legais, razão social ou denominação, número de inscrição no CNPJ, endereço e número de fac-símile em que poderão receber notificações.

§ 2º É de inteira responsabilidade da empresa ou entidade a manutenção de dados atualizados perante a Justiça Eleitoral.

§ 3º O sistema possibilitará o cadastro prévio dos dados pela entidade ou empresa e gerará o documento que deverá ser protocolado perante a Justiça Eleitoral.

§ 4º Para verificação de atendimento aos prazos estabelecidos nesta resolução, as secretarias judiciárias observarão, exclusivamente, a data e horário de protocolo da documentação entregue em meio impresso.

Art. 5º As informações e dados registrados no sistema serão colocados à disposição, pelo prazo de 30 dias, no sítio do respectivo tribunal (Lei nº 9.504/97, art. 33, § 2º).

Seção II
Do Processamento do Registro das Pesquisas Eleitorais

Art. 6º O pedido de registro de pesquisa deverá ser dirigido:

I – ao Tribunal Superior Eleitoral, na eleição presidencial;

II – aos tribunais regionais eleitorais, nas eleições federais e estaduais.

Art. 7º O pedido de registro, gerado pelo sistema informatizado de que trata o art. 4º desta resolução, poderá ser enviado por fac-símile, ficando dispensado o encaminhamento do documento original.

Parágrafo único. O envio do requerimento por fac-símile e sua tempestividade serão de inteira responsabilidade do remetente, correndo por sua conta e risco eventuais defeitos.

Art. 8º Apresentada a documentação a que se refere o art. 1º desta resolução, a secretaria judiciária do tribunal eleitoral competente receberá o pedido de registro como expediente, devidamente protocolado sob número, que será obrigatoriamente consignado na oportunidade da divulgação dos resultados da pesquisa.

Parágrafo único. Não deverão ser juntadas aos autos folhas de fac-símile impressas em papel térmico, devendo a secretaria judiciária, nessa hipótese, providenciar cópia para fins de juntada.

Art. 9º Caberá às secretarias judiciárias, no prazo de 24 horas contadas do recebimento, conferir toda a documentação e afixar, em local previamente reservado para este fim, bem como divulgar no sítio do tribunal eleitoral na internet, aviso comunicando o registro das informações apresentadas, colocando-as à disposição dos partidos políticos ou coligações com candidatos ao pleito, os quais a elas terão livre acesso pelo prazo de 30 dias (Lei nº 9.504/97, art. 33, § 2º).

§ 1º Constatada a ausência de quaisquer das informações exigidas no art. 1º desta resolução, a secretaria judiciária notificará o requerente para regularizar a respectiva documentação, em até 48 horas.

§ 2º Transcorrido o prazo de que trata o parágrafo anterior, sem que a entidade ou empresa regularize o pedido de registro, será a pesquisa declarada insubsistente.

Seção III
Da Divulgação dos Resultados

Art. 10. Na divulgação dos resultados de pesquisas, atuais ou não, serão obrigatoriamente informados:

I – o período de realização da coleta de dados;

II – a margem de erro;

III – o número de entrevistas;

IV – o nome da entidade ou empresa que a realizou, e, se for o caso, de quem a contratou;

V – o número do processo de registro da pesquisa.

Art. 11. As pesquisas realizadas em data anterior ao dia das eleições poderão ser divulgadas a qualquer momento, inclusive no dia das eleições (Constituição Federal, art. 220, § 1º).

Art. 12. A divulgação de levantamento de intenção de voto efetivado no dia das eleições far-se-á da seguinte forma:

a) nas eleições relativas à escolha de deputados estaduais e federais, senador e governador, uma vez encerrado o escrutínio na respectiva unidade da Federação;

b) na eleição para a Presidência da República, tão logo encerrado, em todo o território nacional, o pleito.

Art. 13. Mediante requerimento ao tribunal eleitoral competente, os partidos políticos poderão ter acesso ao sistema interno de controle, verificação e fiscalização da coleta de dados das entidades e das empresas que divulgaram pesquisas de opinião relativas aos candidatos e às eleições, incluídos os referentes à identificação dos entrevistadores e, por meio de escolha livre e aleatória de planilhas individuais, mapas ou equivalentes, confrontar e conferir os dados publicados, preservada a identidade dos entrevistados (Lei nº 9.504/97, art. 34, § 1º).

Parágrafo único. Além dos dados de que trata o *caput*, poderá o interessado ter acesso ao relatório entregue ao solicitante da pesquisa e ao modelo do questionário aplicado para facilitar a conferência das informações divulgadas.

Art. 14. Na divulgação de pesquisas no horário eleitoral gratuito devem ser informados, com clareza, o período de sua realização e a margem de erro, não sendo obrigatória a menção aos concorrentes, desde que o modo de apresentação dos resultados não induza o eleitor a erro quanto ao desempenho do candidato em relação aos demais.

Seção IV
Das Impugnações

Art. 15. O Ministério Público Eleitoral, os candidatos e os partidos políticos ou coligações estão legitimados para impugnar o registro e/ou divulgação de pesquisas eleitorais perante o tribunal competente, quando não atendidas as exigências contidas nesta resolução e no art. 33 da Lei nº 9.504/97.

Art. 16. Havendo impugnação, o pedido de registro será autuado como representação e distribuído a um relator que notificará imediatamente o representado, por fac-símile, para apresentar defesa em 48 horas (Lei nº 9.504/97, art. 96, *caput* e § 5º).

Parágrafo único. Considerando a relevância do direito invocado e a possibilidade de prejuízo de difícil reparação, o relator poderá determinar a suspensão da divulgação dos resultados da pesquisa impugnada ou a inclusão de esclarecimento na divulgação de seus resultados.

CAPÍTULO III
DA PENALIDADE ADMINISTRATIVA

Art. 17. A divulgação de pesquisa sem o prévio registro das informações constantes do art. 1º desta resolução sujeita os responsáveis à multa no valor de R$ 53.205,00 (cinquenta e três mil duzentos e cinco reais) a R$ 106.410,00 (cento e seis mil quatrocentos e dez reais) (Lei nº 9.504/97, art. 33, § 3º).

CAPÍTULO IV
DAS DISPOSIÇÕES PENAIS

Art. 18. A divulgação de pesquisa fraudulenta constitui crime, punível com detenção de 6 meses a 1 ano e multa no valor de R$ 53.205,00 (cinquenta e três mil duzentos e cinco reais) a R$ 106.410,00 (cento e seis mil quatrocentos e dez reais) (Lei nº 9.504/97, art. 33, § 4º).

Art. 19. O não cumprimento do disposto no art. 13 desta resolução ou qualquer ato que vise a retardar, impedir ou dificultar a ação fiscalizadora dos partidos políticos constitui crime, punível com detenção de 6 meses a 1 ano, com a alternativa de prestação de serviços à comunidade pelo mesmo prazo, e multa no valor de R$ 10.641,00 (dez mil seiscentos e quarenta e um reais) a R$ 21.282,00 (vinte e um mil duzentos e oitenta e dois reais) (Lei nº 9.504/97, art. 34, § 2º).

Parágrafo único. A comprovação de irregularidade nos dados publicados sujeita os responsáveis às penas mencionadas no *caput*, sem prejuízo da obrigatoriedade da veiculação dos dados corretos no mesmo espaço, local, horário, página, caracteres e outros elementos de destaque, de acordo com o veículo usado (Lei nº 9.504/97, art. 34, § 3º).

Art. 20. Pelos crimes definidos nos arts. 17 e 18 desta resolução, serão responsabilizados penalmente os representantes legais da empresa ou entidade de pesquisa e do órgão veiculador (Lei nº 9.504/97, art. 35).

CAPÍTULO V
DAS DISPOSIÇÕES FINAIS

Art. 21. Na divulgação dos resultados de enquetes ou sondagens, deverá ser informado não se tratar de pesquisa eleitoral, descrita no art. 33 da Lei nº 9.504/97, mas de mero levantamento de opiniões, sem controle de amostra, o qual não utiliza método científico para sua realização, dependendo, apenas, da participação espontânea do interessado.

Parágrafo único. A divulgação de resultados de enquetes ou sondagens sem o esclarecimento previsto no *caput* será considerada divulgação de pesquisa eleitoral sem registro, autorizando a aplicação das sanções previstas nesta resolução.

Art. 22. Esta resolução entra em vigor na data de sua publicação.

RESOLUÇÃO TSE Nº 23.193/09

REPRESENTAÇÕES, RECLAMAÇÕES E PEDIDOS DE RESPOSTA

ELEIÇÕES DE 2010

O Tribunal Superior Eleitoral, usando das atribuições que lhe conferem o art. 23, inciso IX, do Código Eleitoral e o art. 105 da Lei nº 9.504, de 30 de setembro de 1997, resolve expedir a seguinte instrução:

CAPÍTULO I
DISPOSIÇÕES PRELIMINARES

Art. 1º A presente resolução disciplina o processamento das representações e das reclamações previstas na Lei nº 9.504/97, bem como os pedidos de resposta.

Parágrafo único. A representação, a reclamação e o pedido de resposta aludidos no *caput* serão processados e autuados na classe processual Representação (Rp).

Art. 2º Os tribunais eleitorais designarão, até o dia 18 de dezembro de 2009, entre os seus integrantes substitutos, três juízes auxiliares para a apreciação das representações, das reclamações e dos pedidos de direito de resposta (Lei nº 9.504/97, art. 96, § 3º).

§ 1º A atuação dos juízes auxiliares se encerrará com a diplomação dos eleitos.

§ 2º Caso o mandato de juiz auxiliar termine antes da diplomação dos eleitos sem a sua recondução, o tribunal eleitoral designará novo juiz, dentre os seus substitutos, para sucedê-lo.

§ 3º Após o prazo de que trata o § 1º as representações, reclamações e os pedidos de resposta, ainda pendentes de julgamento, serão redistribuídos a um relator do respectivo tribunal eleitoral dentre os seus juízes efetivos.

Art. 3º As representações e as reclamações poderão ser feitas por qualquer partido político, coligação, candidato ou pelo Ministério Público e deverão dirigir-se (Lei nº 9.504/97, art. 96, *caput*, incisos II e III):

I – ao Tribunal Superior Eleitoral, na eleição presidencial;

II – aos tribunais regionais eleitorais, nas eleições federais, estaduais e distritais.

Art. 4º A partir da escolha de candidatos em convenção, é assegurado o exercício do direito de resposta ao candidato, ao partido político ou à coligação atingidos, ainda que de forma indireta, por conceito, imagem ou afirmação caluniosa, difamatória, injuriosa ou sabidamente inverídica, difundidos por qualquer veículo de comunicação social (Lei nº 9.504/97, art. 58, *caput*).

CAPÍTULO II
DO PROCESSAMENTO DAS REPRESENTAÇÕES

Seção I
Disposições Gerais

Art. 5º As representações, subscritas por advogado ou representante do Ministério Público, serão apresentadas em duas vias, de igual teor, e relatarão fatos, indicando provas, indícios e circunstâncias (Lei nº 9.504/97, art. 96, § 1º).

§ 1º A representação relativa à propaganda irregular deve ser instruída com prova da autoria ou do prévio conhecimento do beneficiário, caso este não seja por ela responsável, observando-se o disposto no art. 40-B da Lei nº 9.504/97.

Art. 6º As petições ou recursos relativos às representações serão admitidos, quando possível, por petição eletrônica ou via fac-símile, dispensado o encaminhamento do texto original, salvo aqueles endereçados ao Supremo Tribunal Federal.

§ 1º A Secretaria Judiciária do tribunal eleitoral providenciará a impressão ou cópia dos documentos recebidos, que serão juntados aos autos.

§ 2º Os tribunais eleitorais tornarão públicos, mediante a afixação de aviso em quadro próprio e divulgação nos seus respectivos sítios, os números de fac-símile disponíveis e, se for o caso, o manual de utilização do serviço de petição eletrônica.

§ 3º O envio do requerimento por via eletrônica e sua tempestividade serão de inteira responsabilidade do remetente, correndo por sua conta e risco eventuais defeitos.

§ 4º A mídia de áudio e/ou vídeo que instruir a petição deverá vir obrigatoriamente acompanhada da respectiva degravação em duas vias, observado o formato mp3 para as mídias de áudio e wmv, mpg, mpeg ou avi para as de vídeo digital e VHS para fitas de vídeo.

Art. 7º Recebida a petição, a Secretaria Judiciária do tribunal eleitoral notificará imediatamente o representado para apresentar defesa no prazo de 48 horas (Lei nº 9.504/97, art. 96, § 5º), exceto quando se tratar de pedido de resposta, cujo prazo será de 24 horas (Lei nº 9.504/97, art. 58, § 2º).

§ 1º Se houver pedido de medida liminar, os autos serão conclusos ao juiz auxiliar ou relator e, depois da respectiva decisão, dela será o representado notificado, juntamente com o conteúdo da petição inicial.

§ 2º Quando o representado for candidato, partido político ou coligação, o respectivo advogado – se arquivada a procuração na Secretaria Judiciária – será notificado, nos mesmos prazos, ainda que por telegrama ou fac-símile, da existência do feito (Lei nº 9.504/97, art. 94, § 4º).

Art. 8º Constatado vício de representação processual das partes, o juiz auxiliar ou relator determinará a respectiva regularização no prazo de 24 horas, sob pena de indeferimento da petição inicial (CPC, arts. 13 e 284).

Art. 9º A notificação será instruída com cópia da petição inicial e dos documentos que a acompanham e, se o representado for candidato, partido político ou coligação, endereçada para o número de fac-símile indicado na inicial ou no pedido de registro de candidatura (Lei nº 9.504/97, art. 96-A, *caput*).

§ 1º É facultado às emissoras de rádio, televisão e demais veículos de comunicação, inclusive provedores e servidores de internet, comunicar aos tribunais eleitorais o número de fac-símile pelo qual receberão notificações e intimações.

§ 2º Inexistindo a comunicação na forma do parágrafo anterior, as notificações e intimações serão encaminhadas ao número constante da petição inicial.

Art. 10. As notificações, as comunicações, as publicações e as intimações serão feitas no horário das 10 horas às 19 horas, salvo se o juiz auxiliar ou relator dispuser que se faça de outro modo ou em horário diverso.

Parágrafo único. A concessão de medida liminar será comunicada das 8 horas às 24 horas, salvo quando o juiz auxiliar ou relator determinar horário diverso, independentemente da publicação em cartório; o termo inicial do prazo para impugnação ou recurso será o recebimento da respectiva comunicação da decisão.

Art. 11. Apresentada a resposta ou decorrido o respectivo prazo, os autos serão encaminhados ao Ministério Público para parecer no prazo de 24 horas, findo o qual, com ou sem parecer, o processo será imediatamente devolvido ao juiz auxiliar ou relator.

Art. 12. Transcorrido o prazo previsto no artigo anterior, o juiz auxiliar ou relator decidirá e fará publicar a decisão em 24 horas (Lei nº 9.504/97, art. 96, § 7º), exceto quando se tratar de pedido de resposta, cuja decisão deverá ser proferida no prazo máximo de 72 horas da data em que for protocolado o pedido (Lei nº 9.504/97, art. 58, § 2º).

Art. 13. A intimação das decisões e acórdãos será feita por publicação no Diário da Justiça Eletrônico (DJe).

§ 1º No período entre 5 de julho de 2010 e a data fixada no calendário eleitoral, a publicação de que trata o *caput*, será feita na Secretaria Judiciária do tribunal eleitoral, certificando-se no edital e nos autos o horário, ou em sessão, salvo nas representações previstas nos arts. 30-A, 41-A, 73 e nos §§ 2º e 3º do art. 81 da Lei nº 9.504/97.

§ 2º O Ministério Público será pessoalmente intimado da decisão pela secretaria judiciária, mediante cópia, e do acórdão, em sessão de julgamento, quando nela publicado.

Seção II
Do Direito de Resposta

Subseção I
Disposições Específicas

Art. 14. Os pedidos de resposta devem dirigir-se ao juiz auxiliar encarregado da propaganda eleitoral.

Art. 15. Observar-se-ão, ainda, as seguintes regras no caso de pedido de resposta relativo à ofensa veiculada (Lei nº 9.504/97, art. 58, § 3º, I):

I – em órgão da imprensa escrita:

a) o pedido deverá ser feito no prazo de 72 horas, a contar das 19 horas da data constante da edição em que veiculada a ofensa, salvo prova documental de que a circulação, no domicílio do ofendido, se deu após esse horário (Lei nº 9.504/97, art. 58, § 1º, III);

b) o pedido deverá ser instruído com um exemplar da publicação e o texto da resposta (Lei nº 9.504/97, art. 58, § 3º, I, a);

c) deferido o pedido, a divulgação da resposta dar-se-á no mesmo veículo, espaço, local, página, tamanho, caracteres e outros elementos de realce usados na ofensa, em até 48 horas após a decisão ou, tratando-se de veículo com periodicidade de circulação maior do que 48 horas, na primeira oportunidade em que circular (Lei nº 9.504/97, art. 58, § 3º, I, b);

d) por solicitação do ofendido, a divulgação da resposta será feita no mesmo dia da semana em que a ofensa for divulgada, ainda que fora do prazo de 48 horas (Lei nº 9.504/97, art. 58, § 3º, I, c);

e) se a ofensa for produzida em dia e hora que inviabilizem sua reparação dentro dos prazos estabelecidos nas alíneas anteriores, a Justiça Eleitoral determinará a imediata divulgação da resposta (Lei nº 9.504/97, art. 58, § 3º, I, d);

f) o ofensor deverá comprovar nos autos o cumprimento da decisão, mediante dados sobre a regular distribuição dos exemplares, a quantidade impressa e o raio de abrangência na distribuição (Lei nº 9.504/97, art. 58, § 3º, I, e);

II – em programação normal das emissoras de rádio e de televisão:

a) o pedido, com a transcrição do trecho considerado ofensivo ou inverídico, deverá ser feito no prazo de 48 horas, contado a partir da veiculação da ofensa (Lei nº 9.504/97, art. 58, § 1º, II);

b) a Justiça Eleitoral, à vista do pedido, deverá notificar imediatamente o responsável pela emissora que realizou o programa, para que confirme data e horário da veiculação e entregue em 24 horas, sob as penas do art. 347 do Código Eleitoral, cópia da fita da transmissão, que será devolvida após a decisão (Lei nº 9.504/97, art. 58, § 3º, II, a);

c) o responsável pela emissora, ao ser notificado pela Justiça Eleitoral ou informado pelo representante, por cópia protocolada do pedido de resposta, preservará a gravação até a decisão final do processo (Lei nº 9.504/97, art. 58, § 3º, II, *b*);

d) deferido o pedido, a resposta será dada em até 48 horas após a decisão, em tempo igual ao da ofensa, nunca inferior a um minuto (Lei nº 9.504/97, art. 58, § 3º, II, *c*);

III – no horário eleitoral gratuito:

a) o pedido deverá ser feito no prazo de 24 horas, contado a partir da veiculação do programa (Lei nº 9.504/97, art. 58, § 1º, I);

b) o pedido deverá especificar o trecho considerado ofensivo ou inverídico e ser instruído com a mídia da gravação do programa, acompanhada da respectiva degravação;

c) deferido o pedido, o ofendido usará, para a resposta, tempo igual ao da ofensa, porém nunca inferior a um minuto (Lei nº 9.504/97, art. 58, § 3º, III, *a*);

d) a resposta será veiculada no horário destinado ao partido político ou coligação responsável pela ofensa, devendo dirigir-se aos fatos nela veiculados (Lei nº 9.504/97, art. 58, § 3º, III, *b*);

e) se o tempo reservado ao partido político ou à coligação responsável pela ofensa for inferior a um minuto, a resposta será levada ao ar tantas vezes quantas forem necessárias para a sua complementação (Lei nº 9.504/97, art. 58, § 3º, III, *c*);

f) deferido o pedido para resposta, a emissora geradora e o partido político ou a coligação atingidos deverão ser notificados imediatamente da decisão, na qual deverão estar indicados o período, diurno ou noturno, para a veiculação da resposta, sempre no início do programa do partido político ou coligação, e, ainda, o bloco de audiência, caso se trate de inserção (Lei nº 9.504/97, art. 58, § 3º, III, *d*);

g) o meio de armazenamento com a resposta deverá ser entregue à emissora geradora até 36 horas após a ciência da decisão, para veiculação no programa subsequente do partido político ou da coligação em cujo horário se praticou a ofensa (Lei nº 9.504/97, art. 58, § 3º, III, *e*);

h) se o ofendido for candidato, partido político ou coligação que tenha usado o tempo concedido sem responder aos fatos veiculados na ofensa, terá subtraído do respectivo programa eleitoral tempo idêntico; tratando-se de terceiros, ficarão sujeitos à suspensão de igual tempo em eventuais novos pedidos de resposta e à multa no valor de R$ 2.128,20 (dois mil cento e vinte e oito reais e vinte centavos) a R$ 5.320,50 (cinco mil trezentos e vinte reais e cinquenta centavos) (Lei nº 9.504/97, art. 58, § 3º, III, *f*).

IV – em propaganda eleitoral pela internet:

a) deferido o pedido, a divulgação da resposta dar-se-á no mesmo veículo, espaço, local, horário, página eletrônica, tamanho, caracteres e outros elementos de realce usados na ofensa, em até 48 horas após a entrega da mídia física com a resposta do ofendido;

b) a resposta ficará disponível para acesso pelos usuários do serviço de internet por tempo não inferior ao dobro em que esteve disponível a mensagem considerada ofensiva;

c) os custos de veiculação da resposta correrão por conta do responsável pela propaganda original.

§ 1º Se a ofensa ocorrer em dia e hora que inviabilizem sua reparação dentro dos prazos estabelecidos neste artigo, a resposta será divulgada nos horários que a Justiça Eleitoral determinar, ainda que nas 48 horas anteriores ao pleito, em termos e forma previamente aprovados, de modo a não ensejar tréplica (Lei nº 9.504/97, art. 58, § 4º).

§ 2º Apenas as decisões comunicadas à emissora geradora até 1 hora antes da geração ou do início do bloco, quando se tratar de inserções, poderão interferir no conteúdo a ser transmitido; após esse prazo, as decisões somente poderão ter efeito na geração ou no bloco seguinte.

§ 3º Caso a emissora geradora seja comunicada de decisão proibindo trecho da propaganda entre a entrega do material e o horário de geração dos programas, essa deverá aguardar a substituição do meio de armazenamento até o limite de uma hora antes do início do programa; no caso de o novo material não ser entregue, a emissora veiculará programa anterior, desde que não contenha propaganda proibida.

Art. 16. Os pedidos de resposta formulados por terceiro, em relação ao que foi veiculado no horário eleitoral gratuito, serão examinados pela Justiça Eleitoral e deverão observar os procedimentos previstos na Lei nº 9.504/97, naquilo que couber.

Art. 17. Quando o provimento do recurso cassar o direito de resposta já exercido, os tribunais eleitorais deverão observar o disposto nas alíneas *f* e *g* do inciso III do art. 15 desta resolução, para a restituição do tempo (Lei nº 9.504/97, art. 58, § 6º).

Subseção II
Das Penalidades

Art. 18. A inobservância dos prazos previstos para as decisões sujeitará a autoridade judiciária às penas previstas no art. 345 do Código Eleitoral (Lei nº 9.504/97, art. 58, § 7º).

Art. 19. O não cumprimento integral ou em parte da decisão que reconhecer o direito de resposta sujeitará o infrator ao pagamento de multa no valor de R$ 5.320,50 (cinco mil trezentos e vinte reais e cinquenta centavos) a R$ 15.961,50 (quinze mil novecentos e sessenta e um reais e cinquenta centavos), duplicada em caso de reiteração de conduta, sem prejuízo do disposto no art. 347 do Código Eleitoral (Lei nº 9.504/97, art. 58, § 8º).

Seção III
Das representações específicas

Art. 20. As representações que visarem à apuração das hipóteses previstas nos arts. 30-A, 41-A, 73 e 81 da Lei nº 9.504/97 observarão o rito estabelecido pelo art. 22 da Lei Complementar nº 64/90, sem prejuízo da competência regular do Corregedor Eleitoral.

Parágrafo único. As representações de que trata o *caput* deste artigo poderão ser ajuizadas até a data da diplomação, exceto as do art. 30-A e do art. 81, que poderão ser propostas, respectivamente, até o prazo de 15 dias a partir da diplomação e até o encerramento do mandato para o qual concorreu o candidato a quem se destinou a doação e contribuição irregular de pessoa jurídica.

Art. 21. No caso de a inicial indicar infração à Lei 9.504/97 e também as transgressões citadas nos arts. 19 e 22 da LC nº 64/90, com ou sem pedido expresso das partes, o relator determinará o desmembramento do feito, remetendo-se cópia integral à Corregedoria Eleitoral para apuração das transgressões referentes à LC nº 64/90 (Resolução nº 21.166/2002).

§ 1º Caso a representação, nas mesmas circunstâncias previstas no *caput*, seja inicialmente encaminhada ao Corregedor Eleitoral, este determinará o desmembramento do feito, remetendo-se cópia integral a um dos juízes auxiliares para apuração das infrações à Lei nº 9.504/97.

§ 2º Não se aplica o disposto neste artigo, se o autor da representação informar, na inicial, haver ajuizado, ainda que concomitantemente, duas ou mais representações sobre os mesmos fatos, já previamente distribuídas ao Corregedor Eleitoral e aos juízes eleitorais.

§ 3º Contra a decisão que determinar o desmembramento do feito caberá agravo regimental, no prazo de 3 dias, podendo, também, ser ela revista por ocasião do julgamento da representação.

Art. 22. Ao despachar a inicial, o relator do feito adotará as seguintes providências:

a) ordenará que se notifique o representado, encaminhando-lhe a segunda via da petição acompanhada das cópias dos documentos, para que, no prazo de 5 dias, contados da notificação, ofereça defesa;

b) determinará que se suspenda o ato que deu origem à representação, quando relevante o fundamento e puder resultar na ineficácia da medida, caso seja julgada procedente;

c) indeferirá desde logo a inicial, quando não for caso de representação ou lhe faltar algum requisito essencial;

§ 1º No caso de representação instruída com imagem e/ou áudio, a respectiva degravação será encaminhada juntamente com a notificação, devendo uma cópia da mídia permanecer no processo e a outra mantida em secretaria, sendo facultado às partes e ao Ministério Público, a qualquer tempo, requerer cópia, independentemente de autorização específica do relator.

§ 2º O relator do feito, a requerimento das partes, do Ministério Público ou de ofício poderá, em decisão fundamentada, limitar o acesso aos autos às partes, seus representantes e ao Ministério Público.

§ 3º No caso de o relator indeferir a representação, ou retardar-lhe a solução, poderá o interessado renová-la perante o Tribunal, que resolverá dentro de 24 horas.

§ 4º O interessado, quando não for atendido ou ocorrer demora, poderá levar o fato ao conhecimento do Tribunal Superior Eleitoral, a fim de que sejam tomadas as providências necessárias.

§ 5º Sem prejuízo do disposto no § 3º deste artigo, da decisão que indeferir liminarmente o processamento da representação caberá agravo regimental, no prazo de 3 dias.

Art. 23. Feita a notificação, a Secretaria Judiciária do tribunal juntará aos autos cópia autêntica do ofício endereçado ao representado, bem como a prova da entrega ou da sua recusa em aceitá-la ou dar recibo.

Art. 24. Se a defesa for instruída com documentos, a Secretaria Judiciária do tribunal intimará o representante a se manifestar sobre eles, no prazo de 48 horas.

Art. 25. Não sendo apresentada a defesa, ou, apresentada sem a juntada de documentos ou, ainda, decorrido o prazo para que o representante se manifeste sobre documentos juntados, os autos serão imediatamente conclusos ao relator que designará, dentro dos 5 dias seguintes data, hora e local para a realização, em única assentada, de audiência para oitiva de testemunhas arroladas.

§ 1º As testemunhas deverão ser arroladas pelo representante na inicial e pelo representado na defesa, com o limite de 6 para cada parte, sob pena de preclusão.

§ 2º As testemunhas deverão comparecer à audiência independentemente de intimação.

Art. 26. Ouvidas as testemunhas ou indeferida a oitiva, o relator, nos 3 dias subsequentes, procederá a todas as diligências que determinar, de ofício ou a requerimento das partes.

§ 1º Nesse mesmo prazo de 3 dias, o relator poderá, na presença das partes e do Ministério Público, ouvir terceiros, referidos pelas partes, ou testemunhas, como conhecedores dos fatos e circunstâncias que possam influir na decisão do feito.

§ 2º Quando qualquer documento necessário à formação da prova se achar em poder de terceiro, inclusive estabelecimento de crédito, oficial ou privado, o relator poderá, ainda, no mesmo prazo, ordenar o respectivo depósito ou requisitar cópias.

§ 3º Se o terceiro, sem justa causa, não exibir o documento, ou não comparecer a juízo, o relator poderá expedir contra ele mandado de prisão e instaurar processo por crime de desobediência.

Art. 27. As decisões interlocutórias proferidas no curso da representação não são preclusivas, devendo ser analisadas pelo tribunal por ocasião do julgamento, caso assim o requeiram as partes ou o Ministério Público em suas alegações finais.

Parágrafo único. Modificada a decisão interlocutória pelo tribunal, somente serão anulados os atos que não puderem ser aproveitados, com a subsequente realização, ou renovação, dos que forem necessários.

Art. 28. Encerrado o prazo da dilação probatória, as partes, inclusive o Ministério Público, poderão apresentar alegações finais no prazo comum de 2 dias.

Art. 29. Terminado o prazo para alegações finais, os autos serão conclusos ao relator, no dia imediato, para elaboração de relatório, no prazo de 3 dias.

Art. 30. Apresentado o relatório, os autos da representação serão encaminhados a secretaria judiciária do tribunal, com pedido de inclusão incontinenti em pauta, para julgamento na primeira sessão subsequente.

Art. 31. Julgada a representação, o tribunal lavrará o acórdão para imediata publicação no Diário da Justiça Eletrônico.

Parágrafo único. No caso de ser cassado registro de candidato, a Secretaria Judiciária do tribunal notificará o partido político ou a coligação pela qual concorre, encaminhando-lhe cópia do acórdão (Lei nº 9.504/97, art. 13, § 1º).

Art. 32. Os recursos contra as decisões e acórdãos que julgarem as representações previstas nesta Seção deverão ser interpostos no prazo de 3 dias contados da publicação no Diário da Justiça Eletrônico, observando-se o mesmo prazo para os recursos subsequentes, inclusive recurso especial e agravo de instrumento, bem como as respectivas contrarrazões e respostas.

Seção IV
Do Recurso perante o Tribunal Eleitoral

Art. 33. A decisão proferida por juiz auxiliar estará sujeita a recurso para o Plenário do tribunal eleitoral, no prazo de 24 horas da publicação da decisão em Secretaria, assegurado ao recorrido o oferecimento de contrarrazões, em igual prazo, a contar da sua notificação (Lei nº 9.504/97, art. 96, §§ 4º e 8º).

§ 1º Oferecidas contrarrazões ou decorrido o respectivo prazo, o recurso será levado a julgamento em sessão pelo próprio juiz auxiliar, que substituirá membro da mesma representação no tribunal, no prazo de 48 horas, a contar da conclusão dos autos, independentemente de publicação de pauta (Lei nº 9.504/97, art. 96, § 9º), exceto quando se tratar de direito de resposta, cujo prazo de julgamento será de 24 horas (Lei nº 9.504/97, art. 58, § 6º).

§ 2º Caso o Tribunal não se reúna no prazo previsto no parágrafo anterior, o recurso deverá ser julgado na primeira sessão subsequente.

§ 3º Só poderão ser apreciados os recursos relacionados até o início de cada sessão plenária.

§ 4º Ao advogado de cada parte é assegurado o uso da tribuna pelo prazo máximo de 10 minutos, para sustentação oral de suas razões.

§ 5º Os acórdãos serão publicados na sessão em que os recursos forem julgados, salvo disposição diversa prevista nesta resolução.

Seção V
Do Recurso Especial

Art. 34. Do acórdão de tribunal regional eleitoral caberá recurso especial para o Tribunal Superior Eleitoral, no prazo de 3 dias, a contar da publicação (Código Eleitoral, art. 276, § 1º), salvo se se tratar de direito de resposta.

§ 1º Interposto o recurso especial, os autos serão conclusos ao presidente do respectivo tribunal, que, no prazo de 24 horas, proferirá decisão fundamentada, admitindo ou não o recurso.

§ 2º Admitido o recurso especial, será assegurado ao recorrido o oferecimento de contrarrazões no prazo de 3 dias, contados da publicação em secretaria.

§ 3º Oferecidas as contrarrazões ou decorrido o prazo sem o seu oferecimento, serão os autos imediatamente remetidos ao Tribunal Superior Eleitoral, inclusive por portador, se necessário.

§ 4º Não admitido o recurso especial, caberá agravo de instrumento para o Tribunal Superior Eleitoral, no prazo de 3 dias, contados da publicação em secretaria.

§ 5º Formado o agravo de instrumento, com observância do disposto na Resolução nº 21.477, de 29.8.2003, será intimado o agravado para oferecer resposta ao agravo e ao recurso especial, no prazo de 3 dias, contados da publicação em secretaria.

§ 6º O relator, no Tribunal Superior Eleitoral, negará seguimento a pedido ou recurso intempestivo, manifestamente inadmissível, improcedente, prejudicado ou em confronto com súmula ou com jurisprudência dominante do Tribunal Superior Eleitoral, do Supremo Tribunal Federal ou de Tribunal Superior (CPC, art. 557, *caput*, e RITSE, art. 36, § 6º); poderá o relator, nos próprios autos do agravo de instrumento, dar provimento ao recurso especial se o acórdão recorrido estiver em manifesto confronto com súmula ou com jurisprudência dominante do próprio Tribunal Superior Eleitoral, do Supremo Tribunal Federal ou de Tribunal Superior (CPC, art. 544, § 3º, e RITSE, art. 36, § 7º).

Art. 35. Quando se tratar de direito de resposta, o prazo para interposição do recurso especial será de 24 horas, a contar da publicação em sessão, dispensado o juízo de admissibilidade, com a imediata intimação do recorrido, por publicação em secretaria, para o oferecimento de contrarrazões no mesmo prazo (Lei nº 9.504/97, art. 58, § 5º).

CAPÍTULO III
DISPOSIÇÕES FINAIS

Art. 36. Os pedidos de direito de resposta e as representações por propaganda eleitoral irregular em rádio, televisão e internet tramitarão preferencialmente em relação aos demais processos em curso na Justiça Eleitoral (Lei nº 9.504/97, art. 58-A).

Art. 37. Os prazos relativos às representações serão contínuos e peremptórios, não se suspendendo aos sábados, domingos e feriados, entre 5 de julho de 2008 e a proclamação dos eleitos, inclusive em segundo turno.

§ 1º Nesse período, os advogados, inclusive os que representarem as emissoras de rádio, televisão, provedores e servidores de internet e demais veículos de comunicação, estarão dispensados da juntada de procuração em cada processo, se arquivarem, na Secretaria Judiciária, mandato genérico relativo às eleições de 2010; a circunstância deverá ser informada na petição em que ele se valer dessa faculdade e certificada nos autos.

§ 2º O requisito de admissibilidade dos recursos pela instância superior será verificado a partir da certidão constante dos autos, sendo a parte interessada responsável pela verificação da existência da referida certidão.

Art. 38. A competência do juiz encarregado da propaganda eleitoral não exclui o respectivo poder de polícia, que será exercido pelos juízes eleitorais e pelos juízes auxiliares designados pelos tribunais eleitorais.

§ 1º O poder de polícia se restringe às providências necessárias para inibir práticas ilegais, vedada a censura prévia sobre o teor dos programas a serem exibidos na televisão, no rádio e na internet.

§ 2º No caso de condutas sujeitas a penalidades, o juiz cientificará o Ministério Público, para os efeitos desta resolução.

Art. 39. As decisões dos juízes auxiliares indicarão de modo preciso o que, na propaganda impugnada, deverá ser excluído ou substituído; nas inserções de que trata o art. 51 da Lei nº 9.504/97, as exclusões ou substituições observarão o tempo mínimo de 15 segundos e os respectivos múltiplos.

Parágrafo único. O teor da decisão será comunicado às emissoras de rádio e televisão pela Secretaria Judiciária.

Art. 40. Da convenção partidária até a apuração final da eleição, não poderão servir como ministros no Tribunal Superior Eleitoral, como juízes, nos tribunais eleitorais, ou como juízes auxiliares, o cônjuge ou companheiro, parente consanguíneo ou afim, até o segundo grau, de candidato a cargo eletivo registrado na circunscrição (Código Eleitoral, art. 14, § 3º).

Art. 41. O representante do Ministério Público que mantiver o direito a filiação partidária não poderá exercer funções eleitorais enquanto não decorridos 2 anos do cancelamento da aludida filiação (Lei Complementar nº 75/93, art. 80).

Art. 42. Ao juiz eleitoral que for parte em ações judiciais que envolvam determinado candidato é defeso exercer suas funções em processo eleitoral no qual o mesmo candidato seja interessado (Lei nº 9.504/97, art. 95).

Parágrafo único. Se, posteriormente ao pedido de registro da candidatura, candidato propuser ação contra juiz que exerce função eleitoral, o afastamento deste somente decorrerá de declaração espontânea de suspeição ou de procedência da respectiva exceção.

Art. 43. Poderá o candidato, o partido político, a coligação ou o Ministério Público representar ao tribunal regional eleitoral contra o juiz eleitoral que descumprir as disposições desta resolução ou der causa a seu descumprimento, inclusive quanto aos prazos processuais; nesse caso, ouvido o representado em 24 horas, o tribunal ordenará a observância do procedimento que explicitar, sob pena de incorrer o juiz em desobediência (Lei nº 9.504/97, art. 97, *caput*).

§ 1º É obrigatório, para os membros dos tribunais eleitorais e do Ministério Público, fiscalizar o cumprimento das disposições desta resolução pelos juízes e promotores eleitorais das instâncias inferiores, determinando, quando for o caso, a abertura de procedimento disciplinar para apuração de eventuais irregularidades que verificarem.

§ 2º No caso de descumprimento das disposições desta resolução por tribunal regional eleitoral, a representação poderá ser feita ao Tribunal Superior Eleitoral, observado o disposto neste artigo.

Art. 44. Os feitos eleitorais, no período entre 10 de junho e 5 de novembro de 2010, terão prioridade para a participação do Ministério Público e dos juízes de todas as justiças e instâncias, ressalvados os processos de *habeas corpus* e mandado de segurança (Lei nº 9.504/97, art. 94, *caput*).

§ 1º É defeso às autoridades mencionadas neste artigo deixar de cumprir qualquer prazo desta resolução em razão do exercício de suas funções regulares (Lei nº 9.504/97, art. 94, § 1º).

§ 2º O descumprimento do disposto neste artigo constitui crime de responsabilidade e será objeto de anotação funcional para efeito de promoção na carreira (Lei nº 9.504/97, art. 94, § 2º).

§ 3º Além das polícias judiciárias, os órgãos da Receita Federal, estadual e municipal, os tribunais e os órgãos de contas auxiliarão a Justiça Eleitoral na apuração dos delitos eleitorais, com prioridade sobre suas atribuições regulares (Lei nº 9.504/97, art. 94, § 3º).

Art. 45. Esta resolução entra em vigor na data de sua publicação.

RESOLUÇÃO TSE Nº 23.216/10

ARRECADAÇÃO DE RECURSOS FINANCEIROS DE CAMPANHA ELEITORAL POR CARTÕES DE CRÉDITO

ELEIÇÕES DE 2010

O Tribunal Superior Eleitoral, no uso das atribuições que lhe conferem o artigo 23, inciso IX, do Código Eleitoral e o artigo 105 da Lei nº 9.504, de 30 de setembro de 1997, resolve expedir a seguinte instrução:

TÍTULO I
DISPOSIÇÕES GERAIS

Art. 1º No ano da realização de eleições, candidatos, inclusive a vice e a suplentes, comitês financeiros e partidos políticos poderão arrecadar recursos para gastos em campanhas eleitorais por meio de cartão de crédito (Lei nº 9.504/97, art. 23, III).

Art. 2º As doações mediante cartão de crédito somente poderão ser realizadas por pessoa física, vedado o seu parcelamento (Lei nº 9.504/97, art. 23, III).

Art. 3º São vedadas doações por meio dos seguintes tipos de cartão de crédito (Lei nº 9.504/97, arts. 23 e 24):

I – emitido no exterior;

II – corporativo ou empresarial.

Parágrafo único. Incluem-se no conceito de cartão de crédito corporativo os cartões de pagamento utilizados por empresas privadas e por órgãos da administração pública direta e indireta de todas as esferas.

CAPÍTULO I
DOS REQUISITOS PARA A ARRECADAÇÃO

Art. 4º Antes de proceder à arrecadação de recursos por meio de cartão de crédito, candidatos e comitês financeiros deverão:

I – solicitar registro na Justiça Eleitoral;

II – obter inscrição no Cadastro Nacional da Pessoa Jurídica (CNPJ);

III – abrir conta bancária eleitoral específica para a movimentação financeira de campanha;

IV – receber números de recibos eleitorais;

V – desenvolver página de internet específica para o recebimento dessas doações;

VI – contratar instituição financeira ou credenciadora de cartão de crédito para habilitar o recebimento de recursos por meio de cartão de crédito.

§ 1º Os recursos financeiros arrecadados por meio de cartão de crédito deverão ser creditados na conta bancária mencionada no inciso III deste artigo e no inciso II do art. 5º desta resolução (Lei nº 9.504/97, art. 23, § 4º).

§ 2º Será permitida a utilização do terminal de captura de transações com cartões para as doações por meio de cartão de crédito e de cartão de débito.

Art. 5º Os diretórios partidários nacional e/ou estadual/distrital em todos os níveis poderão arrecadar recursos financeiros para campanha eleitoral mediante doações por meio de cartão de crédito e de cartão de débito, desde que atendam previamente aos seguintes requisitos:

I – registrar os diretórios nacionais no Tribunal Superior Eleitoral e anotar os diretórios partidários nacional e/ou estadual/distrital nos Tribunais Regionais Eleitorais;

II – abrir conta bancária eleitoral específica para o registro das doações eleitorais, aberta com o seu respectivo número de inscrição no Cadastro Nacional da Pessoa Jurídica (CNPJ);

III – criar sítio na internet específico para o recebimento dessas doações;

IV – firmar contrato com instituição financeira ou credenciadora para habilitar o recebimento de recursos por meio de cartão de crédito;

V – receber números de recibos eleitorais.

Parágrafo único. Os recursos financeiros arrecadados por meio de cartão de crédito e de cartão de débito deverão ser creditados na conta bancária exclusiva para a movimentação financeira de campanha, constante do inciso II deste artigo.

Art. 6º A arrecadação de recursos financeiros anterior ao cumprimento dos requisitos indicados nos arts. 4º e 5º desta resolução ensejará a desaprovação das contas.

Art. 7º Os sítios na internet de candidatos, inclusive a vice e a suplentes, comitês financeiros e partidos políticos deverão ser registrados em domínio com a extensão '.br', sediado no país.

CAPÍTULO II
DA EMISSÃO DO RECIBO ELEITORAL E DA IDENTIFICAÇÃO DA ORIGEM DA DOAÇÃO

Art. 8º Os recibos eleitorais são documentos oficiais que legitimam o ingresso de recursos em campanha eleitoral e deverão ser emitidos conforme modelo constante do Anexo I, da seguinte forma:

I – eletronicamente, pelo sítio do candidato, do comitê financeiro ou do partido político, dispensada, neste caso, a emissão da via do beneficiário da doação;

II – pelo Sistema de Prestação de Contas Eleitorais (SPCE);

III – preenchido manualmente em formulário impresso, no caso das doações recebidas mediante terminal de captura de transações com cartão de crédito.

Art. 9º Observados os critérios estabelecidos no Anexo II desta resolução, deverá ser emitido recibo eleitoral para cada doação, contendo obrigatoriamente (Lei nº 9504/97, art. 23, III):

I – registro;

II – número do recibo eleitoral;

III – número do documento;

IV – tipo de doação;

V – espécie do recurso;

VI – quantidade de parcelas;

VII – número do CPF do doador;

VIII – nome do doador;

IX – data da doação;

X – valor da doação;

XI – número da autorização.

Parágrafo único. As doações sem identificação ou com incorreção não poderão ser utilizadas em campanha eleitoral e comporão os recursos de origem não identificada que deverão ser transferidos ao Tesouro Nacional no prazo de 5 dias após a decisão definitiva que julgar a prestação de contas de campanha correspondente.

CAPÍTULO III
DO PERÍODO DE ARRECADAÇÃO

Art. 10. As doações efetuadas por meio de cartão de crédito a candidatos, comitês financeiros e partidos políticos somente poderão ser realizadas até a data das eleições, inclusive na hipótese de segundo turno.

Art. 11. O mecanismo disponível no sítio do candidato, do comitê financeiro e do partido político para a arrecadação via cartão de crédito deverá ser encerrado no dia seguinte à data da eleição, inclusive na hipótese de segundo turno.

CAPÍTULO IV
DO INGRESSO DAS INFORMAÇÕES NA PRESTAÇÃO DE CONTAS DE CANDIDATOS, COMITÊS FINANCEIROS E PARTIDOS POLÍTICOS

Art. 12. Todas as doações recebidas mediante o uso de cartão de crédito deverão ser lançadas individualmente na prestação de contas de campanha eleitoral de candidatos, comitês financeiros e partidos políticos.

Parágrafo único. As taxas cobradas pelas credenciadoras de cartão de crédito deverão ser consideradas despesas de campanha eleitoral e lançadas na prestação de contas de candidatos, partidos políticos e comitês financeiros.

Art. 13. Os dados obrigatórios de identificação das doações, exigidos no art. 9º desta resolução, deverão ser lançados no Sistema de Prestação de Contas Eleitoral (SPCE), manualmente ou a partir da importação de dados, respeitado o formato definido no leiaute constante do Anexo II desta resolução.

CAPÍTULO V
DAS DISPOSIÇÕES FINAIS

Art. 14. Na hipótese de doações realizadas por meio da internet, as fraudes ou erros cometidos pelo doador sem conhecimento dos candidatos, comitês financeiros e partidos políticos não ensejarão a responsabilidade deles, nem a rejeição de suas contas eleitorais (Lei nº 9.504/97, art. 23, § 6º).

Art. 15. As operadoras de cartão de crédito, demais participantes do sistema de operações com cartão de crédito e instituições financeiras deverão informar aos candidatos, comitês financeiros e partidos políticos, antes do prazo final para entrega da prestação de contas de campanha, inclusive na hipótese de segundo turno, o detalhamento das doações recebidas com a identificação do CPF do doador.

Art. 16. As credenciadoras de cartão de crédito deverão encaminhar ao Tribunal Superior Eleitoral arquivo eletrônico contendo:

I – CNPJ do candidato, comitê financeiro ou partido político;

II – data da operação;

III – número da operação;

IV – valor bruto da operação de débito;

V – valor bruto da operação de crédito.

§ 1º O arquivo a que se refere o *caput* deverá ser encaminhado ao Tribunal Superior Eleitoral antes do prazo final para entrega da prestação de contas de campanha, inclusive na hipótese de segundo turno, da seguinte forma:

I – até 4 de novembro de 2010 para os candidatos que concorrerem ao primeiro turno;

II – até 30 de novembro de 2010 para os candidatos que concorrerem ao segundo turno.

§ 2º O leiaute do arquivo obedecerá ao modelo do Protocolo do Emissor de Cupom Fiscal (ECF) nº 02/05, do Conselho Nacional de Política Fazendária.

Art. 17. Esta resolução entra em vigor na data de sua publicação.

RESOLUÇÃO TSE Nº 23.217/10

ARRECADAÇÃO, GASTOS DE RECURSOS POR PARTIDOS POLÍTICOS, CANDIDATOS E COMITÊS FINANCEIROS E PRESTAÇÃO DE CONTAS

ELEIÇÕES DE 2010

O Tribunal Superior Eleitoral, usando das atribuições que lhe conferem o artigo 23, inciso IX, do Código Eleitoral e o artigo 105 da Lei nº 9.504, de 30 de setembro de 1997, resolve expedir a seguinte instrução:

TÍTULO I
DA ARRECADAÇÃO E APLICAÇÃO DE RECURSOS

CAPÍTULO I
DAS DISPOSIÇÕES GERAIS

Art. 1º Sob pena de desaprovação das contas, a arrecadação de recursos e a realização de gastos por candidatos, inclusive dos seus vices e dos seus suplentes, comitês financeiros e partidos políticos, ainda que estimáveis em dinheiro, só poderão ocorrer após a observância dos seguintes requisitos:

I – solicitação do registro do candidato ou do comitê financeiro, conforme o caso;

II – inscrição no Cadastro Nacional da Pessoa Jurídica (CNPJ);

III – abertura de conta bancária específica para a movimentação financeira de campanha;

IV – emissão de recibos eleitorais.

§ 1º São considerados recursos, ainda que fornecidos pelo próprio candidato:

I – cheque, transferência bancária, boleto de cobrança com registro, cartão de crédito ou cartão de débito;

II – título de crédito;

III – bens e serviços estimáveis em dinheiro;

IV – depósitos em espécie devidamente identificados.

§ 2º São considerados bens estimáveis em dinheiro fornecidos pelo próprio candidato apenas aqueles integrantes do seu patrimônio em período anterior ao pedido de registro da candidatura.

§ 3º Os bens e/ou serviços estimáveis doados por pessoas físicas e jurídicas devem constituir produto de seu próprio serviço, de suas atividades econômicas e, no caso dos bens permanentes, deverão integrar o patrimônio do doador.

§ 4º Observado o disposto no § 8º do art. 21 desta resolução, os gastos eleitorais efetivam-se na data da sua contratação, independentemente da realização do seu pagamento, momento em que a Justiça Eleitoral poderá exercer a fiscalização.

Seção I
Do Limite de Gastos

Art. 2º Caberá à lei fixar, até 10 de junho de 2010, o limite máximo dos gastos de campanha para os cargos em disputa (Lei nº 9.504/97, art. 17-A).

§ 1º Na hipótese de não ter sido editada lei até a data estabelecida no *caput* deste artigo, os partidos políticos, por ocasião do registro de candidatura, fixarão, por candidato e respectivo cargo eletivo, os valores máximos de gastos na campanha.

§ 2º Tratando-se de coligação, cada partido político que a integra fixará para seus candidatos, por cargo eletivo, o valor máximo de gastos de que trata este artigo (Lei nº 9.504/97, art. 18, § 1º).

§ 3º Os valores máximos de gastos relativos à candidatura de vice e suplente estarão incluídos naqueles pertinentes à candidatura do titular e serão informados pelo partido político a que forem filiados os candidatos.

§ 4º Os candidatos a vice e a suplentes são solidariamente responsáveis no caso de extrapolação do limite máximo de gastos fixados para os respectivos titulares.

§ 5º O gasto de recursos, além dos valores declarados nos termos deste artigo, sujeita o responsável ao pagamento de multa no valor de 5 a 10 vezes a quantia em excesso, a qual deverá ser recolhida no prazo de 5 dias úteis, contados da intimação da decisão judicial, podendo o responsável responder, ainda, por abuso do poder econômico, nos termos do art. 22 da Lei Complementar nº 64/90 (Lei nº 9.504/97, art. 18, § 2º), sem prejuízo de outras sanções.

§ 6º Após registrado na Justiça Eleitoral, o limite de gastos dos candidatos só poderá ser alterado com a devida autorização do relator do respectivo processo, mediante solicitação justificada, na ocorrência de fatos supervenientes e imprevisíveis, cujo impacto sobre o financiamento da campanha eleitoral inviabilize o limite de gastos fixados previamente, nos termos do § 1º deste artigo.

§ 7º O pedido de alteração de limite de gastos a que se refere o parágrafo anterior, devidamente fundamentado, será:

I – encaminhado à Justiça Eleitoral pelo partido político a que está filiado o candidato cujo limite de gastos se pretende alterar;

II – protocolado e juntado aos autos do processo de registro de candidatura, para apreciação e julgamento pelo relator.

§ 8º Deferida a alteração, serão atualizadas as informações constantes do Sistema de Registro de Candidaturas (CAND).

§ 9º Enquanto não autorizada a alteração do limite de gastos prevista no § 6º deste artigo, deverá ser observado o limite vigente.

Seção II
Dos Recibos Eleitorais

Art. 3º Os recibos eleitorais, contendo os dados do modelo do Anexo I, são documentos oficiais imprescindíveis que legitimam a arrecadação de recursos para a campanha, seja qual for a natureza do recurso, ainda que do próprio candidato, não se eximindo desta obrigação aquele que, por qualquer motivo, não disponha dos recibos.

§ 1º Os recibos terão numeração seriada, a ser fornecida pelo Tribunal Superior Eleitoral aos diretórios nacionais, composta por onze dígitos, sendo os dois primeiros correspondentes ao número do partido.

§ 2º Os diretórios nacionais dos partidos políticos requisitarão na página do Tribunal Superior Eleitoral na internet a quantidade de números de recibos eleitorais e, após reservar a faixa numérica para uso próprio, deverão fornecer a numeração dos recibos eleitorais:

I – aos seus diretórios regionais;

II – aos comitês financeiros, que, após reservar a faixa para uso próprio, deverão fornecer aos candidatos a numeração dos recibos a serem por eles utilizados.

Art. 4º Observados a numeração e o modelo fornecidos pela Justiça Eleitoral, os recibos eleitorais poderão ser produzidos:

I – em formulário impresso, a critério dos partidos;

II – em formulário eletrônico, quando a doação for efetuada via internet;

Parágrafo único. O partido, o comitê financeiro e o candidato poderão imprimir o recibo eleitoral utilizando o Sistema de Prestação de Contas Eleitorais (SPCE).

Seção III
Dos Comitês Financeiros dos Partidos Políticos

Art. 5º Até 10 dias úteis após a escolha de seus candidatos em convenção, o partido constituirá comitês financeiros, com a finalidade de arrecadar recursos e aplicá-los nas campanhas eleitorais, podendo optar pela criação de (Lei nº 9.504/97, art. 19, *caput*):

I – um único comitê que compreenda todas as eleições de determinada circunscrição;

II – um comitê para cada eleição em que o partido apresente candidato próprio, na forma descrita a seguir:

a) comitê financeiro nacional para presidente da República;

b) comitê financeiro estadual ou distrital para governador;

c) comitê financeiro estadual ou distrital para senador;

d) comitê financeiro estadual ou distrital para deputado federal;

e) comitê financeiro estadual ou distrital para deputado estadual ou distrital.

§ 1º Na eleição presidencial é obrigatória a criação de comitê financeiro nacional e facultativa a de comitês estaduais ou distrital (Lei nº 9.504/97, art. 19, § 2º).

§ 2º Os comitês financeiros serão constituídos por tantos membros quantos forem indicados pelo partido, sendo obrigatória a designação de, no mínimo, um presidente e um tesoureiro.

§ 3º O partido coligado, nas eleições majoritárias, estará dispensado de constituir comitê financeiro, desde que não apresente candidato próprio.

§ 4º Não será admitida a constituição de comitê financeiro de coligação partidária.

§ 5º Na hipótese em que o partido lance apenas candidato a vice ou suplente, deve constituir comitê financeiro relativo à respectiva eleição.

Art. 6º O comitê financeiro tem por atribuição (Lei nº 9.504/97, arts. 19, 28, §§ 1º e 2º, e 29):

I – arrecadar e aplicar recursos de campanha;

II – fornecer aos candidatos orientação sobre os procedimentos de arrecadação e de aplicação de recursos e sobre as respectivas prestações de contas;

III – encaminhar à Justiça Eleitoral as prestações de contas de candidatos às eleições majoritárias, inclusive a de vices e de suplentes;

IV – encaminhar à Justiça Eleitoral a prestação de contas dos candidatos às eleições proporcionais, caso estes não o façam diretamente.

Art. 7º Os comitês financeiros deverão ser registrados, até 5 dias após a sua constituição, perante o Tribunal Eleitoral responsável pelo registro dos candidatos (Lei nº 9.504/97, art. 19, § 3º).

Art. 8º O requerimento de registro do comitê financeiro (Anexo II) será protocolado, autuado em classe própria, distribuído a relator e instruído com:

I – original ou cópia autenticada da ata da reunião lavrada pelo partido político na qual foi deliberada a sua constituição, com data e especificação do tipo de comitê criado, nos termos dos incisos I e II do art. 5º desta resolução;

II – relação nominal de seus membros, com suas funções, os números de inscrição no Cadastro de Pessoas Físicas (CPF) e respectivas assinaturas;

III – comprovante de regularidade cadastral do CPF do presidente do comitê financeiro, nos termos de Instrução Normativa Conjunta do Tribunal Superior Eleitoral e da Receita Federal do Brasil;

IV – endereço e número de fac-símile por meio dos quais receberá intimações e comunicados da Justiça Eleitoral.

§ 1º A Justiça Eleitoral colocará à disposição dos comitês financeiros sistema próprio para registro das informações a que se referem os incisos II e IV deste artigo.

§ 2º O comitê financeiro deverá encaminhar ao respectivo Tribunal Eleitoral, no prazo de até 5 dias após a sua constituição, os formulários devidamente assinados pelos membros indicados e acompanhados da respectiva mídia.

§ 3º Após autuação e análise dos documentos, o relator determinará, se for o caso, o cumprimento de diligências, assinalando prazo não superior a 72 horas, sob pena de indeferimento de pedido do registro do comitê financeiro.

§ 4º Verificada a regularidade da documentação, o relator do respectivo processo determinará o registro do comitê financeiro e a remessa dos autos à unidade técnica, para subsidiar a análise da prestação de contas.

Seção IV
Da Conta Bancária

Art. 9º É obrigatória para o candidato, para o comitê financeiro e para o partido político que optar arrecadar recursos e realizar gastos de campanha eleitoral, a abertura de conta bancária específica, na Caixa Econômica Federal, no Banco do Brasil ou em outra instituição financeira com carteira comercial reconhecida pelo Banco Central do Brasil, para registrar todo o movimento financeiro da campanha, inclusive dos recursos próprios dos candidatos e dos oriundos da comercialização de produtos e realização de eventos, vedado o uso de conta bancária preexistente (Lei nº 9.504/97, art. 22, *caput*).

§ 1º A conta bancária será vinculada à inscrição no CNPJ e atribuída em conformidade com o disposto na instrução normativa conjunta da Receita Federal do Brasil e do Tribunal Superior Eleitoral.

§ 2º A obrigação prevista neste artigo deverá ser cumprida pelo candidato ou pelo comitê no prazo de 10 dias, a contar da data de concessão da inscrição no CNPJ, mesmo que não ocorra arrecadação de recursos financeiros.

§ 3º O diretório partidário nacional ou estadual/distrital que optar por arrecadar recursos e aplicá-los nas campanhas eleitorais deve providenciar a abertura da conta de que trata o *caput* deste artigo no prazo de 15 dias da publicação desta resolução, utilizando o CNPJ próprio já existente.

§ 4º Os bancos são obrigados a acatar, no prazo de até 3 dias, o pedido de abertura de conta de qualquer comitê financeiro, partido político ou candidato escolhido em convenção, sendo-lhes vedado condicioná-la a depósito mínimo e a cobrança de taxas e/ou outras despesas de manutenção (Lei nº 9.504/97, art. 22, § 1º).

§ 5º A conta bancária a que se refere este artigo deverá ser do tipo que restringe depósitos não identificados por nome ou razão social completos e número de inscrição no CPF ou CNPJ.

Art. 10. O uso de recursos financeiros para pagamentos de gastos eleitorais que não provenham da conta bancária específica de que trata o artigo anterior implicará a desaprovação da prestação de contas do partido político, do comitê financeiro ou do candidato.

Parágrafo único. Comprovado abuso do poder econômico, será cancelado o registro da candidatura ou cassado o diploma, se já houver sido outorgado (Lei nº 9.504/97, art. 22, § 3º), sem prejuízo de outras sanções.

Art. 11. A conta bancária deverá ser aberta mediante a apresentação dos seguintes documentos:

I – Requerimento de Abertura de Conta Bancária Eleitoral (RACE), conforme Anexo III, disponível no sítio dos Tribunais Eleitorais;

II – comprovante de inscrição no CNPJ para as eleições, disponível na página da Receita Federal do Brasil, na internet.

§ 1º No caso de comitê financeiro, a conta bancária aberta para campanha eleitoral deve ser identificada com a denominação "ELEIÇÕES 2010 – COMITÊ FINANCEIRO – cargo eletivo" ou a expressão "ÚNICO – sigla do partido".

§ 2º No caso de candidato, a conta bancária aberta para campanha eleitoral deve ser identificada com a denominação "ELEIÇÕES 2010 – nome do candidato – cargo eletivo".

Art. 12. Aplicam-se, subsidiariamente às disposições contidas nesta resolução, as normas editadas pelo Banco Central do Brasil, referentes à abertura, movimentação e encerramento das contas bancárias específicas de campanhas eleitorais.

Art. 13. As instituições financeiras que procederem à abertura de conta bancária específica para a campanha eleitoral de 2010 fornecerão aos órgãos da Justiça Eleitoral os extratos eletrônicos de todo o movimento financeiro para fins de instrução dos processos de prestação de contas dos candidatos e dos comitês financeiros (Lei 9.504/97, art. 22).

Parágrafo único. Os extratos eletrônicos serão padronizados e disponibilizados conforme normas específicas do Banco Central do Brasil e deverão compreender o registro da movimentação financeira entre a data da abertura e a do encerramento da conta bancária.

CAPÍTULO II
DA ARRECADAÇÃO

Seção I
Das Origens dos Recursos

Art. 14. Os recursos destinados às campanhas eleitorais, respeitados os limites previstos nesta resolução, são os seguintes:

I – recursos próprios;

II – doações de pessoas físicas;

III – doações de pessoas jurídicas;

IV – doações de outros candidatos, comitês financeiros ou partidos políticos;

V – repasse de recursos provenientes do Fundo Partidário;

VI – receita decorrente da comercialização de bens ou da realização de eventos.

§ 1º Em ano eleitoral, os partidos políticos poderão aplicar ou distribuir pelas diversas eleições os recursos financeiros recebidos de pessoas físicas e jurídicas, devendo, obrigatoriamente:

I – discriminar a origem e a destinação dos recursos repassados a candidatos e a comitês financeiros;

II – observar as normas estatutárias e os critérios definidos pelos respectivos órgãos de direção, os quais devem ser fixados e encaminhados à Justiça Eleitoral até 10 de junho de 2010 (art. 39, § 5º da Lei nº 9.096/95).

§ 2º As doações recebidas em anos anteriores ao da eleição poderão ser aplicadas na campanha eleitoral de 2010, desde que observados os seguintes requisitos:

I – identificação e escrituração contábil individualizada das doações pelo partido político;

II – transferência para conta exclusiva de campanha do partido antes de sua destinação ou utilização, observando-se o limite legal imposto a tais doações, tendo por base o ano anterior ao da eleição;

III – identificação do comitê financeiro ou do candidato beneficiário, se a eles destinados.

§ 3º Os partidos deverão manter conta bancária e contábil específicas, de forma a permitir o controle da origem e destinação dos recursos pela Justiça Eleitoral (Lei nº 9.096, arts. 33, 34 e 39, § 5º).

§ 4º Os partidos políticos poderão aplicar nas campanhas eleitorais os recursos de Fundo Partidário, inclusive de exercícios anteriores, por meio de doações a candidatos e a comitês financeiros, devendo manter escrituração contábil que identifique o destinatário dos recursos ou seu beneficiário.

§ 5º As doações a que se refere o § 1º deste artigo serão computadas para fins de verificação dos limites de que tratam os incisos I e II do § 1º do art. 16 desta resolução.

Art. 15. É vedado a partido político, comitê financeiro e candidato receber, direta ou indiretamente, doação em dinheiro ou estimável em dinheiro, inclusive por meio de publicidade de qualquer espécie, procedente de (Lei nº 9.504/97, art. 24, I a XI):

I – entidade ou governo estrangeiro;

II – órgão da administração pública direta e indireta ou fundação mantida com recursos provenientes do poder público;

III – concessionário ou permissionário de serviço público;

IV – entidade de direito privado que receba, na condição de beneficiária, contribuição compulsória em virtude de disposição legal;

V – entidade de utilidade pública;

VI – entidade de classe ou sindical;

VII – pessoa jurídica sem fins lucrativos que receba recursos do exterior;

VIII – entidades beneficentes e religiosas;

IX – entidades esportivas;

X – organizações não governamentais que recebam recursos públicos;

XI – organizações da sociedade civil de interesse público;

XII – sociedades cooperativas de qualquer grau ou natureza, cujos cooperados sejam concessionários ou permissionários de serviços públicos e estejam sendo beneficiadas com recursos públicos (Lei nº 9.504/97, art. 24, parágrafo único);

XIII – cartórios de serviços notariais e de registro.

§ 1º O uso de recursos recebidos de fontes vedadas constitui irregularidade insanável e causa para desaprovação das contas.

§ 2º Os recursos de fontes vedadas deverão ser transferidos ao Tesouro Nacional, por meio de Guia de Recolhimento da União (GRU), pelo partido político, pelo comitê financeiro ou pelo candidato até 5 dias após a decisão definitiva que julgar a prestação de contas de campanha, com a apresentação do respectivo comprovante de recolhimento dentro desse mesmo prazo.

§ 3º A transferência de recursos de fontes vedadas para outros candidatos e comitês financeiros não isenta os donatários das penalidades previstas no § 1º deste artigo.

§ 4º A eventual restituição dos recursos de fontes vedadas não afasta o cumprimento da obrigação prevista no § 2º deste artigo.

Seção II
Das Doações

Art. 16. Observados os requisitos estabelecidos no art. 1º desta resolução, candidatos, partidos políticos e comitês financeiros poderão receber doações de pessoas físicas e jurídicas mediante depósitos em espécie, devidamente identificados, cheques cruzados e nominais ou transferências bancárias, ou ainda em bens e serviços estimáveis em dinheiro, para campanhas eleitorais.

§ 1º As doações referidas no *caput* deste artigo ficam limitadas (Lei nº 9.504/97, arts. 23, § 1º, I e II, § 7º e 81, § 1º):

I – a 10% dos rendimentos brutos auferidos no ano anterior à eleição, no caso de pessoa física, excetuando-se as doações estimáveis em dinheiro relativas à utilização de bens móveis ou imóveis de propriedade do doador, desde que o valor da doação não ultrapasse R$ 50.000,00 (cinquenta mil reais), apurados conforme o valor de mercado;

II – a 2% do faturamento bruto do ano anterior à eleição, declarado à Receita Federal do Brasil, no caso de pessoa jurídica;

III – ao valor máximo do limite de gastos estabelecido na forma do art. 2º desta resolução, caso o candidato utilize recursos próprios.

§ 2º São vedadas doações de pessoas jurídicas que tenham começado a existir, com o respectivo registro, no ano de 2010.

§ 3º Toda doação a candidato, a comitê financeiro, ou a partido político, inclusive recursos próprios aplicados na campanha, deverá fazer-se mediante recibo eleitoral (Lei nº 9.504/97, art. 23, § 2º).

§ 4º A doação de quantia acima dos limites fixados neste artigo sujeita o infrator ao pagamento de multa no valor de 5 a 10 vezes a quantia em excesso, sem prejuízo de responder o candidato por abuso do poder econômico, nos termos do art. 22 da Lei Complementar nº 64/90 (Lei nº 9.504/97, arts. 23, § 3º, e 81, § 2º).

§ 5º Sem prejuízo do disposto no § 4º, a pessoa jurídica que ultrapassar o limite de doação, fixado no inciso II do § 1º deste artigo, estará sujeita à proibição de participar de licitações públicas e de celebrar contratos com o poder público pelo período de 5 anos, por decisão da Justiça Eleitoral, em processo no qual seja assegurada a ampla defesa (Lei nº 9.504/97, art. 81, § 3º).

§ 6º A verificação da observância dos limites estabelecidos, após a consolidação pelo Tribunal Superior Eleitoral dos valores doados, será realizada mediante o encaminhamento das informações à Receita Federal do Brasil que, se apurar alguma infração, fará a devida comunicação à Justiça Eleitoral.

Art. 17. As doações realizadas entre candidatos, comitês financeiros e partidos políticos deverão fazer-se mediante recibo eleitoral e não estão sujeitas aos limites fixados nos incisos I, II e III do § 1º do artigo anterior.

§ 1º As doações previstas no *caput* deste artigo, caso oriundas de recursos próprios do candidato, deverão respeitar o limite legal estabelecido para pessoas físicas.

§ 2º Os empréstimos bancários contraídos pela pessoa física do candidato serão considerados doação de recursos próprios se aplicados na campanha eleitoral.

Art. 18. As doações de recursos financeiros somente poderão ser efetuadas na conta bancária mencionada no art. 9º desta resolução, por meio de (Lei nº 9.504/97, art. 23, § 4º):

I – cheques cruzados e nominais ou transferência eletrônica de depósitos;

II – depósitos em espécie devidamente identificados com o número de inscrição no CPF ou no CNPJ do doador até os limites fixados nos incisos I e II do § 1º do art. 16 desta resolução;

III – mecanismo disponível na página da internet do candidato, do partido ou da coligação, permitindo inclusive o uso de cartão de crédito, e que deverá atender aos seguintes requisitos:

a) identificação do doador com CPF;

b) emissão obrigatória de recibo eleitoral para cada doação realizada;

c) crédito na conta bancária de campanha até a data limite para entrega da prestação de contas;

d) vencimento do boleto de cobrança até o dia da eleição.

Parágrafo único. O depósito de doações, em qualquer montante, realizado diretamente em conta bancária, não exime o candidato, o partido político ou o comitê financeiro de emitir o correspondente recibo eleitoral.

Seção III
Da Comercialização de Bens e da Realização de Eventos

Art. 19. Para a comercialização de bens ou a promoção de eventos que se destinem a arrecadar recursos para campanha eleitoral, o comitê financeiro ou candidato deverá:

I – comunicar a sua realização, formalmente e com antecedência mínima de 5 dias, ao Tribunal Eleitoral competente, que poderá determinar a sua fiscalização;

II – comprovar a sua realização na prestação de contas, apresentando todos os documentos a ela pertinentes, inclusive os de natureza fiscal.

§ 1º Os valores arrecadados com a venda de bens ou com a realização de eventos, destinados a angariar recursos para a campanha eleitoral, constituem doação e estão sujeitos aos limites legais e à emissão de recibos eleitorais, não se aplicando a tais valores o disposto no art. 23 desta resolução.

§ 2º O montante bruto dos recursos arrecadados deverá, antes de sua utilização, ser depositado na conta bancária específica.

§ 3º Nos trabalhos de fiscalização de eventos, previsto no inciso I deste artigo, a Justiça Eleitoral poderá nomear, dentre seus servidores, fiscais *ad hoc* para a execução do serviço, devidamente credenciados para sua atuação.

Seção IV
Da Data Limite para a Arrecadação e Despesas

Art. 20. Os candidatos e comitês financeiros poderão arrecadar recursos e contrair obrigações até o dia da eleição.

§ 1º Excepcionalmente, será permitida a arrecadação de recursos após o prazo fixado no *caput*, exclusivamente para quitação de despesas já contraídas e não pagas até aquela data, as quais deverão estar integralmente quitadas até a data da entrega da prestação de contas à Justiça Eleitoral, sob pena de desaprovação das contas (Lei nº 9.504/97, art. 29, § 3º).

§ 2º Eventuais débitos de campanha não quitados até a data de apresentação da prestação de contas poderão ser assumidos pelo partido político, por decisão do seu órgão nacional de direção partidária com cronograma de pagamento e quitação (Lei nº 9.504/97, art. 29, § 3º).

§ 3º No caso do disposto no parágrafo anterior, o órgão partidário da respectiva circunscrição eleitoral passará a responder por todas as dívidas solidariamente com o candidato, hipótese em que a existência do débito não poderá ser considerada como causa para a rejeição das contas (Lei nº 9.504/97, art. 29, § 4º).

§ 4º Os valores arrecadados para quitação dos débitos de campanha a que se refere o § 2º deste artigo devem:

I – observar os requisitos da Lei nº 9.504/97 no que se refere aos limites legais de aplicação e às fontes lícitas de arrecadação;

II – transitar necessariamente pela conta bancária específica de campanha, a qual somente poderá ser encerrada após a quitação de todos os débitos.

§ 5º As despesas já contraídas e não pagas até a data a que se refere o *caput* deverão ser comprovadas por documento fiscal emitido na data de sua realização.

CAPÍTULO III
DOS GASTOS ELEITORAIS

Seção I
Disposições Preliminares

Art. 21. São gastos eleitorais, sujeitos a registro e aos limites fixados (Lei nº 9.504/97, art. 26):

I – confecção de material impresso de qualquer natureza e tamanho;

II – propaganda e publicidade direta ou indireta, por qualquer meio de divulgação, destinada a conquistar votos;

III – aluguel de locais para a promoção de atos de campanha eleitoral;

IV – despesas com transporte ou deslocamento de candidato e de pessoal a serviço das candidaturas;

V – correspondências e despesas postais;

VI – despesas de instalação, organização e funcionamento de comitês e serviços necessários às eleições;

VII – remuneração ou gratificação de qualquer espécie paga a quem preste serviços às candidaturas ou aos comitês eleitorais;

VIII – montagem e operação de carros de som, de propaganda e de assemelhados;

IX – realização de comícios ou eventos destinados à promoção de candidatura;

X – produção de programas de rádio, televisão ou vídeo, inclusive os destinados à propaganda gratuita;

XI – realização de pesquisas ou testes pré-eleitorais;

XII – custos com a criação e inclusão de páginas na internet;

XIII – multas aplicadas, até as eleições, aos partidos ou aos candidatos por infração do disposto na legislação eleitoral;

XIV – doações para outros candidatos ou comitês financeiros;

XV – produção de *jingles*, vinhetas e *slogans* para propaganda eleitoral.

§ 1º Os gastos eleitorais de natureza financeira só poderão ser efetuados por meio de cheque nominal ou transferência bancária.

§ 2º Todo material impresso de campanha eleitoral deverá conter o número de inscrição no Cadastro Nacional da Pessoa Jurídica (CNPJ) ou o número de inscrição no Cadastro de Pessoas Físicas (CPF) do responsável pela confecção, bem como de quem a contratou, e a respectiva tiragem (Lei nº 9.504/97, art. 38, § 1º).

§ 3º Os gastos efetuados por candidato ou comitê financeiro, em benefício de outro candidato ou de outro comitê, constituem doações e serão computados no limite de gastos do doador.

§ 4º Na veiculação de material impresso de propaganda conjunta de diversos candidatos, os gastos relativos a cada um deles poderão observar a regra constante do parágrafo anterior ou serem computados unicamente na prestação de contas de quem houver arcado com os custos (Lei nº 9.504/97, art. 38, § 2º).

§ 5º O beneficiário das doações referidas no parágrafo anterior deverá registrá-las como receita estimável em dinheiro, emitindo o correspondente recibo eleitoral.

§ 6º O pagamento dos gastos eleitorais contraídos pelos candidatos será de sua responsabilidade, cabendo aos comitês financeiros responder apenas pelos gastos que realizarem.

§ 7º Os gastos destinados à instalação física de comitês financeiros de candidatos e de partidos políticos poderão ser contratados a partir de 10 de junho de 2010, desde que devidamente formalizados e inexistente desembolso financeiro.

§ 8º Poderão ser formalizados contratos que gerem despesas com a instalação de comitês financeiros de candidatos e de partidos políticos a partir de 10 de junho de 2010, desde que o desembolso financeiro se dê após cumpridos todos os requisitos exigidos no art. 1º desta resolução.

Art. 22. São vedadas na campanha eleitoral:

I – a confecção, utilização, distribuição por comitê, candidato, ou com a sua autorização, de camisetas, chaveiros, bonés, canetas, brindes, cestas básicas ou quaisquer outros bens ou materiais que possam proporcionar vantagem ao eleitor (Lei nº 9.504/97, art. 39, § 6º).

II – quaisquer doações em dinheiro, bem como de troféus, prêmios, ajudas de qualquer espécie feitas por candidato, entre o registro e a eleição, a pessoas físicas ou jurídicas (Lei nº 9.504/97, art. 23, § 5º).

Art. 23. Com a finalidade de apoiar candidato de sua preferência, qualquer eleitor poderá realizar gastos totais até o valor de R$ 1.064,10 (mil e sessenta e quatro reais e dez centavos), não sujeitos à contabilização, desde que não reembolsados (Lei nº 9.504/97, art. 27).

Parágrafo único. Não representam gastos de que trata o *caput* os bens e serviços entregues ao candidato, hipótese em que, por serem doação, deverão observar o disposto no art. 16 desta resolução.

Seção II
Dos Recursos Não Identificados

Art. 24. Os recursos de origem não identificada não poderão ser utilizados pelos partidos políticos, candidatos ou comitês financeiros e deverão ser transferidos ao Tesouro Nacional, por meio de Guia de Recolhimento da União (GRU), até 5 dias após a decisão definitiva que julgar a prestação de contas de campanha, com a apresentação do respectivo comprovante de recolhimento dentro desse mesmo prazo.

Parágrafo único. A falta de identificação do doador e/ou da informação de números de inscrição inválidos no CPF ou no CNPJ caracteriza o recurso como de origem não identificada.

TÍTULO II
DA PRESTAÇÃO DE CONTAS

CAPÍTULO I
DA OBRIGAÇÃO DE PRESTAR CONTAS

Art. 25. Deverão prestar contas à Justiça Eleitoral:

I – todo e qualquer candidato, inclusive a vice e a suplente;

II – os comitês financeiros;

III – os partidos políticos.

§ 1º O candidato que renunciar à candidatura, dela desistir, for substituído ou tiver o seu registro indeferido pela Justiça Eleitoral deverá prestar contas correspondentes ao período em que participou do processo eleitoral, mesmo que não tenha realizado campanha.

§ 2º Se o candidato falecer, a obrigação de prestar contas, referente ao período em que realizou campanha, será de responsabilidade de seu administrador financeiro, ou, na sua ausência, no que for possível, da respectiva direção partidária.

§ 3º Os candidatos às eleições majoritárias elaborarão a prestação de contas, encaminhando-a, por intermédio do comitê financeiro, ao Tribunal Eleitoral competente (Lei nº 9.504/97, art. 28, § 1º).

§ 4º Os candidatos às eleições proporcionais elaborarão a prestação de contas, que será encaminhada ao respectivo Tribunal Regional Eleitoral, diretamente por eles ou por intermédio do comitê financeiro (Lei nº 9.504/97, art. 28, § 2º).

§ 5º O candidato fará, diretamente ou por intermédio de pessoa por ele designada, a administração financeira de sua campanha, usando recursos repassados pelo partido político e pelo comitê financeiro, inclusive os relativos à quota do Fundo Partidário, recursos próprios ou doações de pessoas físicas ou jurídicas (Lei nº 9.504/97, art. 20 c/c o § 5º do art. 39 da Lei nº 9.096/95).

§ 6º O candidato é solidariamente responsável com a pessoa indicada no parágrafo anterior pela veracidade das informações financeiras e contábeis de sua campanha, devendo ambos assinar a respectiva prestação de contas (Lei nº 9.504/97, art. 21).

§ 7º O candidato não se exime da responsabilidade prevista no parágrafo anterior, alegando ignorância sobre a origem e a destinação dos recursos recebidos em campanha, a inexistência de movimentação financeira, ou, ainda, deixando de assinar as peças integrantes da prestação de contas.

§ 8º A ausência de movimentação de recursos de campanha, financeiros ou estimáveis em dinheiro, não isenta o candidato, o comitê financeiro ou o partido político do dever de prestar contas na forma estabelecida nesta resolução, com a prova dessa ausência por extratos bancários, sem prejuízo de outras provas que a Justiça Eleitoral entenda necessárias.

§ 9º As contas dos candidatos a vice e a suplentes serão prestadas em conjunto ou separadamente das prestações de contas de seus titulares.

§ 10. O diretório partidário nacional ou estadual/distrital deverá prestar contas dos recursos arrecadados e aplicados exclusivamente em campanha, sem prejuízo da prestação de contas prevista na Lei nº 9.096/95.

CAPÍTULO I
DO PRAZO PARA A PRESTAÇÃO DE CONTAS

Art. 26. As contas de candidatos, inclusive a vice e a suplentes, de comitês financeiros e de partidos políticos deverão ser prestadas ao Tribunal Eleitoral competente até 2 de novembro de 2010 (Lei nº 9.504/97, art. 29, III).

§ 1º O candidato e o respectivo vice que disputarem o segundo turno deverão apresentar as contas referentes aos dois turnos até 30 de novembro de 2010 (Lei nº 9.504/97, art. 29, IV).

§ 2º A prestação de contas de comitê financeiro único e de partido político que tenha candidato ao segundo turno, relativa à movimentação financeira realizada até o primeiro turno, deverá ser apresentada no prazo referente às eleições proporcionais e às de senador.

§ 3º Encerrado o segundo turno, o comitê financeiro e o partido político de que trata o parágrafo anterior deverão encaminhar, no prazo fixado no § 1º deste artigo, a prestação de contas complementar, que abrange a arrecadação e a aplicação dos recursos de toda a campanha eleitoral.

§ 4º Findo o prazo a que se refere o *caput* e o § 1º deste artigo, sem a prestação de contas, no prazo máximo de 10 dias, o relator notificará candidatos, comitês financeiros e partidos políticos da obrigação de prestá-las, no prazo de 72 horas, sob pena de aplicação do disposto no art. 347 do Código Eleitoral e de serem julgadas não prestadas as contas.

§ 5º A não apresentação de contas impede a obtenção de certidão de quitação eleitoral no curso do mandato ao qual o interessado concorreu (Lei nº 9.504/97, art. 11, § 7º).

§ 6º Também consideram-se não apresentadas as contas quando a respectiva prestação estiver desacompanhada de documentos que possibilitem a análise dos recursos arrecadados e dos gastos de campanha e cuja falta não seja suprida após o prazo de 72 horas, contado da intimação do responsável.

§ 7º O partido político, por si ou por intermédio de comitê financeiro, que descumprir as normas referentes à arrecadação e gastos de recursos fixadas na

Lei nº 9.504/97, bem como nesta resolução, perderá o direito ao recebimento da quota do Fundo Partidário do ano seguinte ao da decisão, sem prejuízo de os candidatos beneficiados responderem por abuso do poder econômico ou por outras sanções cabíveis (Lei nº 9.504/97, art. 25).

§ 8º A sanção a que se refere o parágrafo anterior será aplicada exclusivamente ao órgão partidário a que estiver vinculado o comitê financeiro.

CAPÍTULO III
DAS SOBRAS DE CAMPANHA

Art. 27. Se, ao final da campanha, ocorrer sobra de recursos financeiros, bens ou materiais permanentes, em qualquer montante, esta sobra deverá ser declarada na prestação de contas e comprovada, também neste momento, a sua transferência à respectiva direção partidária ou à coligação, neste caso para divisão entre os partidos políticos que a compõem (Lei nº 9.504/97, art. 31, *caput* c.c. o art. 34, inciso V, da Lei nº 9.096/95).

Parágrafo único. As sobras de campanha serão utilizadas pelos partidos políticos, devendo tais valores ser declarados em suas prestações de contas anuais perante a Justiça Eleitoral, com a identificação dos candidatos (Lei nº 9.504/97 art. 31, parágrafo único).

Art. 28. Constituem sobras de campanha:

I – a diferença positiva entre os recursos arrecadados e os gastos realizados em campanha;

II – os bens e materiais permanentes.

Parágrafo único. O diretório estadual/distrital poderá transferir as suas sobras de campanha ao diretório nacional e vice-versa.

CAPÍTULO IV
DAS PEÇAS E DOCUMENTOS A SEREM APRESENTADOS

Art. 29. A prestação de contas deverá ser instruída com os seguintes documentos, ainda que não haja movimentação de recursos financeiros ou estimáveis em dinheiro:

I – Ficha de Qualificação do Candidato ou do Comitê Financeiro ou do Partido Político, conforme o caso;

II – Demonstrativo dos Recibos Eleitorais;

III – Demonstrativo dos Recursos Arrecadados;

IV – Descrição das Receitas Estimadas;

V – Demonstrativo das Despesas Pagas após a Eleição;

VI – Demonstrativo de Receitas e Despesas;

VII – Demonstrativo do Resultado da Comercialização de Bens e da Realização de Eventos;

VIII – Conciliação Bancária;

IX – Relatório de Despesas Efetuadas;

X – Demonstrativo de Doações Efetuadas a Candidatos ou a Comitês Financeiros;

XI – extratos da conta bancária aberta em nome do candidato ou do comitê financeiro ou do partido político, conforme o caso, demonstrando a movimentação ou a ausência de movimentação financeira ocorrida no período de campanha;

XII – canhotos dos recibos eleitorais impressos utilizados em campanha;

XIII – guia de depósito comprovando o recolhimento à respectiva direção partidária das sobras financeiras de campanha, quando houver;

XIV – declaração da direção partidária comprovando o recebimento das sobras de campanha constituídas por bens e/ou materiais permanentes, quando houver;

XV – documentos fiscais que comprovem a regularidade dos gastos eleitorais realizados com recursos do Fundo Partidário, na forma do art. 31 desta resolução;

XVI – documentos fiscais que comprovem a regularidade dos gastos eleitorais realizados para a comercialização de bens e realização de eventos, na forma do art. 19 desta resolução;

XVII – cópia do contrato firmado com instituição financeira ou administradora de cartão de crédito.

§ 1º O Demonstrativo dos Recursos Arrecadados conterá todas as doações recebidas, devidamente identificadas, inclusive os recursos próprios e estimáveis em dinheiro.

§ 2º A Descrição das Receitas Estimadas deverá descrever o bem ou serviço doado, informando quantidade, valor unitário e avaliação pelos preços praticados no mercado, com indicação da fonte da avaliação, além do respectivo recibo eleitoral, informando a origem de sua emissão.

§ 3º O Demonstrativo das Despesas Pagas após a eleição deverá discriminar as obrigações assumidas até a data do pleito e pagas após esta data.

§ 4º O Demonstrativo de Receitas e Despesas especificará as receitas, as despesas, os saldos e as eventuais sobras de campanha.

§ 5º O Demonstrativo do Resultado da Comercialização de Bens e da Realização de Eventos discriminará:

I – o período da comercialização ou realização do evento;

II – o seu valor total;

III – o valor da aquisição dos bens e serviços ou de seus insumos, ainda que recebidos em doação;

IV – as especificações necessárias à identificação da operação;

V – a identificação dos doadores.

§ 6º A Conciliação Bancária, contendo os débitos e os créditos ainda não lançados pela instituição bancária, deverá ser apresentada quando houver diferença entre o saldo financeiro do Demonstrativo de Receitas e Despesas e o saldo bancário registrado em extrato, de forma a justificá-la.

§ 7º Os extratos bancários referidos no inciso XI do *caput* deverão ser entregues em sua forma definitiva, sendo vedada a apresentação de extratos parciais ou que omitam qualquer movimentação ocorrida, sem validade legal ou sujeitos à alteração.

§ 8º Os documentos integrantes da prestação de contas deverão ser obrigatoriamente assinados:

I – pelo candidato e respectivo administrador financeiro de campanha, caso exista;

II – no caso de comitê financeiro ou de partido político, pelo seu presidente e pelo tesoureiro.

§ 9º As peças referidas nos incisos I a X do *caput* serão impressas exclusivamente pelo Sistema de Prestação de Contas Eleitorais (SPCE), sem prejuízo de sua apresentação em mídia.

Art. 30. A comprovação das receitas arrecadadas será feita pelos recibos eleitorais emitidos e extratos bancários.

Parágrafo único. Na hipótese da arrecadação de bens e serviços estimáveis em dinheiro, a comprovação das receitas se dará pela apresentação, além dos canhotos de recibos eleitorais impressos, dos seguintes documentos:

I – nota fiscal de doação de bens ou serviços, quando o doador for pessoa jurídica;

II – documentos fiscais emitidos em nome do doador ou termo de doação por ele firmado, quando se tratar de bens ou serviços doados por pessoa física;

III – termo de cessão, ou documento equivalente, quando se tratar de bens pertencentes ao doador, pessoa física ou jurídica, cedidos temporariamente ao candidato ou ao comitê financeiro.

Art. 31. A documentação fiscal relacionada aos gastos eleitorais realizados pelos partidos políticos, candidatos ou comitês financeiros deverá ser emitida em nome destes, inclusive com a identificação do número de inscrição no CNPJ, observada a exigência de apresentação, em original ou cópia, da correspondente nota fiscal ou recibo, este último apenas nas hipóteses permitidas pela legislação fiscal.

Parágrafo único. Os documentos fiscais de que trata o *caput*, à exceção daqueles previstos no art. 29, incisos XV e XVI, não integram a prestação de contas, podendo ser requeridos, a qualquer tempo, pela Justiça Eleitoral para subsidiar o exame das contas.

CAPÍTULO V
DO PROCESSAMENTO DA PRESTAÇÃO DE CONTAS

Art. 32. A prestação de contas deverá ser elaborada por meio do Sistema de Prestação de Contas Eleitorais (SPCE), instituído pelo Tribunal Superior Eleitoral.

Art. 33. Prestadas as contas, se o número de controle gerado pelo sistema na mídia for idêntico ao existente nas peças por ele impressas, o Tribunal emitirá o correspondente termo de recebimento da prestação de contas.

§ 1º Não serão consideradas recebidas na base de dados da Justiça Eleitoral as prestações de contas que apresentarem:

I – divergência entre o número de controle constante das peças impressas e o constante da mídia;

II – inconsistência ou ausência de dados;

III – falha na mídia;

IV – ausência do número de controle nas peças impressas;

V – qualquer outra falha que impeça a recepção eletrônica das contas na base de dados da Justiça Eleitoral.

§ 2º Ocorrendo quaisquer das hipóteses especificadas no parágrafo anterior, serão desconsiderados os documentos apresentados para fins de análise, situação em que o SPCE emitirá notificação de aviso de impossibilidade técnica de análise da prestação de contas, a qual deverá ser reapresentada, sob pena de serem julgadas não prestadas as contas eleitorais.

CAPÍTULO VI
DA ANÁLISE E JULGAMENTO DAS CONTAS

Art. 34. Para efetuar o exame das contas, a Justiça Eleitoral poderá requisitar técnicos do Tribunal de Contas da União, dos Estados, do Distrito Federal, bem como de Tribunais e Conselhos de Contas dos Municípios, pelo tempo que for necessário (Lei nº 9.504/97, art. 30, § 3º).

§ 1º Para a requisição de técnicos prevista nesta resolução, devem ser observados os impedimentos aplicáveis aos integrantes de Mesas Receptoras de Votos, previstos nos incisos I a III do § 1º do art. 120 do Código Eleitoral.

§ 2º As razões de impedimento apresentadas pelos técnicos requisitados serão submetidas à apreciação da Justiça Eleitoral e somente poderão ser alegadas até 5 dias a contar da designação, salvo na hipótese de motivos supervenientes (Código Eleitoral, art. 120, § 4º).

Art. 35. Havendo indício de irregularidade na prestação de contas, o relator ou, por delegação, a unidade técnica responsável pelo exame das contas, poderá requisitar diretamente do candidato, do comitê financeiro ou do partido político informações adicionais, bem como determinar diligências para a complementação dos dados ou para o saneamento das falhas (Lei nº 9.504/97, art. 30, § 4º).

§ 1º Sempre que o cumprimento de diligências implicar a alteração das peças, será obrigatória a apresentação da prestação de contas retificadora, impressa e em nova mídia gerada pelo SPCE e acompanhada dos documentos que comprovem a alteração realizada.

§ 2º As diligências mencionadas no *caput* devem ser cumpridas no prazo de 72 horas, a contar da intimação por fac-símile.

§ 3º Na fase de exame técnico, os agentes indicados no *caput* poderão promover circularizações, fixando o prazo máximo de 72 horas para cumprimento.

§ 4º Determinada a diligência, decorrido o prazo fixado para o saneamento de falhas sem manifestação, ou tendo sido prestadas informações, ainda que insuficientes ao seu saneamento, será emitido o parecer conclusivo, salvo na hipótese em que se considerar necessária a expedição de nova diligência.

Art. 36. Emitido parecer técnico pela desaprovação das contas ou pela aprovação com ressalvas, o relator abrirá vista dos autos ao candidato, ao comitê financeiro ou ao partido político, para manifestação em 72 horas, a contar da intimação por fac-símile.

Parágrafo único. Na hipótese do *caput*, havendo a emissão de novo parecer técnico que conclua pela existência de irregularidades sobre as quais não se tenha dado oportunidade de manifestação ao candidato, ao partido político ou ao comitê financeiro, o relator abrirá nova vista dos autos para manifestação em igual prazo.

Art. 37. O Ministério Público Eleitoral terá vista dos autos da prestação de contas, devendo emitir parecer no prazo de 48 horas.

Art. 38. Erros formais e materiais corrigidos ou irrelevantes no conjunto da prestação de contas, que não comprometam o seu resultado, não implicam a desaprovação das contas e na aplicação de sanção a candidato ou partido político (Lei nº 9.504/97, art. 30, §§ 2º e 2º-A).

Art. 39. O Tribunal Eleitoral verificará a regularidade das contas, decidindo (Lei nº 9.504/97, art. 30, *caput*):

I – pela aprovação, quando estiverem regulares;

II – pela aprovação com ressalvas, quando verificadas falhas que não lhes comprometam a regularidade;

III – pela desaprovação, quando verificadas falhas que lhes comprometam a regularidade;

IV – pela não prestação, quando não apresentadas as contas após a notificação ou não suprida a documentação a que se referem, respectivamente, os §§ 4º e 6º do art. 26 desta resolução.

Parágrafo único. Julgadas não prestadas, mas posteriormente apresentadas, nos termos dos arts. 29 e 33 desta resolução, as contas não serão objeto de novo julgamento, sendo considerada a sua apresentação apenas para fins de divulgação e de regularização no Cadastro Eleitoral ao término da legislatura.

Art. 40. A decisão que julgar as contas dos candidatos eleitos será publicada até 8 dias antes da diplomação (Lei nº 9.504/97, art. 30, § 1º).

§ 1º Desaprovadas ou julgadas não prestadas as contas, a Justiça Eleitoral remeterá cópia de todo o processo ao Ministério Público Eleitoral para as medidas cabíveis.

§ 2º Na hipótese de gastos irregulares de recursos do Fundo Partidário ou da ausência de sua comprovação, a decisão que julgar as contas determinará a devolução ao Tesouro Nacional no prazo de 5 dias após a decisão definitiva que julgou a prestação de contas de campanha.

Art. 41. A decisão que julgar as contas eleitorais como não prestadas acarretará:

I – ao candidato, o impedimento de obter a certidão de quitação eleitoral durante o curso do mandato ao qual concorreu, persistindo os efeitos da restrição até a efetiva apresentação das contas;

II – ao partido político, em relação às suas próprias contas e às contas do comitê financeiro que a ele estiver vinculado, a perda do direito ao recebimento da quota do Fundo Partidário no ano seguinte ao da decisão.

III – ao partido político, a perda do direito ao recebimento da quota do Fundo Partidário no ano seguinte ao da decisão (Lei nº 9.054/97, art. 25).

Parágrafo único. A penalidade prevista no inciso II deste artigo aplica-se exclusivamente à esfera partidária a que estiver vinculado o comitê.

Art. 42. Nenhum candidato poderá ser diplomado até que as suas contas tenham sido julgadas.

Art. 43. A Justiça Eleitoral divulgará os nomes dos candidatos que não apresentaram as contas referentes às campanhas e encaminhará cópia dessa relação ao Ministério Público.

Parágrafo único. Após o recebimento da prestação de contas pelo SPCE na base de dados da Justiça Eleitoral, será feito, no cadastro eleitoral, o registro relativo à apresentação, ou não, da prestação de contas, com base nas informações inseridas no sistema.

Seção I
Dos Recursos

Art. 44. Da decisão dos Tribunais Regionais Eleitorais que julgar as contas dos candidatos, dos comitês financeiros e dos partidos políticos caberá recurso especial para o Tribunal Superior Eleitoral, no prazo de 3 dias, a contar da publicação no Diário da Justiça Eletrônico, nas hipóteses previstas nos incisos I e II do § 4º do art. 121 da Constituição Federal (Lei nº 9.504/97, art. 30, § 6º).

CAPÍTULO VII
DA FISCALIZAÇÃO

Art. 45. Os candidatos, os comitês financeiros e os partidos políticos deverão manter à disposição da Justiça Eleitoral, pelo prazo de 180 dias, contados da decisão final que tiver julgado as contas, todos os documentos a elas concernentes, inclusive os relativos à movimentação de recursos.

Parágrafo único. Pendente de julgamento processo judicial relativo às contas, a documentação correspondente deverá ser conservada até a sua decisão final (Lei nº 9.504/97, art. 32, parágrafo único).

Art. 46. O Ministério Público Eleitoral, os partidos políticos e os candidatos participantes das eleições poderão acompanhar o exame das prestações de contas.

Parágrafo único. No caso de acompanhamento por partidos políticos, será exigida indicação expressa e formal de seu representante, respeitado o limite de um por partido, em cada circunscrição.

Art. 47. Os processos relativos às prestações de contas são públicos e podem ser consultados pelos interessados, desde que não obstruam os trabalhos de exame das contas e com prévia autorização do relator, podendo obter cópia de suas peças, respondendo pelos custos e pelo uso que fizerem dos documentos.

Art. 48. Os candidatos, os comitês financeiros e os partidos políticos são obrigados a entregar, no período de 28 de julho a 3 de agosto e 28 de agosto a 3 de setembro, os relatórios parciais discriminando os recursos em dinheiro ou estimáveis em dinheiro que tenham recebido para financiamento da campanha eleitoral e os gastos que realizarem, em sítio criado pela Justiça Eleitoral na internet para esse fim, exigindo-se a indicação dos nomes dos doadores e os respectivos valores doados somente na prestação de contas final de que tratam o *caput* e §§ 1º a 3º do art. 26 desta resolução (Lei nº 9.504/97, art. 28, § 4º).

§ 1º Doadores e fornecedores poderão, no curso da campanha, prestar informações, diretamente à Justiça Eleitoral, sobre doações aos candidatos, aos comitês financeiros e aos partidos políticos e, ainda, sobre gastos por eles efetuados.

§ 2º Para encaminhar as informações, será necessário cadastramento prévio nos sítios dos Tribunais Eleitorais para recebimento de mala-direta contendo *link* e senha para acesso, para divulgação.

§ 3º Durante o período da campanha, a unidade técnica responsável pelo exame das contas poderá circularizar fornecedores e doadores e fiscalizar comitês de campanha, a fim de obter informações prévias ao exame das contas.

§ 4º As informações prestadas à Justiça Eleitoral poderão ser utilizadas para subsidiar o exame das prestações de contas de campanha eleitoral.

§ 5º A falsidade das informações prestadas sujeitará o infrator às penas dos arts. 348 e seguintes do Código Eleitoral.

Art. 49. Qualquer partido político ou coligação poderá representar à Justiça Eleitoral, no prazo de 15 dias da diplomação, relatando fatos e indicando provas, e pedir a abertura de investigação judicial para apurar condutas em desacordo com as normas da Lei nº 9.504/97 e desta resolução relativas à arrecadação e gastos de recursos (Lei nº 9.504/97, art. 30-A, *caput*).

§ 1º Na apuração de que trata este artigo, será aplicado o procedimento previsto no art. 22 da Lei Complementar nº 64/90, no que couber (Lei nº 9.504/97, art. 30-A, § 1º).

§ 2º Comprovados captação ou gastos ilícitos de recursos, para fins eleitorais, será negado diploma ao candidato, ou cassado, se já houver sido outorgado (Lei nº 9.504/97, art. 30-A, § 2º).

§ 3º O prazo de recurso contra decisões proferidas em representações propostas com base neste artigo será de 3 dias, a contar da data da publicação do acórdão no Diário da Justiça Eletrônico (Lei nº 9.504/97, art. 30-A, § 3º).

CAPÍTULO VIII
DAS DISPOSIÇÕES FINAIS

Art. 50. Os órgãos e entidades da administração pública direta e indireta poderão, quando solicitados, em casos específicos e de forma motivada, pelos Tribunais Eleitorais, fornecer informações na área de sua competência.

Art. 51. Esta resolução entra em vigor na data de sua publicação.

Bibliografia

CÂNDIDO, Joel J. *Direito eleitoral brasileiro*. 12. ed. Bauru: Edipro, 2006.

CANOTILHO, José J. Gomes. *Direito constitucional*. 6. ed. Coimbra: Almedina, 1995.

DECOMAIN, Pedro Roberto. *Elegibilidade e inelegibilidades*. São Paulo: Dialética, 2004.

DÓRIA, Sampaio. *Direito constitucional*. 5. ed. São Paulo: Max Limonad. v. 1.

FARIAS, Rodrigo Nóbrega. *Ação de impugnação de mandato eletivo*. Curitiba: Juruá, 2006.

FELTRIN, Oscar. *Leis penais especiais e sua interpretação jurisprudencial*. 7. ed. São Paulo: Revista dos Tribunais, 2001. v. 1.

FERREIRA, Pinto. *Comentários à Constituição brasileira*. São Paulo: Saraiva, 1989. v. 1.

GOMES, Suzana de Camargo. *Crimes eleitorais*. 2. ed. São Paulo: Revista dos Tribunais, 2006.

GRECCO FILHO, Vicente. *Direito processual civil brasileiro*. 14. ed. São Paulo: Saraiva, 2000. 2 v.

HUNGRIA, Nelson. *Revista Eleitoral da Guanabara I*, Rio de Janeiro: Centro de Estudos Políticos, 1968.

MELLO FILHO, José Celso de. *Constituição Federal anotada*. 2. ed. São Paulo: Saraiva, 1986.

MENDES, Gilmar Ferreira; MÁRTIRES COELHO, Inocêncio; BRANCO, Paulo Gustavo Gonet. *Curso de direito constitucional*. São Paulo: Saraiva, 2007.

MENDONÇA JR., Delosmar. *Manual de direito eleitoral*. Salvador: JusPODIVM, 2006.

MICHELS, Vera Maria Nunes. *Direito eleitoral*. 5. ed. Porto Alegre: Livraria do Advogado, 2006.

MIRANDA, Jorge. *Manual de direito constitucional*: estrutura constitucional da democracia. Coimbra: Coimbra Editora, 2007. t. 7.

MORAES, Alexandre de. *Direito constitucional*. 22. ed. São Paulo: Atlas, 2007.

MOREIRA, José Carlos Barbosa. *O novo processo civil brasileiro*. 22. ed. Rio de Janeiro: Forense, 2002.

PÁDUA CERQUEIRA, Thales Tácito Pontes Luz de. *Preleções de direito eleitoral*. Rio de Janeiro: Lumen Juris, 2006. t. 1.

PAZZAGLINI FILHO, Marino. *Crimes de responsabilidade fiscal*. 3. ed. São Paulo: Atlas, 2006.

_____. *Lei de Improbidade Administrativa comentada*. 4. ed. São Paulo: Atlas, 2009.

_____. *Princípios constitucionais reguladores da administração pública*. 3. ed. São Paulo: Atlas, 2008.

RAMAYANA, Marcos. *Direito eleitoral*. 7. ed. Niteroi: Impetus, 2007.

ROCHA, Cármem Lúcia Antunes. *Princípios constitucionais da administração pública*. Belo Horizonte: Del Rey, 1994.

SILVA, José Afonso da. *Comentário contextual à Constituição*. 3. ed. São Paulo: Malheiros, 2007.

_____. *Poder constituinte e poder popular*. São Paulo: Malheiros, 2007.

STOCO, Rui; STOCO, Leandro de Oliveira. *Legislação eleitoral interpretada*. 2. ed. São Paulo: Revista dos Tribunais, 2006.

VELLOSO, Carlos Mário da Silva; AGRA, Walber de Moura. *Elementos de direito eleitoral*. São Paulo: Saraiva, 2009.

Índice Remissivo

A

Aplicação do sistema de representação proporcional, 140

Abuso do poder econômico ou político, 31, 33, 125, 126, 127, 128, 129, 144, 145, 146, 147

Ação, 51
    ajuizada no prazo, 147

Ação de impugnação ao pedido de registro de candidato, 51

Ação de impugnação de mandato eletivo, 144, 146, 147

Ação de investigação judicial eleitoral, 125, 128, 131, 147

Agravo de instrumento, 157

Agravo regimental, 157

Alimentação, 83

Alistamento eleitoral, 24

Alto-falantes e amplificadores de som, 63, 83, 168, 238

Analfabetos, 28

Antecipada, 58

Anualidade eleitoral, 10

Arrecadação de recursos financeiros de campanha eleitoral por cartões de crédito, 89, 93, 263

Arrecadação e aplicação de recursos nas campanhas eleitorais, 89

Arrecadação e gastos ilícitos de recursos, 114, 126, 131

Arrecadação, gastos de recursos por partidos políticos, candidatos e comitês financeiros e prestação de contas, 267

Assembleia legislativa, 7, 18

Autonomia dos partidos políticos, 9, 10, 43

B

Bens de uso comum, 66

Bens particulares, 64

C

Cadastro de endereços eletrônicos, 73, 223

Calendário eleitoral, 19, 173

Calúnia, difamação ou injúria, 66, 221

Camisetas, 67

Candidatos às eleições majoritárias, 94, 99

Candidatos às eleições proporcionais, 100

Candidato substituído, 56

Captação ilícita de sufrágio, 115, 125, 132, 137, 145

Carreata, 64

Carro de som, 64

Cartão de crédito e cartão de débito, 92, 93

Casas legislativas, 67

Cassação do diploma ou do mandato, 131, 135, 143

Causas originárias de casamento ou parentesco, 35

Causas originárias de sanções, 28

Causas originárias do exercício de mandato, cargo ou função pública, 37

Censura prévia, 79

Certidões criminais, 46

Coligações partidárias, 20, 42, 63

Comercialização de bens, 97

Comícios, 63

Comitê financeiro, 100

Comitês financeiros, 89, 90

Competência da justiça eleitoral, 3, 4, 161

Composição, 1

Conceito de agente público, 106

Condenação criminal, 30

Condenação em ação civil de improbidade administrativa, 30

Condenação pela justiça eleitoral, 31

Condutas vedadas a agentes públicos em campanha eleitoral, 106, 115

Conta bancária, 90, 91, 104

Contas eleitorais, 104, 142

Convenções partidárias, 41

Corrupção eleitoral, 145

Crime eleitoral tipificado na lei de inelegibilidades, 65, 160, 164, 169

Crimes eleitorais tipificados no código eleitoral, 164

D

Da resposta, 123

Data-limite, 98

Debates no rádio e na televisão, 80

Declaração de bens atualizada, 45

Declaração de inelegibilidade, 130

Demonstrativo de regularidade de atos partidários (DRAP), 44

Deputado federal, estadual ou distrital, 43

Desincompatibilização, 38, 39, 47

Dia das eleições, 83

Diplomação, 138, 139, 152

Direito de resposta, 119

Direitos políticos, 22

Distribuição de sobras, 8

Distribuição do horário gratuito, 75

Distribuição gratuita de bens ou serviço de natureza social, 109

Divulgação dos resultados, 87, 100, 121

Doações, 92, 94, 102

Doações permitidas, 92

Doações por meio de cartão de crédito e de cartão de débito, 93

Doações por meio de cartões de crédito, 92

Doações proibidas, 96

Documentos integrantes da prestação, 102, 284

Domicílio eleitoral, 23, 48

E

Efeitos devolutivo e suspensivo, 152

Elegibilidade, 23

Eleição majoritária, 62

Eleição para presidente da república, 21

Eleição presidencial, 17

Eleições federais, 17

Eleições gerais, 17

Eleições majoritárias, 80

Eleições proporcionais, 56, 81

Eleitor, 23

Eleitores inalistáveis, 27

Embargos de declaração, 154

Em órgão da imprensa escrita, 121

Em programação normal das emissoras de rádio e televisão, 122

Erro de direito ou de fato na apuração final, 140

Escolha e registro de candidatos, 197

Espécie, 97

Estaduais, 17
Execução imediata, 136

F

Fase de campanha eleitoral, 20
Fase de diplomação, 21
Fase de registro de candidaturas, 20
Fase de votação, apuração e proclamação dos resultados, 21
Fase pré-eleitoral, 20
Fidelidade partidária, 13, 14
Filiação partidária, 15, 47
Formas, 72
Fotografia recente do candidato, 46
Fraude eleitoral, 145
Fundo partidário, 91

G

Gastos eleitorais, 97, 98
Governador e vice-governador de estado ou distrito federal, 44

H

Homonímia, 50
Horário eleitoral gratuito, 69

I

Idade mínima, 24
Igualdade de oportunidades entre os candidatos na disputa eleitoral, 12
Impugnação ao pedido de registro, 51, 52, 87
Inauguração de obra pública, 113
Inelegibilidade absoluta, 25, 27
Inelegibilidade ou incompatibilidade do candidato, 140
Inelegibilidade relativa, 28, 37
Inelegibilidades constitucionais, 26
Inelegibilidades infraconstitucionais, 26
Inserções, 77

Internet, 93
Invasão de horário, 77
Investigação judicial eleitoral, 105, 148

J

Juízes eleitorais, 2
Julgamento das contas, 103
Juntas eleitorais, 2
Justa causa de desfiliação partidária, 16
Justa causa para desfiliação partidária, 16
Justiça eleitoral, 1

L

Legislação eleitoral, 1
Liberdade de pensamento político, 119
Liberdade de propaganda eleitoral, 12
Liberdade de voto, 13
Limite de gastos, 94
Limites das doações, 94
Lisura eleitoral, 11
Livre manifestação do pensamento, 73

M

Magistratura, 48
Meios de comunicação, a prova da potencialidade, 128
Meios de prova, 142, 210
Mensagens eletrônicas, 74
Militares, 35, 48
Ministério público, 48
Multa, 68

N

Nacionalidade brasileira, 23
Na imprensa escrita, 69
Nomeação, demissão e movimentação de servidores públicos, 109
Nome eleitoral do candidato, 50

Número de deputados, 18
Número do candidato, 19, 42, 45, 204

O

Ofensa veiculada na internet, 123
Ofensa veiculada no horário eleitoral gratuito, 121, 122
Outdoor, 68
Outros bens, 67
O voto direto, secreto, universal e periódico, 5

P

Parlamentar, 34
Participação do candidato nas eleições, 54
Partido político, 100
Partidos políticos, 63, 92, 94
Passeata, 64
Pedido, 123
Pedido de registro, 44
Pedido de resposta, 121, 122
Penalidades, 124
Perda do cargo de governador e vice-governador, 35
Perda do mandato, 34, 148
    de prefeito e vice-prefeito, 35
Período, 75
Pesquisa fraudulenta, 88
Pesquisas eleitorais, 85, 245
Pessoa física, 94
Pessoa jurídica, 94
Plano de mídia, 78
Pleito proporcional, 142
Político, 33, 128
Potencialidade do ato abusivo, 146
Prazo para prestação de contas, 100
Prazos, 100
Pressupostos de admissibilidade, 150
Prestação de contas, 99
Princípio da legalidade, 62
Princípio da liberdade de propaganda eleitoral, 62

Princípio da representação proporcional, 7
Princípio majoritário, 6
Princípios básicos do sistema eleitoral, 4
Procedimento das representações, 115
Procedimento e efeitos, 52, 128, 134, 141, 145
Processamento, 101
Proibições, 64, 73, 84, 96
Pronunciamento em cadeia de rádio e televisão, 112
Propaganda eleitoral, 58, 62, 69, 72
Propaganda eleitoral antecipada, 58
Propaganda eleitoral e condutas vedadas em campanha eleitoral, 217
Propaganda eleitoral gratuita no rádio e na televisão, 75
Propaganda eleitoral irregular, 114
Propaganda eleitoral na internet, 72
Propaganda eleitoral no rádio e na televisão, 69
Propaganda eleitoral permitida, 61
Propaganda eleitoral proibida, 64
Propaganda intrapartidária, 57
Propaganda móvel permitida, 64
Propaganda partidária gratuita, 60
Publicidade institucional, 111, 112

Q

Quitação eleitoral, 49
Quociente eleitoral, 8
Quociente partidário, 8

R

Realização de eventos, 97
Recibos eleitorais, 95, 269
Reclamação e ação rescisória, 159
Reclamações, 114
Recurso, 53, 54, 55, 105, 116, 124, 135, 142, 148, 152, 153, 154, 156, 158
Recurso contra a expedição de diploma, 138, 142, 153
Recurso especial, 118
Recurso especial eleitoral, 156

Recurso extraordinário, 158
Recurso inominado, 117, 152
Recurso ordinário, 153
Recursos de origem não identificada, 103
Recursos eleitorais, 150
Recursos próprios do candidato, 91
Registro, 43, 87
Registro cassado, 55
Registro de candidatos, 43
Rejeição de contas, 32
Relação de propostas de governo, 47
Renovação do pleito, 136
Representação, 114
Representação dos estados, 18
Representações eleitorais, 147
Representações por propaganda irregular, 115
Representações, reclamações e pedidos de resposta, 251
Reprodução, 73
Requisitos, 23
Requisitos de elegibilidade, 23
Rescisória, 159
Resolução TSE nº 23.190/09, 245
Resolução TSE nº 23.191/09, 217
Resolução TSE nº 23.193/09, 251
Resolução TSE nº 23.216/10, 290
Resolução TSE nº 23.217/10, 267
Resolução TSE nº 23.221/10, 197
Resumo, 118, 131, 137, 143, 149
Revisão geral da remuneração dos servidores públicos, 112

S

Sanções, 135
Segundo turno, 17, 78
Senado federal, 18
Showmício, 67
Sistema eleitoral de representação proporcional, 7
Sistema majoritário, 7, 16
Sobras de campanha, 103
Substituição, 55
Substituição de candidato na eleição majoritária, 55, 56, 138
Substituição de candidato nas eleições proporcionais, 138
Sufrágio universal, 4
Suplentes, 18
Suspensão dos direitos políticos, 28, 29

T

Transferências voluntárias, 110
Transporte, 83
Tribunais de contas, 48
Tribunais regionais, 2
TSE, 2

U

Uso excessivo de materiais e serviços públicos, 108
Uso indevido de bens móveis e imóveis públicos, 108
Uso indevido dos meios de comunicação social, 129

V

Vice-presidente, 17
Voto direto, secreto e periódico, 5

Formato	17 x 24 cm
Tipologia	Charter 11/13
Papel	Alta Alvura 75 g/m² (miolo)
	Supremo 250 g/m² (capa)
Número de páginas	312
Impressão	RR Donnelley